T&P BOOKS

ÁRABE

VOCABULARIO

PALABRAS MÁS USADAS

ESPAÑOL-ÁRABE

Las palabras más útiles
Para expandir su vocabulario y refinar
sus habilidades lingüísticas

9000 palabras

Vocabulario Español-Árabe Egipcio - 9000 palabras más usadas
por Andrey Taranov

Los vocabularios de T&P Books buscan ayudar en el aprendizaje, la memorización y la revisión de palabras de idiomas extranjeros. El diccionario se divide por temas, cubriendo toda la esfera de las actividades cotidianas, de negocios, ciencias, cultura, etc.

El proceso de aprendizaje de palabras utilizando los diccionarios temáticos de T&P Books le proporcionará a usted las siguientes ventajas:

- La información del idioma secundario está organizada claramente y predetermina el éxito para las etapas subsiguientes en la memorización de palabras.
- Las palabras derivadas de la misma raíz se agrupan, lo cual permite la memorización de grupos de palabras en vez de palabras aisladas.
- Las unidades pequeñas de palabras facilitan el proceso de reconocimiento de enlaces de asociación que se necesitan para la cohesión del vocabulario.
- De este modo, se puede estimar el número de palabras aprendidas y así también el nivel de conocimiento del idioma.

T&P Books Publishing
www.tpbooks.com

ISBN: 978-1-78716-732-2

Este libro está disponible en formato electrónico o de E-Book también.
Visite www.tpbooks.com o las librerías electrónicas más destacadas en la Red.

VOCABULARIO ÁRABE EGIPCIO
palabras más usadas

Los vocabularios de T&P Books buscan ayudar al aprendiz a aprender, memorizar y repasar palabras de idiomas extranjeros. Los vocabularios contienen más de 9000 palabras comúnmente usadas y organizadas de manera temática.

- El vocabulario contiene las palabras corrientes más usadas.
- Se recomienda como ayuda adicional a cualquier curso de idiomas.
- Capta las necesidades de aprendices de nivel principiante y avanzado.
- Es conveniente para uso cotidiano, prácticas de revisión y actividades de auto-evaluación.
- Facilita la evaluación del vocabulario.

Aspectos claves del vocabulario

- Las palabras se organizan según el significado, no según el orden alfabético.
- Las palabras se presentan en tres columnas para facilitar los procesos de repaso y auto-evaluación.
- Los grupos de palabras se dividen en pequeñas secciones para facilitar el proceso de aprendizaje.
- El vocabulario ofrece una transcripción sencilla y conveniente de cada palabra extranjera.

El vocabulario contiene 256 temas que incluyen lo siguiente:

Conceptos básicos, números, colores, meses, estaciones, unidades de medidas, ropa y accesorios, comida y nutrición, restaurantes, familia nuclear, familia extendida, características de personalidad, sentimientos, emociones, enfermedades, la ciudad y el pueblo, exploración del paisaje, compras, finanzas, la casa, el hogar, la oficina, el trabajo en oficina, importación y exportación, promociones, búsqueda de trabajo, deportes, educación, computación, la red, herramientas, la naturaleza, los países, las nacionalidades y más ...

TABLA DE CONTENIDO

GUÍA DE PRONUNCIACIÓN

T&P alfabeto fonético	Ejemplo Árabe Egipcio	Ejemplo español
[a]	[ṭaffa] طفّى	radio
[ā]	[eχtār] إختار	contraataque
[e]	[setta] ستّة	verano
[i]	[minā'] ميناء	ilegal
[ī]	[ebrīl] إبريل	destino
[o]	[oɣosṭos] أغسطس	bordado
[ō]	[ḥalazōn] حلزون	domicilio
[u]	[kalkutta] كلكتا	mundo
[ū]	[gamūs] جاموس	nocturna
[b]	[bedāya] بداية	en barco
[d]	[sa'āda] سعادة	desierto
[ḍ]	[waḍ'] وضع	[d] faríngea
[ʒ]	[arʒantīn] الأرجنتين	adyacente
[ẓ]	[ẓahar] ظهر	[z] faríngea
[f]	[χafīf] خفيف	golf
[g]	[bahga] بهجة	jugada
[h]	[ettegāh] إتّجاه	registro
[ḥ]	[ḥabb] حبّ	[h] faríngea
[y]	[dahaby] ذهبي	asiento
[k]	[korsy] كرسي	charco
[l]	[lammaḥ] لمّح	lira
[m]	[marṣad] مرصد	nombre
[n]	[ganūb] جنوب	sonar
[p]	[kaputʃino] كابتشينو	precio
[q]	[wasaq] وثق	catástrofe
[r]	[roḥe] روح	era, alfombra
[s]	[soχreya] سخرية	salva
[ṣ]	[me'ṣam] معصم	[s] faríngea
[ʃ]	['aʃā'] عشاء	shopping
[t]	[tanūb] تنوب	torre
[ṭ]	[χarīṭa] خريطة	[t] faríngea
[θ]	[mamūθ] ماموث	pinzas
[v]	[vietnām] فيتنام	travieso
[w]	[wadda'] ودّع	acuerdo
[χ]	[baχīl] بخيل	reloj
[ɣ]	[etɣadda] إتغدّى	amigo, magnífico
[z]	[me'za] معزة	desde

T&P alfabeto fonético	Ejemplo Árabe Egipcio	Ejemplo español
['] (ayn)	**[sab'a] سبعة**	fricativa faríngea sonora
['] (hamza)	**[sa'al] سأل**	oclusiva glotal sorda

ABREVIATURAS
usadas en el vocabulario

Abreviatura en Árabe Egipcio

du	-	sustantivo plural (doble)
f	-	sustantivo femenino
m	-	sustantivo masculino
pl	-	plural

Abreviatura en español

adj	-	adjetivo
adv	-	adverbio
anim.	-	animado
conj	-	conjunción
etc.	-	etcétera
f	-	sustantivo femenino
f pl	-	femenino plural
fam.	-	uso familiar
fem.	-	femenino
form.	-	uso formal
inanim.	-	inanimado
innum.	-	innumerable
m	-	sustantivo masculino
m pl	-	masculino plural
m, f	-	masculino, femenino
masc.	-	masculino
mat	-	matemáticas
mil.	-	militar
num.	-	numerable
p.ej.	-	por ejemplo
pl	-	plural
pron	-	pronombre
sg	-	singular
v aux	-	verbo auxiliar
vi	-	verbo intransitivo
vi, vt	-	verbo intransitivo, verbo transitivo
vr	-	verbo reflexivo
vt	-	verbo transitivo

CONCEPTOS BÁSICOS

Conceptos básicos. Unidad 1

1. Los pronombres

yo	ana	أنا
tú (masc.)	enta	أنت
tú (fem.)	enty	أنت
él	howwa	هوّ
ella	hiya	هيّ
nosotros, -as	eḥna	إحنا
vosotros, -as	antom	أنتم
ellos, ellas	hamm	همّ

2. Saludos. Salutaciones. Despedidas

¡Hola! (form.)	assalamu ʿalaykum!	السلام عليكم!
¡Buenos días!	ṣabāḥ el χeyr!	صباح الخير!
¡Buenas tardes!	neharak saʿīd!	نهارك سعيد!
¡Buenas noches!	masāʾ el χeyr!	مساء الخير!
decir hola	sallem	سلّم
¡Hola! (a un amigo)	ahlan!	أهلاً!
saludo (m)	salām (m)	سلام
saludar (vt)	sallem ʿala	سلّم على
¿Cómo estás?	ezzayek?	ازّيك؟
¿Qué hay de nuevo?	aχbārak eyh?	أخبارك ايه؟
¡Chau! ¡Adiós!	maʿ el salāma!	مع السلامة!
¡Hasta pronto!	aʃūfak orayeb!	أشوفك قريب!
¡Adiós!	maʿ el salāma!	مع السلامة!
despedirse (vr)	waddaʿ	ودّع
¡Hasta luego!	bay bay!	باي باي!
¡Gracias!	ʃokran!	شكراً!
¡Muchas gracias!	ʃokran geddan!	شكراً جداً!
De nada	el ʿafw	العفو
No hay de qué	la ʃokr ʿala wāgeb	لا شكر على واجب
De nada	el ʿafw	العفو
¡Disculpa!	ʿan eznak!	عن إذنك!
¡Disculpe!	baʿd ezn ḥadretak!	بعد إذن حضرتك!
disculpar (vt)	ʿazar	عذر
disculparse (vr)	eʿtazar	أعتذر

Mis disculpas	ana 'āsef	أنا آسف
¡Perdóneme!	ana 'āsef!	أنا آسف!
perdonar (vt)	'afa	عفا
por favor	men faḍlak	من فضلك
¡No se le olvide!	ma tensāʃ!	ما تنساش!
¡Ciertamente!	ṭab'an!	طبعاً!
¡Claro que no!	la' ṭab'an!	لأ طبعاً!
¡De acuerdo!	ettafa'na!	إتّفقنا!
¡Basta!	kefāya!	كفاية!

3. Como dirigirse a otras personas

señor	ya ostāz	يا أستاذ
señora	ya madām	يا مدام
señorita	ya 'ānesa	يا آنسة
joven	ya ostāz	يا أستاذ
niño	yabny	يا ابني
niña	ya benty	يا بنتي

4. Números cardinales. Unidad 1

cero	ṣefr	صفر
uno	wāḥed	واحد
una	waḥda	واحدة
dos	etneyn	إتنين
tres	talāta	ثلاثة
cuatro	arba'a	أربعة
cinco	χamsa	خمسة
seis	setta	ستّة
siete	sab'a	سبعة
ocho	tamanya	ثمانية
nueve	tes'a	تسعة
diez	'aʃara	عشرة
once	ḥedāʃar	حداشر
doce	etnāʃar	إتناشر
trece	talattāʃar	تلاتّاشر
catorce	arba'tāʃer	أربعتاشر
quince	χamastāʃer	خمستاشر
dieciséis	settāʃar	ستّاشر
diecisiete	saba'tāʃar	سبعتاشر
dieciocho	tamantāʃar	تمنتاشر
diecinueve	tes'atāʃar	تسعتاشر
veinte	'eʃrīn	عشرين
veintiuno	wāḥed we 'eʃrīn	واحد وعشرين
veintidós	etneyn we 'eʃrīn	إتنين وعشرين
veintitrés	talāta we 'eʃrīn	ثلاثة وعشرين
treinta	talatīn	ثلاثين

treinta y uno	wāḥed we talatīn	واحد وتلاتين
treinta y dos	etneyn we talatīn	إتنين وتلاتين
treinta y tres	talāta we talatīn	ثلاثة وثلاثين
cuarenta	arbeʿīn	أربعين
cuarenta y uno	wāḥed we arbeʿīn	واحد وأربعين
cuarenta y dos	etneyn we arbeʿīn	إتنين وأربعين
cuarenta y tres	talāta we arbeʿīn	ثلاثة وأربعين
cincuenta	χamsīn	خمسين
cincuenta y uno	wāḥed we χamsīn	واحد وخمسين
cincuenta y dos	etneyn we χamsīn	إتنين وخمسين
cincuenta y tres	talāta we χamsīn	ثلاثة وخمسين
sesenta	settīn	ستّين
sesenta y uno	wāḥed we settīn	واحد وستّين
sesenta y dos	etneyn we settīn	إتنين وستّين
sesenta y tres	talāta we settīn	ثلاثة وستّين
setenta	sabʿīn	سبعين
setenta y uno	wāḥed we sabʿīn	واحد وسبعين
setenta y dos	etneyn we sabʿīn	إتنين وسبعين
setenta y tres	talāta we sabʿīn	ثلاثة وسبعين
ochenta	tamanīn	ثمانين
ochenta y uno	wāḥed we tamanīn	واحد وتمانين
ochenta y dos	etneyn we tamanīn	إتنين وتمانين
ochenta y tres	talāta we tamanīn	ثلاثة وثمانين
noventa	tesʿīn	تسعين
noventa y uno	wāḥed we tesʿīn	واحد وتسعين
noventa y dos	etneyn we tesʿīn	إتنين وتسعين
noventa y tres	talāta we tesʿīn	ثلاثة وتسعين

5. Números cardinales. Unidad 2

cien	miya	ميّة
doscientos	meteyn	ميتين
trescientos	toltomiya	تلتميّة
cuatrocientos	robʿomiya	ربعميّة
quinientos	χomsomiya	خمسميّة
seiscientos	sotomiya	ستميّة
setecientos	sobʿomiya	سبعميّة
ochocientos	tomnomeʾa	ثمنمئة
novecientos	tosʿomiya	تسعميّة
mil	alf	ألف
dos mil	alfeyn	ألفين
tres mil	talat ʾālāf	ثلاث آلاف
diez mil	ʿaʃaret ʾālāf	عشرة آلاف
cien mil	mīt alf	ميت ألف
millón (m)	millyon (m)	مليون
mil millones	millyār (m)	مليار

6. Números ordinales

primero (adj)	awwel	أوّل
segundo (adj)	tāny	ثاني
tercero (adj)	tālet	ثالث
cuarto (adj)	rābeʿ	رابع
quinto (adj)	χāmes	خامس
sexto (adj)	sādes	سادس
séptimo (adj)	sābeʿ	سابع
octavo (adj)	tāmen	ثامن
noveno (adj)	tāseʿ	تاسع
décimo (adj)	ʿāʃer	عاشر

7. Números. Fracciones

fracción (f)	kasr (m)	كسر
un medio	noṣṣ	نصّ
un tercio	telt	ثلث
un cuarto	robʿ	ربع
un octavo	tomn	تمن
un décimo	ʿoʃr	عشر
dos tercios	teleyn	تلتين
tres cuartos	talātet arbāʿ	ثلاثة أرباع

8. Números. Operaciones básicas

sustracción (f)	ṭarḥ (m)	طرح
sustraer (vt)	ṭaraḥ	طرح
división (f)	ʾesma (f)	قسمة
dividir (vt)	ʾasam	قسم
adición (f)	gamʿ (m)	جمع
sumar (totalizar)	gamaʿ	جمع
adicionar (vt)	gamaʿ	جمع
multiplicación (f)	ḍarb (m)	ضرب
multiplicar (vt)	ḍarab	ضرب

9. Números. Miscelánea

cifra (f)	raqam (m)	رقم
número (m) (~ cardinal)	ʿadad (m)	عدد
numeral (m)	ʿadady (m)	عددي
menos (m)	nāʾeṣ (m)	ناقص
más (m)	zāʾed (m)	زائد
fórmula (f)	moʿadla (f)	معادلة
cálculo (m)	ḥesāb (m)	حساب
contar (vt)	ʿadd	عدّ

calcular (vt)	ḥasab	حسب
comparar (vt)	qāran	قارن
¿Cuánto?	kām?	كام؟
suma (f)	magmūʿ (m)	مجموع
resultado (m)	natīga (f)	نتيجة
resto (m)	bā'y (m)	باقي
algunos, algunas ...	kām	كام
poco (adv)	ʃewaya	شوية
resto (m)	el bā'y (m)	الباقي
uno y medio	wāḥed w noṣṣ (m)	واحد ونصّ
docena (f)	desta (f)	دستة
en dos	le noṣṣeyn	لنصّين
en partes iguales	bel tasāwy	بالتساوى
mitad (f)	noṣṣ (m)	نصّ
vez (f)	marra (f)	مرّة

10. Los verbos más importantes. Unidad 1

abrir (vt)	fataḥ	فتح
acabar, terminar (vt)	χallaṣ	خلّص
aconsejar (vt)	naṣaḥ	نصح
adivinar (vt)	χammen	خمّن
advertir (vt)	ḥazzar	حذّر
alabarse, jactarse (vr)	tabāha	تباهى
almorzar (vi)	etɣadda	إتغدّى
alquilar (~ una casa)	est'gar	إستأجر
amenazar (vt)	hadded	هدّد
arrepentirse (vr)	nedem	ندم
ayudar (vt)	sāʿed	ساعد
bañarse (vr)	sebeḥ	سبح
bromear (vi)	hazzar	هزّر
buscar (vt)	dawwar ʿala	دوّر على
caer (vi)	we'eʿ	وقع
callarse (vr)	seket	سكت
cambiar (vt)	ɣayar	غيّر
castigar, punir (vt)	ʿāqab	عاقب
cavar (vt)	ḥafar	حفر
cazar (vi, vt)	eṣṭād	اصطاد
cenar (vi)	etʿasʃa	إتعشّى
cesar (vt)	baṭṭal	بطّل
coger (vt)	mesek	مسك
comenzar (vt)	bada'	بدأ
comparar (vt)	qāran	قارن
comprender (vt)	fehem	فهم
confiar (vt)	wasaq	وثق
confundir (vt)	etlaχbaṭ	إتلخبط
conocer (~ a alguien)	ʿeref	عرف

contar (vt) (enumerar)	ʿadd	عدّ
contar con ...	eʿtamad ʿala ...	إعتمد على...
continuar (vt)	wāṣel	واصل
controlar (vt)	et-ḥakkem	إتحكّم
correr (vi)	gery	جري
costar (vt)	kallef	كلّف
crear (vt)	ʿamal	عمل

11. Los verbos más importantes. Unidad 2

dar (vt)	edda	إدّى
dar una pista	edda lamḥa	إدّى لمحة
decir (vt)	ʾāl	قال
decorar (para la fiesta)	zayen	زيّن
defender (vt)	dāfaʿ	دافع
dejar caer	waʾʾaʿ	وقّع
desayunar (vi)	feṭer	فطر
descender (vi)	nezel	نزل
dirigir (administrar)	adār	أدار
disculparse (vr)	eʿtazar	إعتذر
discutir (vt)	nāʾeʃ	ناقش
dudar (vt)	ʃakk fe	شكّ في
encontrar (hallar)	laʾa	لقى
engañar (vi, vt)	χadaʿ	خدع
entrar (vi)	daχal	دخل
enviar (vt)	arsal	أرسل
equivocarse (vr)	ɣeleṭ	غلط
escoger (vt)	eχtār	إختار
esconder (vt)	χabba	خبّأ
escribir (vt)	katab	كتب
esperar (aguardar)	estanna	إستنّى
esperar (tener esperanza)	tamanna	تمنّى
estar de acuerdo	ettafaʾ	إتّفق
estudiar (vt)	daras	درس
exigir (vt)	ṭāleb	طالب
existir (vi)	kān mawgūd	كان موجود
explicar (vt)	ʃaraḥ	شرح
faltar (a las clases)	ɣāb	غاب
firmar (~ el contrato)	waqqaʿ	وقّع
girar (~ a la izquierda)	ḥād	حاد
gritar (vi)	ṣarraχ	صرّخ
guardar (conservar)	ḥafaẓ	حفظ
gustar (vi)	ʿagab	عجب
hablar (vi, vt)	kallem	كلّم
hacer (vt)	ʿamal	عمل
informar (vt)	ʾāl ly	قال لي

insistir (vi)	aṣarr	أصرّ
insultar (vt)	ahān	أهان
interesarse (vr)	ehtamm be	إهتمّ بـ
invitar (vt)	ʿazam	عزم
ir (a pie)	meʃy	مشى
jugar (divertirse)	leʿeb	لعب

12. Los verbos más importantes. Unidad 3

leer (vi, vt)	ʾara	قرأ
liberar (ciudad, etc.)	ḥarrar	حرّر
llamar (por ayuda)	estaɣās	إستغاث
llegar (vi)	weṣel	وصل
llorar (vi)	baka	بكى
matar (vt)	ʾatal	قتل
mencionar (vt)	zakar	ذكر
mostrar (vt)	warra	ورّى
nadar (vi)	ʿām	عام
negarse (vr)	rafaḍ	رفض
objetar (vt)	eʿtaraḍ	إعترض
observar (vt)	rāqab	راقب
oír (vt)	semeʿ	سمع
olvidar (vt)	nesy	نسي
orar (vi)	ṣalla	صلّى
ordenar (mil.)	amar	أمر
pagar (vi, vt)	dafaʿ	دفع
pararse (vr)	waʾʾaf	وقّف
participar (vi)	ʃārek	شارك
pedir (ayuda, etc.)	ṭalab	طلب
pedir (en restaurante)	ṭalab	طلب
pensar (vi, vt)	fakkar	فكّر
percibir (ver)	lāḥaẓ	لاحظ
perdonar (vt)	ʿafa	عفا
permitir (vt)	samaḥ	سمح
pertenecer a ...	χaṣṣ	خصّ
planear (vt)	χaṭṭeṭ	خطّط
poder (v aux)	ʾeder	قدر
poseer (vt)	malak	ملك
preferir (vt)	faḍḍal	فضّل
preguntar (vt)	saʾal	سأل
preparar (la cena)	ḥaḍḍar	حضّر
prever (vt)	tanabbaʾ	تنبّأ
probar, tentar (vt)	ḥāwel	حاول
prometer (vt)	waʿad	وعد
pronunciar (vt)	naṭaʾ	نطق
proponer (vt)	ʿaraḍ	عرض

quebrar (vt)	kasar	كسر
quejarse (vr)	ʃaka	شكا
querer (amar)	ḥabb	حبّ
querer (desear)	ʿāyez	عايز

13. Los verbos más importantes. Unidad 4

recomendar (vt)	naṣaḥ	نصح
regañar, reprender (vt)	wabbeχ	وبّخ
reírse (vr)	ḍeḥek	ضحك
repetir (vt)	karrar	كرّر
reservar (~ una mesa)	ḥagaz	حجز
responder (vi, vt)	gāwab	جاوب
robar (vt)	saraʾ	سرق
saber (~ algo mas)	ʿeref	عرف
salir (vi)	χarag	خرج
salvar (vt)	anqaz	أنقذ
seguir ...	tatabbaʿ	تتبّع
sentarse (vr)	ʾaʿad	قعد
ser necesario	maṭlūb	مطلوب
ser, estar (vi)	kān	كان
significar (vt)	ʾaṣad	قصد
sonreír (vi)	ebtasam	إبتسم
sorprenderse (vr)	etfāgeʾ	إتفاجئ
subestimar (vt)	estaχaff	إستخفّ
tener (vt)	malak	ملك
tener hambre	ʿāyez ʾākol	عايز آكل
tener miedo	χāf	خاف
tener prisa	estaʿgel	إستعجل
tener sed	ʿāyez aʃrab	عايز أشرب
tirar, disparar (vi)	ḍarab bel nār	ضرب بالنار
tocar (con las manos)	lamas	لمس
tomar (vt)	aχad	أخد
tomar nota	katab	كتب
trabajar (vi)	eʃtaɣal	إشتغل
traducir (vt)	targem	ترجم
unir (vt)	waḥḥed	وحد
vender (vt)	bāʿ	باع
ver (vt)	ʃāf	شاف
volar (pájaro, avión)	ṭār	طار

14. Los colores

color (m)	lone (m)	لون
matiz (m)	daraget el lōn (m)	درجة اللون
tono (m)	ṣabɣet lōn (f)	صبغة اللون
arco (m) iris	qose qozaḥ (m)	قوس قزح

blanco (adj)	abyaḍ	أبيض
negro (adj)	aswad	أسود
gris (adj)	romādy	رمادي
verde (adj)	aχḍar	أخضر
amarillo (adj)	aṣfar	أصفر
rojo (adj)	aḥmar	أحمر
azul (adj)	azra'	أزرق
azul claro (adj)	azra' fāteḥ	أزرق فاتح
rosa (adj)	wardy	وردي
naranja (adj)	bortoqāly	برتقاليّ
violeta (adj)	banaffsegy	بنفّسجي
marrón (adj)	bonny	بنّي
dorado (adj)	dahaby	ذهبي
argentado (adj)	feḍḍy	فضّي
beige (adj)	bɛ:ʒ	بيج
crema (adj)	'āgy	عاجيّ
turquesa (adj)	fayrūzy	فيروزي
rojo cereza (adj)	aḥmar karazy	أحمر كرزي
lila (adj)	laylaky	ليّلكي
carmesí (adj)	qormozy	قرمزي
claro (adj)	fāteḥ	فاتح
oscuro (adj)	ɣāme'	غامق
vivo (adj)	zāhy	زاهي
de color (lápiz ~)	melawwen	ملوّن
en colores (película ~)	melawwen	ملوّن
blanco y negro (adj)	abyaḍ we aswad	أبيض وأسوّد
unicolor (adj)	sāda	سادة
multicolor (adj)	mota'added el alwān	متعدّد الألوان

15. Las preguntas

¿Quién?	mīn?	مين؟
¿Qué?	eyh?	ايه؟
¿Dónde?	feyn?	فين؟
¿Adónde?	feyn?	فين؟
¿De dónde?	meneyn?	منين؟
¿Cuándo?	emta	امتى؟
¿Para qué?	'aʃān eyh?	عشان ايه؟
¿Por qué?	leyh?	ليه؟
¿Por qué razón?	l eyh?	لـ ليه؟
¿Cómo?	ezāy?	إزاي؟
¿Qué ...? (~ color)	eyh?	ايه؟
¿Cuál?	ayī?	أيّ؟
¿A quién?	le mīn?	لمين؟
¿De quién? (~ hablan ...)	'an mīn?	عن مين؟
¿De qué?	'an eyh?	عن ايه؟

¿Con quién?	maʿ mīn?	مع مين؟
¿Cuánto?	kām?	كام؟
¿De quién? (~ es este ...)	betāʿet mīn?	بتاعت مين؟

16. Las preposiciones

con ... (~ algn)	maʿ	مع
sin ... (~ azúcar)	men ɣeyr	من غير
a ... (p.ej. voy a México)	ela	إلى
de ... (hablar ~)	ʿan	عن
antes de ...	ʾabl	قبل
delante de ...	ʾoddām	قدّام
debajo	taḥt	تحت
sobre ..., encima de ...	foʾe	فوق
en, sobre (~ la mesa)	ʿala	على
de (origen)	men	من
de (fabricado de)	men	من
dentro de ...	baʿd	بعد
encima de ...	men ʿala	من على

17. Las palabras útiles. Los adverbios. Unidad 1

¿Dónde?	feyn?	فين؟
aquí (adv)	hena	هنا
allí (adv)	henāk	هناك
en alguna parte	fe makānen ma	في مكان ما
en ninguna parte	meʃ fi ayī makān	مش في أيّ مكان
junto a ...	ganb	جنب
junto a la ventana	ganb el ʃebbāk	جنب الشبّاك
¿A dónde?	feyn?	فين؟
aquí (venga ~)	hena	هنا
allí (vendré ~)	henāk	هناك
de aquí (adv)	men hena	من هنا
de allí (adv)	men henāk	من هناك
cerca (no lejos)	ʾarīb	قريب
lejos (adv)	beʿīd	بعيد
cerca de ...	ʿand	عند
al lado (de ...)	ʾarīb	قريب
no lejos (adv)	meʃ beʿīd	مش بعيد
izquierdo (adj)	el ʃemāl	الشمال
a la izquierda (situado ~)	ʿalal ʃemāl	على الشمال
a la izquierda (girar ~)	lel ʃemāl	للشمال
derecho (adj)	el yemīn	اليمين
a la derecha (situado ~)	ʿalal yemīn	على اليمين

a la derecha (girar)	lel yemīn	لليمين
delante (yo voy ~)	'oddām	قدّام
delantero (adj)	amāmy	أمامي
adelante (movimiento)	ela el amām	إلى الأمام
detrás de ...	wara'	وراء
desde atrás	men wara	من ورّا
atrás (da un paso ~)	le wara	لورّا
centro (m), medio (m)	wasaṭ (m)	وسط
en medio (adv)	fel wasat	في الوسط
de lado (adv)	'ala ganb	على جنب
en todas partes	fe kol makān	في كل مكان
alrededor (adv)	ḥawaleyn	حوالين
de dentro (adv)	men gowwah	من جوّه
a alguna parte	le 'ayī makān	لأي مكان
todo derecho (adv)	'ala ṭūl	على طول
atrás (muévelo para ~)	rogū'	رجوع
de alguna parte (adv)	men ayī makān	من أيّ مكان
no se sabe de dónde	men makānen mā	من مكان ما
primero (adv)	awwalan	أوّلاً
segundo (adv)	sāneyan	ثانياً
tercero (adv)	sālesan	ثالثاً
de súbito (adv)	fag'a	فجأة
al principio (adv)	fel bedāya	في البداية
por primera vez	le 'awwel marra	لأوّل مرّة
mucho tiempo antes ...	'abl ... be modda ṭawīla	قبل... بمدة طويلة
de nuevo (adv)	men gedīd	من جديد
para siempre (adv)	lel abad	للأبد
jamás, nunca (adv)	abadan	أبداً
de nuevo (adv)	tāny	تاني
ahora (adv)	delwa'ty	دلوقتي
frecuentemente (adv)	ketīr	كثير
entonces (adv)	wa'taha	وقتها
urgentemente (adv)	'ala ṭūl	على طول
usualmente (adv)	'ādatan	عادةً
a propósito, ...	'ala fekra ...	على فكرة...
es probable	momken	ممكن
probablemente (adv)	momken	ممكن
tal vez	momken	ممكن
además ...	bel eḍāfa ela ...	بالإضافة إلى...
por eso ...	'aʃān keda	عشان كده
a pesar de ...	bel raɣm men ...	بالرغم من...
gracias a ...	be faḍl ...	بفضل...
qué (pron)	elly	إللي
que (conj)	ennu	إنّه
algo (~ le ha pasado)	ḥāga (f)	حاجة
algo (~ así)	ayī ḥāga (f)	أيّ حاجة

nada (f)	wala ḥāga	ولا حاجة
quien	elly	إللي
alguien (viene ~)	ḥadd	حدّ
alguien (¿ha llamado ~?)	ḥadd	حدّ
nadie	wala ḥadd	ولا حدّ
a ninguna parte	meʃ le wala makān	مش لـ ولا مكان
de nadie	wala ḥadd	ولا حدّ
de alguien	le ḥadd	لحدّ
tan, tanto (adv)	geddan	جداً
también (~ habla francés)	kamān	كمان
también (p.ej. Yo ~)	kamān	كمان

18. Las palabras útiles. Los adverbios. Unidad 2

¿Por qué?	leyh?	ليه؟
no se sabe porqué	le sabeben ma	لسبب ما
porque ...	ʿaʃān ...	عشان ...
por cualquier razón (adv)	le hadafen mā	لهدف ما
y (p.ej. uno y medio)	w	و
o (p.ej. té o café)	walla	ولّا
pero (p.ej. me gusta, ~)	bass	بسّ
para (p.ej. es para ti)	ʿaʃān	عشان
demasiado (adv)	ketīr geddan	كتير جدّاً
sólo, solamente (adv)	bass	بسّ
exactamente (adv)	bel ḍabṭ	بالضبط
unos ..., cerca de ... (~ 10 kg)	naḥw	نحو
aproximadamente	naḥw	نحو
aproximado (adj)	taqrīby	تقريبي
casi (adv)	taʾrīban	تقريباً
resto (m)	el bāʾy (m)	الباقي
cada (adj)	koll	كلّ
cualquier (adj)	ayī	أيّ
mucho (adv)	ketīr	كتير
muchos (mucha gente)	nās ketīr	ناس كتير
todos	koll el nās	كلّ الناس
a cambio de ...	fi moqābel ...	... في مقابل
en cambio (adv)	fe moqābel	في مقابل
a mano (hecho ~)	bel yad	باليد
poco probable	bel kād	بالكاد
probablemente	momken	ممكن
a propósito (adv)	bel ʾaṣd	بالقصد
por accidente (adv)	bel ṣodfa	بالصدفة
muy (adv)	ʾawy	قويّ
por ejemplo (adv)	masalan	مثلاً

entre (~ nosotros)	beyn	بين
entre (~ otras cosas)	wesṭ	وسط
tanto (~ gente)	ketīr	كتير
especialmente (adv)	χāṣṣa	خاصّة

Conceptos básicos. Unidad 2

19. Los opuestos

rico (adj)	ɣany	غني
pobre (adj)	faʾīr	فقير
enfermo (adj)	marīḍ	مريض
sano (adj)	salīm	سليم
grande (adj)	kebīr	كبير
pequeño (adj)	ṣaɣīr	صغير
rápidamente (adv)	bosorʿa	بسرعة
lentamente (adv)	bo boṭʾ	ببطء
rápido (adj)	sareeʿ	سريع
lento (adj)	baṭīʾ	بطيء
alegre (adj)	farḥān	فرحان
triste (adj)	ḥazīn	حزين
juntos (adv)	maʿ baʿḍ	مع بعض
separadamente	le waḥdo	لوحده
en voz alta	beṣote ʿāly	بصوت عالي
en silencio	beṣamt	بصمت
alto (adj)	ʿāly	عالي
bajo (adj)	wāṭy	واطي
profundo (adj)	ʿamīq	عميق
poco profundo (adj)	ḍaḥl	ضحل
sí	aywa	أيوه
no	laʾ	لأ
lejano (adj)	beʿīd	بعيد
cercano (adj)	ʾarīb	قريب
lejos (adv)	beʿīd	بعيد
cerco (adv)	ʾarīb	قريب
largo (adj)	ṭawīl	طويل
corto (adj)	ʾaṣīr	قصير
bueno (de buen corazón)	ṭayeb	طيّب
malvado (adj)	ʃerrīr	شرير

casado (adj)	metgawwez	متجوّز
soltero (adj)	a'zab	أعزب
prohibir (vt)	mana'	منع
permitir (vt)	samaḥ	سمح
fin (m)	nehāya (f)	نهاية
principio (m)	bedāya (f)	بداية
izquierdo (adj)	el ʃemāl	الشمال
derecho (adj)	el yemīn	اليمين
primero (adj)	awwel	أوّل
último (adj)	'āχer	آخر
crimen (m)	garīma (f)	جريمة
castigo (m)	'eqāb (m)	عقاب
ordenar (vt)	amar	أمر
obedecer (vi, vt)	ṭā'	طاع
recto (adj)	mostaqīm	مستقيم
curvo (adj)	monḥany	منحني
paraíso (m)	el ganna (f)	الجنّة
infierno (m)	el gaḥīm (f)	الجحيم
nacer (vi)	etwalad	إتولّد
morir (vi)	māt	مات
fuerte (adj)	'awy	قوّي
débil (adj)	ḍa'īf	ضعيف
viejo (adj)	'agūz	عجوز
joven (adj)	ʃāb	شاب
viejo (adj)	'adīm	قديم
nuevo (adj)	gedīd	جديد
duro (adj)	ṣalb	صلب
blando (adj)	ṭary	طري
tibio (adj)	dāfy	دافي
frío (adj)	bāred	بارد
gordo (adj)	teχīn	تخين
delgado (adj)	rofaya'	رفيّع
estrecho (adj)	ḍaye'	ضيّق
ancho (adj)	wāse'	واسع
bueno (adj)	kewayes	كويّس
malo (adj)	weḥeʃ	وحش
valiente (adj)	ʃogā'	شجاع
cobarde (adj)	gabān	جبان

20. Los días de la semana

lunes (m)	el etneyn (m)	الإتنين
martes (m)	el talāt (m)	التلات
miércoles (m)	el arbe'ā' (m)	الأربعاء
jueves (m)	el χamīs (m)	الخميس
viernes (m)	el gom'a (m)	الجمعة
sábado (m)	el sabt (m)	السبت
domingo (m)	el aḥad (m)	الأحد
hoy (adv)	el naharda	النهارده
mañana (adv)	bokra	بكرة
pasado mañana	ba'd bokra (m)	بعد بكرة
ayer (adv)	embāreḥ	امبارح
anteayer (adv)	awwel embāreḥ	أوّل امبارح
día (m)	yome (m)	يوم
día (m) de trabajo	yome 'amal (m)	يوم عمل
día (m) de fiesta	agāza rasmiya (f)	أجازة رسميّة
día (m) de descanso	yome el agāza (m)	يوم أجازة
fin (m) de semana	nehāyet el osbū' (f)	نهاية الأسبوع
todo el día	ṭūl el yome	طول اليوم
al día siguiente	fel yome elly ba'dīh	في اليوم اللي بعديه
dos días atrás	men yomeyn	من يومين
en vísperas (adv)	fel yome elly 'ablo	في اليوم اللي قبله
diario (adj)	yawmy	يومي
cada día (adv)	yawmiyan	يومياً
semana (f)	osbū' (m)	أسبوع
semana (f) pasada	el esbū' elly fāt	الأسبوع اللي فات
semana (f) que viene	el esbū' elly gayī	الأسبوع اللي جاي
semanal (adj)	osbū'y	أسبوعي
cada semana (adv)	osbū'iyan	أسبوعياً
2 veces por semana	marreteyn fel osbū'	مرّتين في الأسبوع
todos los martes	koll solasā'	كلّ ثلاثاء

21. Las horas. El día y la noche

mañana (f)	ṣobḥ (m)	صبح
por la mañana	fel ṣobḥ	في الصبح
mediodía (m)	ẓohr (m)	ظهر
por la tarde	ba'd el ḍohr	بعد الظهر
noche (f)	leyl (m)	ليل
por la noche	bel leyl	بالليل
noche (f) (p.ej. 2:00 a.m.)	leyl (m)	ليل
por la noche	bel leyl	بالليل
medianoche (f)	noṣṣ el leyl (m)	نصّ الليل
segundo (m)	sanya (f)	ثانية
minuto (m)	de'ī'a (f)	دقيقة
hora (f)	sā'a (f)	ساعة

media hora (f)	noṣṣ sāʿa (m)	نصّ ساعة
cuarto (m) de hora	robʿ sāʿa (f)	ربع ساعة
quince minutos	χamastāʃer deʾīʾa	خمستاشر دقيقة
veinticuatro horas	arbaʿa we ʿeʃrīn sāʿa	أربعة وعشرين ساعة
salida (f) del sol	ʃorūʾ el ʃams (m)	شروق الشمس
amanecer (m)	fagr (m)	فجر
madrugada (f)	ṣobḥ badry (m)	صبح بدري
puesta (f) del sol	ɣorūb el ʃams (m)	غروب الشمس
de madrugada	el ṣobḥ badry	الصبح بدري
esta mañana	el naharda el ṣobḥ	النهاردة الصبح
mañana por la mañana	bokra el ṣobḥ	بكرة الصبح
esta tarde	el naharda baʿd el ḍohr	النهاردة بعد الظهر
por la tarde	baʿd el ḍohr	بعد الظهر
mañana por la tarde	bokra baʿd el ḍohr	بكرة بعد الظهر
esta noche (p.ej. 8:00 p.m.)	el naharda bel leyl	النهاردة بالليل
mañana por la noche	bokra bel leyl	بكرة بالليل
a las tres en punto	es sāʿa talāta bel ḍabṭ	الساعة تلاتة بالضبط
a eso de las cuatro	es sāʿa arbaʿa taʾrīban	الساعة أربعة تقريبا
para las doce	ḥatt es sāʿa etnāʃar	حتى الساعة إتناشر
dentro de veinte minutos	fe χelāl ʿeʃrīn deʿeeʿa	في خلال عشرين دقيقة
dentro de una hora	fe χelāl sāʿa	في خلال ساعة
a tiempo (adv)	fe mawʿedo	في موعده
... menos cuarto	ella robʿ	إلّا ربع
durante una hora	χelāl sāʿa	خلال ساعة
cada quince minutos	koll robʿ sāʿa	كلّ ربع ساعة
día y noche	leyl nahār	ليل نهار

22. Los meses. Las estaciones

enero (m)	yanāyer (m)	يناير
febrero (m)	febrāyer (m)	فبراير
marzo (m)	māres (m)	مارس
abril (m)	ebrīl (m)	إبريل
mayo (m)	māyo (m)	مايو
junio (m)	yonyo (m)	يونيو
julio (m)	yolyo (m)	يوليو
agosto (m)	oɣosṭos (m)	أغسطس
septiembre (m)	sebtamber (m)	سبتمبر
octubre (m)	oktober (m)	أكتوبر
noviembre (m)	november (m)	نوفمبر
diciembre (m)	desember (m)	ديسمبر
primavera (f)	rabeeʿ (m)	ربيع
en primavera	fel rabeeʿ	في الربيع
de primavera (adj)	rabeeʿy	ربيعي
verano (m)	ṣeyf (m)	صيف
en verano	fel ṣeyf	في الصيف

de verano (adj)	ṣeyfy	صيفي
otoño (m)	χarīf (m)	خريف
en otoño	fel χarīf	في الخريف
de otoño (adj)	χarīfy	خريفي
invierno (m)	ʃetā' (m)	شتاء
en invierno	fel ʃetā'	في الشتاء
de invierno (adj)	ʃetwy	شتوي
mes (m)	ʃahr (m)	شهر
este mes	fel ʃahr da	في الشهر ده
al mes siguiente	el ʃahr el gayī	الشهر الجاي
el mes pasado	el ʃahr elly fāt	الشهر اللي فات
hace un mes	men ʃahr	من شهر
dentro de un mes	ba'd ʃahr	بعد شهر
dentro de dos meses	ba'd ʃahreyn	بعد شهرين
todo el mes	el ʃahr kollc	الشهر كلّه
todo un mes	ṭawāl el ʃahr	طوال الشهر
mensual (adj)	ʃahry	شهري
mensualmente (adv)	ʃahry	شهري
cada mes	koll ʃahr	كلّ شهر
dos veces por mes	marreteyn fel ʃahr	مرّتين في الشهر
año (m)	sana (f)	سنة
este año	el sana di	السنة دي
el próximo año	el sana el gaya	السنة الجاية
el año pasado	el sana elly fātet	السنة اللي فاتت
hace un año	men sana	من سنة
dentro de un año	ba'd sana	بعد سنة
dentro de dos años	ba'd sanateyn	بعد سنتين
todo el año	el sana kollaha	السنة كلّها
todo un año	ṭūl el sana	طول السنة
cada año	koll sana	كلّ سنة
anual (adj)	sanawy	سنوي
anualmente (adv)	koll sana	كلّ سنة
cuatro veces por año	arba' marrāt fel sana	أربع مرات في السنة
fecha (f) (la ~ de hoy es ...)	tarīχ (m)	تاريخ
fecha (f) (~ de entrega)	tarīχ (m)	تاريخ
calendario (m)	natīga (f)	نتيجة
medio año (m)	noṣṣ sana	نصّ سنة
seis meses	settet aʃ-hor (f)	ستّة أشهر
estación (f)	faṣl (m)	فصل
siglo (m)	qarn (m)	قرن

23. La hora. Miscelánea

tiempo (m)	wa't (m)	وقت
momento (m)	laḥza (f)	لحظة

instante (m)	laḥza (f)	لحظة
instantáneo (adj)	laḥza	لحظة
lapso (m) de tiempo	fatra (f)	فترة
vida (f)	ḥayah (f)	حياة
eternidad (f)	abadiya (f)	أبديّة
época (f)	ʿahd (m)	عهد
era (f)	ʿaṣr (m)	عصر
ciclo (m)	dawra (f)	دورة
periodo (m)	fatra (f)	فترة
plazo (m) (~ de tres meses)	fatra (f)	فترة
futuro (m)	el mostaqbal (m)	المستقبل
futuro (adj)	elly gayī	اللي جاي
la próxima vez	el marra el gaya	المرّة الجايّة
pasado (m)	el māḍy (m)	الماضي
pasado (adj)	elly fāt	اللي فات
la última vez	el marra elly fātet	المرّة اللي فاتت
más tarde (adv)	baʿdeyn	بعدين
después	baʿd	بعد
actualmente (adv)	el ayām di	الأيام دي
ahora (adv)	delwaʾty	دلوقتي
inmediatamente	ḥālan	حالاً
pronto (adv)	ʾarīb	قريب
de antemano (adv)	moʾaddaman	مقدّماً
hace mucho tiempo	men zamān	من زمان
hace poco (adv)	men ʾorayeb	من قريّب
destino (m)	maṣīr (m)	مصير
recuerdos (m pl)	zekra (f)	زكرى
archivo (m)	arʃīf (m)	أرشيف
durante ...	esnāʾ...	إثناء...
mucho tiempo (adv)	modda ṭawīla	مدّة طويلة
poco tiempo (adv)	le fatra ʾaṣīra	لفترة قصيرة
temprano (adv)	badry	بدري
tarde (adv)	metʾakχer	متأخّر
para siempre (adv)	lel abad	للأبد
comenzar (vt)	badaʾ	بدأ
aplazar (vt)	aggel	أجّل
simultáneamente	fe nafs el waqt	في نفس الوقت
permanentemente	be ʃakl dāʾem	بشكل دائم
constante (ruido, etc.)	mostamerr	مستمرّ
temporal (adj)	moʾakkatan	مؤقّتاً
a veces (adv)	saʿāt	ساعات
raramente (adv)	nāderan	نادراً
frecuentemente	ketīr	كثير

24. Las líneas y las formas

cuadrado (m)	morabbaʿ (m)	مربّع
cuadrado (adj)	morabbaʿ	مربّع

círculo (m)	dayra (f)	دايرة
redondo (adj)	medawwar	مدور
triángulo (m)	mosallas (m)	مثلّث
triangular (adj)	mosallasy el ʃakl	مثلّثي الشكل
óvalo (m)	bayḍawy (m)	بيضوّي
oval (adj)	bayḍawy	بيضوّي
rectángulo (m)	mostaṭīl (m)	مستطيل
rectangular (adj)	mostaṭīly	مستطيلي
pirámide (f)	haram (m)	هرم
rombo (m)	moʿayen (m)	معين
trapecio (m)	ʃebh el monḥaref (m)	شبه المنحرف
cubo (m)	mokaʿab (m)	مكعّب
prisma (m)	manʃūr (m)	منشور
circunferencia (f)	moḥīṭ monḥany moɣlaq (m)	محيط منحنى مغلق
esfera (f)	kora (f)	كرة
globo (m)	kora (f)	كرة
diámetro (m)	qaṭr (m)	قطر
radio (m)	noṣṣ qaṭr (m)	نصّ قطر
perímetro (m)	moḥīṭ (m)	محيط
centro (m)	wasaṭ (m)	وسط
horizontal (adj)	ofoqy	أفقي
vertical (adj)	ʿamūdy	عمودي
paralela (f)	motawāz (m)	متواز
paralelo (adj)	motawāzy	متوازي
línea (f)	xaṭṭ (m)	خطّ
trazo (m)	ḥaraka (m)	حركة
recta (f)	xaṭṭ mostaqīm (m)	خطّ مستقيم
curva (f)	xaṭṭ monḥany (m)	خطّ منحني
fino (la ~a línea)	rofayaʿ	رفيّع
contorno (m)	kontūr (m)	كنتور
intersección (f)	taqāṭoʿ (m)	تقاطع
ángulo (m) recto	zawya mostaqīma (f)	زاوية مستقيمة
segmento (m)	ʾeṭʿa (f)	قطعة
sector (m)	qaṭāʿ (m)	قطاع
lado (m)	gāneb (m)	جانب
ángulo (m)	zawya (f)	زاوية

25. Las unidades de medida

peso (m)	wazn (m)	وزن
longitud (f)	ṭūl (m)	طول
anchura (f)	ʿarḍ (m)	عرض
altura (f)	ertefāʿ (m)	إرتفاع
profundidad (f)	ʿomq (m)	عمق
volumen (m)	ḥagm (m)	حجم
área (f)	mesāḥa (f)	مساحة
gramo (m)	gram (m)	جرام
miligramo (m)	milligrām (m)	ملّيغرام

kilogramo (m)	kilogrām (m)	كيلوغرام
tonelada (f)	ṭenn (m)	طنّ
libra (f)	reṭl (m)	رطل
onza (f)	onṣa (f)	أونصة
metro (m)	metr (m)	متر
milímetro (m)	millimetr (m)	ملّيمتر
centímetro (m)	santimetr (m)	سنتيمتر
kilómetro (m)	kilometr (m)	كيلومتر
milla (f)	mīl (m)	ميل
pulgada (f)	boṣa (f)	بوصة
pie (m)	'adam (m)	قدم
yarda (f)	yarda (f)	ياردة
metro (m) cuadrado	metr morabba' (m)	متر مربّع
hectárea (f)	hektār (m)	هكتار
litro (m)	litre (m)	لتر
grado (m)	daraga (f)	درجة
voltio (m)	volt (m)	فولت
amperio (m)	ambere (m)	أمبير
caballo (m) de fuerza	ḥoṣān (m)	حصان
cantidad (f)	kemiya (f)	كمّية
un poco de ...	ʃewayet ...	شويّة...
mitad (f)	noṣṣ (m)	نصّ
docena (f)	desta (f)	دستة
pieza (f)	waḥda (f)	وحدة
dimensión (f)	ḥagm (m)	حجم
escala (f) (del mapa)	me'yās (m)	مقياس
mínimo (adj)	el adna	الأدنى
el más pequeño (adj)	el aṣɣar	الأصغر
medio (adj)	motawasseṭ	متوّسط
máximo (adj)	el aqṣa	الأقصى
el más grande (adj)	el akbar	الأكبر

26. Contenedores

tarro (m) de vidrio	barṭamān (m)	برطمان
lata (f)	kanz (m)	كانز
cubo (m)	gardal (m)	جردل
barril (m)	barmīl (m)	برميل
palangana (f)	ḥoḍe lel ɣasīl (m)	حوض للغسيل
tanque (m)	χazzān (m)	خزّان
petaca (f) (de alcohol)	zamzamiya (f)	زمزميّة
bidón (m) de gasolina	ʒerken (m)	جركن
cisterna (f)	χazzān (m)	خزّان
taza (f) (mug de cerámica)	mugg (m)	ماجّ
taza (f) (~ de café)	fengān (m)	فنجان

platillo (m)	ṭabaʾ fengān (m)	طبق فنجان
vaso (m) (~ de agua)	kobbāya (f)	كوبّاية
copa (f) (~ de vino)	kāsa (f)	كاسة
olla (f)	ḥalla (f)	حلّة
botella (f)	ezāza (f)	إزازة
cuello (m) de botella	ʿonq (m)	عنق
garrafa (f)	dawraʾ zogāgy (m)	دورّق زجاجي
jarro (m) (~ de agua)	ebrīʾ (m)	إبريق
recipiente (m)	weʿāʾ (m)	وعاء
tarro (m)	aṣīṣ (m)	أصيص
florero (m)	vāza (f)	فازة
frasco (m) (~ de perfume)	ezāza (f)	إزازة
frasquito (m)	ezāza (f)	إزازة
tubo (m)	anbūba (f)	أنبوبة
saco (m) (~ de azúcar)	kīs (m)	كيس
bolsa (f) (~ plástica)	kīs (m)	كيس
paquete (m) (~ de cigarrillos)	ʿelba (f)	علبة
caja (f)	ʿelba (f)	علبة
cajón (m) (~ de madera)	ṣandūʾ (m)	صندوق
cesta (f)	salla (f)	سلّة

27. Materiales

material (m)	madda (f)	مادّة
madera (f)	χaʃab (m)	خشب
de madera (adj)	χaʃaby	خشبي
vidrio (m)	ezāz (m)	إزاز
de vidrio (adj)	ezāz	إزاز
piedra (f)	ḥagar (m)	حجر
de piedra (adj)	ḥagary	حجري
plástico (m)	blastik (m)	بلاستيك
de plástico (adj)	men el blastik	من البلاستيك
goma (f)	maṭṭāṭ (m)	مطّاط
de goma (adj)	maṭṭāṭy	مطّاطي
tela (f)	ʾomāʃ (m)	قماش
de tela (adj)	men el ʾomāʃ	من القماش
papel (m)	waraʾ (m)	ورق
de papel (adj)	waraʾy	ورقي
cartón (m)	kartōn (m)	كرتون
de cartón (adj)	kartony	كرتوني
polietileno (m)	bolyetylen (m)	بولي ايثيلين
celofán (m)	sellofān (m)	سيلوفان

contrachapado (m)	ablakāʃ (m)	أبلكاش
porcelana (f)	borsalīn (m)	بورسلين
de porcelana (adj)	men el borsalīn	من البورسلين
arcilla (f), barro (m)	ṭīn (m)	طين
de barro (adj)	fokχāry	فخّاري
cerámica (f)	seramīk (m)	سيراميك
de cerámica (adj)	men el seramik	من السيراميك

28. Los metales

metal (m)	maʿdan (m)	معدن
metálico (adj)	maʿdany	معدني
aleación (f)	sebīka (f)	سبيكة
oro (m)	dahab (m)	ذهب
de oro (adj)	dahaby	ذهبي
plata (f)	faḍḍa (f)	فضة
de plata (adj)	feḍḍy	فضّي
hierro (m)	ḥadīd (m)	حديد
de hierro (adj)	ḥadīdy	حديدي
acero (m)	fulāz (m)	فولاذ
de acero (adj)	folāzy	فولاذي
cobre (m)	neḥās (m)	نحاس
de cobre (adj)	neḥāsy	نحاسي
aluminio (m)	aluminyum (m)	الومينيوم
de aluminio (adj)	aluminyum	الومينيوم
bronce (m)	bronze (m)	برونز
de bronce (adj)	bronzy	برونزي
latón (m)	neḥās aṣfar (m)	نحاس أصفر
níquel (m)	nikel (m)	نيكل
platino (m)	blatīn (m)	بلاتين
mercurio (m)	zeʾbaq (m)	زئبق
estaño (m)	ʾaṣdīr (m)	قصدير
plomo (m)	roṣāṣ (m)	رصاص
zinc (m)	zink (m)	زنك

EL SER HUMANO

El ser humano. El cuerpo

29. El ser humano. Conceptos básicos

ser (m) humano	ensān (m)	إنسان
hombre (m) (varón)	rāgel (m)	راجل
mujer (f)	set (f)	ست
niño -a (m, f)	ṭefl (m)	طفل
niña (f)	bent (f)	بنت
niño (m)	walad (m)	ولد
adolescente (m)	morāheq (m)	مراهق
viejo, anciano (m)	ʿagūz (m)	عجوز
vieja, anciana (f)	ʿagūza (f)	عجوزة

30. La anatomía humana

organismo (m)	ʿoḍw (m)	عضو
corazón (m)	ʾalb (m)	قلب
sangre (f)	damm (m)	دم
arteria (f)	ʃeryān (m)	شريان
vena (f)	ʿerʾ (m)	عرق
cerebro (m)	mokχ (m)	مخّ
nervio (m)	ʿaṣab (m)	عصب
nervios (m pl)	aʿṣāb (pl)	أعصاب
vértebra (f)	faqra (f)	فقرة
columna (f) vertebral	ʿamūd faqry (m)	عمود فقري
estómago (m)	meʿda (f)	معدة
intestinos (m pl)	amʿāʾ (pl)	أمعاء
intestino (m)	maʿy (m)	معى
hígado (m)	kebd (f)	كبد
riñón (m)	kelya (f)	كلية
hueso (m)	ʿaḍm (m)	عظم
esqueleto (m)	haykal ʿazmy (m)	هيكل عظمي
costilla (f)	ḍelʿ (m)	ضلع
cráneo (m)	gomgoma (f)	جمجمة
músculo (m)	ʿaḍala (f)	عضلة
bíceps (m)	biseps (f)	بايسبس
tríceps (m)	triseps (f)	ترايسبس
tendón (m)	watar (m)	وتر
articulación (f)	mefṣal (m)	مفصل

pulmones (m pl)	re'ateyn (du)	رئتين
genitales (m pl)	a'ḍā' tanasoliya (pl)	أعضاء تناسلية
piel (f)	boʃra (m)	بشرة

31. La cabeza

cabeza (f)	ra's (m)	رأس
cara (f)	weʃ (m)	وش
nariz (f)	manaχīr (m)	مناخير
boca (f)	bo' (m)	بوء
ojo (m)	'eyn (f)	عين
ojos (m pl)	'oyūn (pl)	عيون
pupila (f)	ḥad'a (f)	حدقة
ceja (f)	ḥāgeb (m)	حاجب
pestaña (f)	remʃ (m)	رمش
párpado (m)	gefn (m)	جفن
lengua (f)	lesān (m)	لسان
diente (m)	senna (f)	سنّة
labios (m pl)	ʃafāyef (pl)	شفايف
pómulos (m pl)	'aḍmet el χadd (f)	عضمة الخدّ
encía (f)	lassa (f)	لثّة
paladar (m)	ḥanak (m)	حنك
ventanas (f pl)	manaχer (pl)	مناخر
mentón (m)	da''n (m)	دقن
mandíbula (f)	fakk (m)	فكّ
mejilla (f)	χadd (m)	خدّ
frente (f)	gabha (f)	جبهة
sien (f)	ṣedɣ (m)	صدغ
oreja (f)	wedn (f)	ودن
nuca (f)	'afa (m)	قفا
cuello (m)	ra'aba (f)	رقبة
garganta (f)	zore (m)	زور
pelo, cabello (m)	ʃa'r (m)	شعر
peinado (m)	tasrīḥa (f)	تسريحة
corte (m) de pelo	tasrīḥa (f)	تسريحة
peluca (f)	barūka (f)	باروكة
bigote (m)	ʃanab (pl)	شنب
barba (f)	leḥya (f)	لحية
tener (~ la barba)	'ando	عنده
trenza (f)	ḍefīra (f)	ضفيرة
patillas (f pl)	sawālef (pl)	سوالف
pelirrojo (adj)	aḥmar el ʃa'r	أحمر الشعر
gris, canoso (adj)	ʃa'r abyaḍ	شعر أبيض
calvo (adj)	aṣla'	أصلع
calva (f)	ṣala' (m)	صلع
cola (f) de caballo	deyl ḥoṣān (m)	ديل حصان
flequillo (m)	'oṣṣa (f)	قصّة

32. El cuerpo

mano (f)	yad (m)	يد
brazo (m)	derāʿ (f)	دراع
dedo (m)	ṣobāʿ (m)	صباع
dedo (m) del pie	ṣobāʿ el ʾadam (m)	صباع القدم
dedo (m) pulgar	ebhām (m)	إبهام
dedo (m) meñique	xonṣor (m)	خنصر
uña (f)	ḍefr (m)	ضفر
puño (m)	qabḍa (f)	قبضة
palma (f)	kaff (f)	كفّ
muñeca (f)	meʿṣam (m)	معصم
antebrazo (m)	sāʿed (m)	ساعد
codo (m)	kūʿ (m)	كوع
hombro (m)	ketf (f)	كتف
pierna (f)	regl (f)	رجل
planta (f)	qadam (f)	قدم
rodilla (f)	rokba (f)	ركبة
pantorrilla (f)	semmāna (f)	سمّانة
cadera (f)	faxd (f)	فخد
talón (m)	kaʿb (m)	كعب
cuerpo (m)	gesm (m)	جسم
vientre (m)	baṭn (m)	بطن
pecho (m)	ṣedr (m)	صدر
seno (m)	sady (m)	ثدي
lado (m), costado (m)	ganb (m)	جنب
espalda (f)	ḍahr (m)	ضهر
zona (f) lumbar	asfal el ḍahr (m)	أسفل الضهر
cintura (f), talle (m)	wesṭ (f)	وسط
ombligo (m)	sorra (f)	سرّة
nalgas (f pl)	ardāf (pl)	أرداف
trasero (m)	debr (m)	دبر
lunar (m)	ʃāma (f)	شامة
marca (f) de nacimiento	waḥma	وحمة
tatuaje (m)	waʃm (m)	وشم
cicatriz (f)	nadba (f)	ندبة

La ropa y los accesorios

33. La ropa exterior. Los abrigos

ropa (f)	malābes (pl)	ملابس
ropa (f) de calle	malābes fo'aniya (pl)	ملابس فوقانيّة
ropa (f) de invierno	malābes ʃetwiya (pl)	ملابس شتويّة
abrigo (m)	balṭo (m)	بالطو
abrigo (m) de piel	balṭo farww (m)	بالطو فروّ
abrigo (m) corto de piel	ʒaket farww (m)	جاكيت فروّ
chaqueta (f) plumón	balṭo maḥʃy rīʃ (m)	بالطو محشي ريش
cazadora (f)	ʒæket (m)	جاكيت
impermeable (m)	ʒæket lel maṭar (m)	جاكيت للمطر
impermeable (adj)	wāqy men el maya	واقي من الميّة

34. Ropa de hombre y mujer

camisa (f)	'amīṣ (m)	قميص
pantalones (m pl)	banṭalone (f)	بنطلون
jeans, vaqueros (m pl)	ʒeans (m)	جينز
chaqueta (f), saco (m)	ʒæket (f)	جاكت
traje (m)	badla (f)	بدلة
vestido (m)	fostān (m)	فستان
falda (f)	ʒība (f)	جيبة
blusa (f)	bloza (f)	بلوزة
rebeca (f), chaqueta (f) de punto	kardigan (m)	كارديجن
chaqueta (f)	ʒæket (m)	جاكيت
camiseta (f) (T-shirt)	ti ʃirt (m)	تي شيرت
pantalones (m pl) cortos	ʃort (m)	شورت
traje (m) deportivo	treneng (m)	ترينيج
bata (f) de baño	robe el ḥammām (m)	روب حمّام
pijama (m)	beʒāma (f)	بيجاما
suéter (m)	blover (f)	بلوفر
pulóver (m)	blover (m)	بلوفر
chaleco (m)	vest (m)	فيست
frac (m)	badlet sahra ṭawīla (f)	بدلة سهرة طويلة
esmoquin (m)	badla (f)	بدلة
uniforme (m)	zayī muwaḥḥad (m)	زيّ موحّد
ropa (f) de trabajo	lebs el ʃoɣl (m)	لبس الشغل
mono (m)	overall (m)	اوفر اول
bata (f) (p. ej. ~ blanca)	balṭo (m)	بالطو

35. La ropa. La ropa interior

ropa (f) interior	malābes dāχeliya (pl)	ملابس داخلية
bóxer (m)	sirwāl dāχly riġāly (m)	سروال داخلي رجالي
bragas (f pl)	sirwāl dāχly nisā'y (m)	سروال داخلي نسائي
camiseta (f) interior	fanella (f)	فانلّا
calcetines (m pl)	ʃarāb (m)	شراب
camisón (m)	'amīṣ nome (m)	قميص نوم
sostén (m)	setyāna (f)	ستيانة
calcetines (m pl) altos	ʃarabāt ṭawīla (pl)	شرابات طويلة
pantimedias (f pl)	klone (m)	كلون
medias (f pl)	gawāreb (pl)	جوارب
traje (m) de baño	mayo (m)	مايّوه

36. Gorras

gorro (m)	ṭa'iya (f)	طاقيّة
sombrero (m) de fieltro	borneyṭa (f)	برنيطة
gorra (f) de béisbol	base bāl kāb (m)	بيس بول كاب
gorra (f) plana	ṭa'iya mosaṭṭaḥa (f)	طاقيّة مسطحة
boina (f)	bereyh (m)	بيريه
capuchón (m)	ɣaṭa' (f)	غطاء
panamá (m)	qobba'et banama (f)	قبّعة بناما
gorro (m) de punto	ays kāb (m)	آيس كاب
pañuelo (m)	eʃarb (m)	إيشارب
sombrero (m) de mujer	borneyṭa (f)	برنيطة
casco (m) (~ protector)	χawza (f)	خوذة
gorro (m) de campaña	kāb (m)	كاب
casco (m) (~ de moto)	χawza (f)	خوذة
bombín (m)	qobba'a (f)	قبّعة
sombrero (m) de copa	qobba'a rasmiya (f)	قبّعة رسمية

37. El calzado

calzado (m)	gezam (pl)	جزم
botas (f pl)	gazma (f)	جزمة
zapatos (m pl) (~ de tacón bajo)	gazma (f)	جزمة
botas (f pl) altas	būt (m)	بوت
zapatillas (f pl)	ʃebʃeb (m)	شبشب
tenis (m pl)	kotʃy tennis (m)	كوتشي تنس
zapatillas (f pl) de lona	kotʃy (m)	كوتشي
sandalias (f pl)	ṣandal (pl)	صندل
zapatero (m)	eskāfy (m)	إسكافي
tacón (m)	ka'b (m)	كعب

par (m)	goze (m)	جوز
cordón (m)	ʃerīṭ (m)	شريط
encordonar (vt)	rabaṭ	ربط
calzador (m)	labbāsa el gazma (f)	لبّاسة الجزمة
betún (m)	warnīʃ el gazma (m)	ورنيش الجزمة

38. Los textiles. Las telas

algodón (m)	'oṭn (m)	قطن
de algodón (adj)	'oṭny	قطني
lino (m)	kettān (m)	كتّان
de lino (adj)	men el kettān	من الكتّان
seda (f)	ḥarīr (m)	حرير
de seda (adj)	ḥarīry	حريري
lana (f)	ṣūf (m)	صوف
de lana (adj)	ṣūfiya	صوفية
terciopelo (m)	moχmal (m)	مخمل
gamuza (f)	geld maz'abar (m)	جلد مزأبر
pana (f)	'oṭṭn 'aṭīfa (f)	قطن قطيفة
nilón (m)	nylon (m)	نايلون
de nilón (adj)	men el naylon	من النيلون
poliéster (m)	bolyester (m)	بوليستر
de poliéster (adj)	men el bolyastar	من البوليستر
piel (f) (cuero)	geld (m)	جلد
de piel (de cuero)	men el geld	من الجلد
piel (f) (~ de zorro, etc.)	farww (m)	فروّ
de piel (abrigo ~)	men el farww	من الفروّ

39. Accesorios personales

guantes (m pl)	gwanty (m)	جوانتي
manoplas (f pl)	gwanty men ɣeyr aṣābeʿ (m)	جوانتي من غير أصابع
bufanda (f)	skarf (m)	سكارف
gafas (f pl)	naḍḍāra (f)	نظّارة
montura (f)	eṭār (m)	إطار
paraguas (m)	ʃamsiya (f)	شمسيّة
bastón (m)	ʿaṣāya (f)	عصاية
cepillo (m) de pelo	forʃet ʃaʿr (f)	فرشة شعر
abanico (m)	marwaḥa (f)	مروّحة
corbata (f)	karavetta (f)	كرافتة
pajarita (f)	bebyona (m)	بيبيونة
tirantes (m pl)	ḥammala (f)	حمّالة
moquero (m)	mandīl (m)	منديل
peine (m)	meʃṭ (m)	مشط
pasador (m) de pelo	dabbūs (m)	دبّوس

horquilla (f)	bensa (m)	بنسة
hebilla (f)	bokla (f)	بكلة
cinturón (m)	ḥezām (m)	حزام
correa (f) (de bolso)	ḥammalet el ketf (f)	حمّالة الكتف
bolsa (f)	ʃanṭa (f)	شنطة
bolso (m)	ʃanṭet yad (f)	شنطة يد
mochila (f)	ʃanṭet ḍahr (f)	شنطة ظهر

40. La ropa. Miscelánea

moda (f)	mūḍa (f)	موضة
de moda (adj)	fel moḍa	في الموضة
diseñador (m) de moda	moṣammem azyā' (m)	مصمّم أزياء
cuello (m)	yā'a (f)	ياقة
bolsillo (m)	geyb (m)	جيب
de bolsillo (adj)	geyb	جيب
manga (f)	komm (m)	كمّ
presilla (f)	ʿelāqa (f)	علّاقة
bragueta (f)	lesān (m)	لسان
cremallera (f)	sosta (f)	سوستة
cierre (m)	maʃbak (m)	مشبك
botón (m)	zerr (m)	زرّ
ojal (m)	ʿarwa (f)	عروة
saltar (un botón)	we'eʿ	وقع
coser (vi, vt)	χayaṭ	خيّط
bordar (vt)	ṭarraz	طرّز
bordado (m)	taṭrīz (m)	تطريز
aguja (f)	ebra (f)	إبرة
hilo (m)	χeyṭ (m)	خيط
costura (f)	derz (m)	درز
ensuciarse (vr)	ettwassaχ	إتّوسّخ
mancha (f)	bo''a (f)	بقعة
arrugarse (vr)	takarmaʃ	تكرمش
rasgar (vt)	'aṭaʿ	قطع
polilla (f)	ʿetta (f)	عثّة

41. Productos personales. Cosméticos

pasta (f) de dientes	maʿgūn asnān (m)	معجون أسنان
cepillo (m) de dientes	forʃet senān (f)	فرشة أسنان
limpiarse los dientes	naḍḍaf el asnān	نظّف الأسنان
maquinilla (f) de afeitar	mūs (m)	موس
crema (f) de afeitar	krīm ḥelā'a (m)	كريم حلاقة
afeitarse (vr)	ḥala'	حلق
jabón (m)	ṣabūn (m)	صابون

champú (m)	ʃambū (m)	شامبو
tijeras (f pl)	ma'aṣ (m)	مقص
lima (f) de uñas	mabrad (m)	مبرد
cortaúñas (m pl)	mel'aṭ (m)	ملقط
pinzas (f pl)	mel'aṭ (m)	ملقط
cosméticos (m pl)	mawād tagmīl (pl)	مواد تجميل
mascarilla (f)	mask (m)	ماسك
manicura (f)	monekīr (m)	مونيكير
hacer la manicura	'amal monikīr	عمل مونيكير
pedicura (f)	badikīr (m)	باديكير
bolsa (f) de maquillaje	ʃanṭet mekyāʒ (f)	شنطة مكياج
polvos (m pl)	bodret weʃ (f)	بودرة وش
polvera (f)	'elbet bodra (f)	علبة بودرة
colorete (m), rubor (m)	aḥmar χodūd (m)	أحمر خدود
perfume (m)	barfān (m)	بارفان
agua (f) de tocador	kolonya (f)	كولونيا
loción (f)	loʃion (m)	لوشن
agua (f) de Colonia	kolonya (f)	كولونيا
sombra (f) de ojos	eyeʃadow (m)	ايّ شادو
lápiz (m) de ojos	koḥl (m)	كحل
rímel (m)	maskara (f)	ماسكارا
pintalabios (m)	rūʒ (m)	روج
esmalte (m) de uñas	monekīr (m)	مونيكير
fijador (m) para el pelo	mosabbet el ʃa'r (m)	مثبّت الشعر
desodorante (m)	mozīl 'ara' (m)	مزيل عرق
crema (f)	krīm (m)	كريم
crema (f) de belleza	krīm lel weʃ (m)	كريم للوش
crema (f) de manos	krīm eyd (m)	كريم أيد
crema (f) antiarrugas	krīm moḍād lel taga'īd (m)	كريم مضاد للتجاعيد
crema (f) de día	krīm en nahār (m)	كريم النهار
crema (f) de noche	krīm el leyl (m)	كريم الليل
de día (adj)	nahāry	نهاري
de noche (adj)	layly	ليّلي
tampón (m)	tambon (m)	تانبون
papel (m) higiénico	wara' twalet (m)	ورق تواليت
secador (m) de pelo	seʃwār (m)	سشوار

42. Las joyas

joyas (f pl)	mogawharāt (pl)	مجوّهرات
precioso (adj)	ɣāly	غالي
contraste (m)	damɣa (f)	دمغة
anillo (m)	χātem (m)	خاتم
anillo (m) de boda	deblet el faraḥ (m)	دبلة الفرح
pulsera (f)	eswera (m)	إسوّرة
pendientes (m pl)	ḥala' (m)	حلق

collar (m) (~ de perlas)	ʻoʼd (m)	عقد
corona (f)	tāg (m)	تاج
collar (m) de abalorios	ʻoʼd χaraz (m)	عقد خرز
diamante (m)	almāz (m)	ألماز
esmeralda (f)	zomorrod (m)	زمرّد
rubí (m)	yaʼūt aḥmar (m)	ياقوت أحمر
zafiro (m)	yaʼūt azraʼ (m)	ياقوت أزرق
perla (f)	loʼloʼ (m)	لؤلؤ
ámbar (m)	kahramān (m)	كهرمان

43. Los relojes

reloj (m)	sāʻa (f)	ساعة
esfera (f)	wag-h el sāʻa (m)	وجه الساعة
aguja (f)	ʻaʼrab el sāʻa (m)	عقرب الساعة
pulsera (f)	ʃerīʼṭ sāʻa maʻdaniya (m)	شريط ساعة معدنية
correa (f) (del reloj)	ʃerīʼṭ el sāʻa (m)	شريط الساعة
pila (f)	baṭṭariya (f)	بطّاريّة
descargarse (vr)	χelṣet	خلصت
cambiar la pila	ɣayar el baṭṭariya	غيّر البطّاريّة
adelantarse (vr)	sabaʼ	سبق
retrasarse (vr)	taʼakχar	تأخّر
reloj (m) de pared	sāʻet ḥeyṭa (f)	ساعة حيطة
reloj (m) de arena	sāʻa ramliya (f)	ساعة رمليّة
reloj (m) de sol	sāʻa ʃamsiya (f)	ساعة شمسيّة
despertador (m)	monabbeh (m)	منبّه
relojero (m)	saʻāty (m)	ساعاتي
reparar (vt)	ṣallaḥ	صلّح

La comida y la nutrición

44. La comida

carne (f)	laḥma (f)	لحمة
gallina (f)	ferāχ (m)	فراخ
pollo (m)	farrūg (m)	فروج
pato (m)	baṭṭa (f)	بطّة
ganso (m)	wezza (f)	وزّة
caza (f) menor	ṣeyd (m)	صيد
pava (f)	dīk rūmy (m)	ديك رومي
carne (f) de cerdo	laḥm el χanazīr (m)	لحم الخنزير
carne (f) de ternera	laḥm el ʿegl (m)	لحم العجل
carne (f) de carnero	laḥm ḍāny (m)	لحم ضاني
carne (f) de vaca	laḥm baqary (m)	لحم بقري
conejo (m)	laḥm arāneb (m)	لحم أرانب
salchichón (m)	sogo" (m)	سجق
salchicha (f)	sogo" (m)	سجق
beicon (m)	bakon (m)	بيكون
jamón (m)	hām(m)	هام
jamón (m) fresco	faχd χanzīr (m)	فخد خنزير
paté (m)	maʿgūn laḥm (m)	معجون لحم
hígado (m)	kebda (f)	كبدة
carne (f) picada	hamburger (m)	هامبورجر
lengua (f)	lesān (m)	لسان
huevo (m)	beyḍa (f)	بيضة
huevos (m pl)	beyḍ (m)	بيض
clara (f)	bayāḍ el beyḍ (m)	بياض البيض
yema (f)	ṣafār el beyḍ (m)	صفار البيض
pescado (m)	samak (m)	سمك
mariscos (m pl)	sīfūd (pl)	سي فود
caviar (m)	kaviar (m)	كافيار
cangrejo (m) de mar	kaboria (m)	كابوريا
camarón (m)	gammbary (m)	جمبري
ostra (f)	maḥār (m)	محار
langosta (f)	estakoza (m)	استاكوزا
pulpo (m)	aχṭabūṭ (m)	أخطبوط
calamar (m)	kalmāry (m)	كالماري
esturión (m)	samak el ḥafʃ (m)	سمك الحفش
salmón (m)	salamon (m)	سلمون
fletán (m)	samak el halbūt (m)	سمك الهلبوت
bacalao (m)	samak el qadd (m)	سمك القد
caballa (f)	makerel (m)	ماكريل

atún (m)	tuna (f)	تونة
anguila (f)	ḥankalīs (m)	حنكليس
trucha (f)	salamon mera''aṭ (m)	سلمون مرقّط
sardina (f)	sardīn (m)	سردين
lucio (m)	samak el karāky (m)	سمك الكراكي
arenque (m)	renga (f)	رنجة
pan (m)	ʿeyʃ (m)	عيش
queso (m)	gebna (f)	جبنة
azúcar (m)	sokkar (m)	سكّر
sal (f)	melḥ (m)	ملح
arroz (m)	rozz (m)	رزّ
macarrones (m pl)	makaruna (f)	مكرونة
tallarines (m pl)	nūdles (f)	نودلز
mantequilla (f)	zebda (f)	زبدة
aceite (m) vegetal	zeyt (m)	زيت
aceite (m) de girasol	zeyt ʿabbād el ʃams (m)	زيت عبّاد الشمس
margarina (f)	margarīn (m)	مارجرين
olivas, aceitunas (f pl)	zaytūn (m)	زيتون
aceite (m) de oliva	zeyt el zaytūn (m)	زيت الزيتون
leche (f)	laban (m)	لبن
leche (f) condensada	ḥalīb mokassaf (m)	حليب مكثّف
yogur (m)	zabādy (m)	زبادي
nata (f) agria	kreyma ḥamḍa (f)	كريمة حامضة
nata (f) líquida	krīma (f)	كريمة
mayonesa (f)	mayonnɛ:z (m)	مايونيز
crema (f) de mantequilla	krīmet zebda (f)	كريمة زبدة
cereales (m pl) integrales	ḥobūb ʾamḥ (pl)	حبوب قمح
harina (f)	deʾīʾ (m)	دقيق
conservas (f pl)	moʿallabāt (pl)	معلّبات
copos (m pl) de maíz	korn fleks (m)	كورن فليكس
miel (f)	ʿasal (m)	عسل
confitura (f)	mrabba (m)	مربّى
chicle (m)	lebān (m)	لبان

45. Las bebidas

agua (f)	meyāh (f)	مياه
agua (f) potable	mayet ʃorb (m)	ميّة شرب
agua (f) mineral	maya maʿdaniya (f)	ميّة معدنية
sin gas	rakeda	راكدة
gaseoso (adj)	kanz	كانز
con gas	kanz	كانز
hielo (m)	talg (m)	ثلج
con hielo	bel talg	بالتلج

sin alcohol	men ɣeyr koḥūl	من غير كحول
bebida (f) sin alcohol	maʃrūb ɣāzy (m)	مشروب غازي
refresco (m)	ḥāga saʾʿa (f)	حاجة ساقعة
limonada (f)	limonāta (f)	ليموناتة
bebidas (f pl) alcohólicas	maʃrūbāt koḥūliya (pl)	مشروبات كحولية
vino (m)	χamra (f)	خمرة
vino (m) blanco	nebīz abyaḍ (m)	نبيذ أبيض
vino (m) tinto	nebī aḥmar (m)	نبيذ أحمر
licor (m)	liqure (m)	ليكيور
champaña (f)	ʃambania (f)	شمبانيا
vermú (m)	vermote (m)	فيرموت
whisky (m)	wiski (m)	ويسكي
vodka (m)	vodka (f)	فودكا
ginebra (f)	ʒin (m)	جين
coñac (m)	konyāk (m)	كونياك
ron (m)	rum (m)	رم
café (m)	ʾahwa (f)	قهوة
café (m) solo	ʾahwa sāda (f)	قهوة سادة
café (m) con leche	ʾahwa bel ḥalīb (f)	قهوة بالحليب
capuchino (m)	kaputʃino (m)	كابتشينو
café (m) soluble	neskafe (m)	نيسكافيه
leche (f)	laban (m)	لبن
cóctel (m)	koktayl (m)	كوكتيل
batido (m)	milk ʃejk (m)	ميلك شيك
zumo (m), jugo (m)	ʿaṣīr (m)	عصير
jugo (m) de tomate	ʿaṣīr ṭamāṭem (m)	عصير طماطم
zumo (m) de naranja	ʿaṣīr bortoqāl (m)	عصير برتقال
zumo (m) fresco	ʿaṣīr freʃ (m)	عصير فريش
cerveza (f)	bīra (f)	بيرة
cerveza (f) rubia	bīra χafīfa (f)	بيرة خفيفة
cerveza (f) negra	bīra ɣamʾa (f)	بيرة غامقة
té (m)	ʃāy (m)	شاي
té (m) negro	ʃāy aḥmar (m)	شاي أحمر
té (m) verde	ʃāy aχḍar (m)	شاي أخضر

46. Las verduras

legumbres (f pl)	χoḍār (pl)	خضار
verduras (f pl)	χoḍrawāt waraqiya (pl)	خضروات ورقية
tomate (m)	ṭamāṭem (f)	طماطم
pepino (m)	χeyār (m)	خيار
zanahoria (f)	gazar (m)	جزر
patata (f)	baṭāṭes (f)	بطاطس
cebolla (f)	baṣal (m)	بصل
ajo (m)	tūm (m)	ثوم

col (f)	koronb (m)	كرنب
coliflor (f)	'arnabīṭ (m)	قرنبيط
col (f) de Bruselas	koronb broksel (m)	كرنب بروكسل
brócoli (m)	brokkoli (m)	بركولي
remolacha (f)	bangar (m)	بنجر
berenjena (f)	bātengān (m)	باذنجان
calabacín (m)	kōsa (f)	كوسة
calabaza (f)	qar' 'asaly (m)	قرع عسلي
nabo (m)	left (m)	لفت
perejil (m)	ba'dūnes (m)	بقدونس
eneldo (m)	ʃabat (m)	شبت
lechuga (f)	χass (m)	خسّ
apio (m)	karfas (m)	كرفس
espárrago (m)	helione (m)	هليون
espinaca (f)	sabāneχ (m)	سبانخ
guisante (m)	besella (f)	بسلّة
habas (f pl)	fūl (m)	فول
maíz (m)	dora (f)	ذرة
fréjol (m)	faṣolya (f)	فاصوليا
pimiento (m) dulce	felfel (m)	فلفل
rábano (m)	fegl (m)	فجل
alcachofa (f)	χarʃūf (m)	خرشوف

47. Las frutas. Las nueces

fruto (m)	faχa (f)	فاكهة
manzana (f)	toffāḥa (f)	تفّاحة
pera (f)	kometra (f)	كمّثرى
limón (m)	lymūn (m)	ليمون
naranja (f)	bortoqāl (m)	برتقال
fresa (f)	farawla (f)	فراولة
mandarina (f)	yosfy (m)	يوسفي
ciruela (f)	bar'ū' (m)	برقوق
melocotón (m)	χawχa (f)	خوخة
albaricoque (m)	meʃmeʃ (f)	مشمش
frambuesa (f)	tūt el 'alī' el aḥmar (m)	توت العليق الأحمر
piña (f)	ananās (m)	أناناس
banana (f)	moze (m)	موز
sandía (f)	baṭṭīχ (m)	بطّيخ
uva (f)	'enab (m)	عنب
guinda (f), cereza (f)	karaz (m)	كرز
melón (m)	ʃammām (f)	شمّام
pomelo (m)	grabe frūt (m)	جريب فروت
aguacate (m)	avokado (f)	افوكاتو
papaya (f)	babāya (m)	ببايا
mango (m)	manga (m)	مانجة
granada (f)	rommān (m)	رمان

grosella (f) roja	keʃmeʃ aḥmar (m)	كشمش أحمر
grosella (f) negra	keʃmeʃ aswad (m)	كشمش أسود
grosella (f) espinosa	ʿenab el saʿlab (m)	عنب الثعلب
arándano (m)	ʿenab al aḥrāg (m)	عنب الأحراج
zarzamoras (f pl)	tūt aswad (m)	توت أسود
pasas (f pl)	zebīb (m)	زبيب
higo (m)	tīn (m)	تين
dátil (m)	tamr (m)	تمر
cacahuete (m)	fūl sudāny (m)	فول سوداني
almendra (f)	loze (m)	لوز
nuez (f)	ʿeyn gamal (f)	عين الجمل
avellana (f)	bondo' (m)	بندق
nuez (f) de coco	goze el hend (m)	جوز هند
pistachos (m pl)	fosto' (m)	فستق

48. El pan. Los dulces

pasteles (m pl)	ḥalawīāt (pl)	حلويّات
pan (m)	ʿeyʃ (m)	عيش
galletas (f pl)	baskawīt (m)	بسكويت
chocolate (m)	ʃokolāta (f)	شكولاتة
de chocolate (adj)	bel ʃokolāṭa	بالشكولاتة
caramelo (m)	bonbony (m)	بونبوني
tarta (f) (pequeña)	keyka (f)	كيكة
tarta (f) (~ de cumpleaños)	torta (f)	تورتة
tarta (f) (~ de manzana)	feṭīra (f)	فطيرة
relleno (m)	ḥaʃwa (f)	حشوة
confitura (f)	mrabba (m)	مربّى
mermelada (f)	marmalād (f)	مرملاد
gofre (m)	waffles (pl)	وافلز
helado (m)	'ays krīm (m)	آيس كريم
pudin (m)	būding (m)	بودنج

49. Los platos

plato (m)	wagba (f)	وجبة
cocina (f)	maṭbaχ (m)	مطبخ
receta (f)	waṣfa (f)	وصفة
porción (f)	naṣīb (m)	نصيب
ensalada (f)	solṭa (f)	سلطة
sopa (f)	ʃorba (f)	شوربة
caldo (m)	mara'a (m)	مرقة
bocadillo (m)	sandawitʃ (m)	ساندويتش
huevos (m pl) fritos	beyḍ ma'ly (m)	بيض مقلي
hamburguesa (f)	hamburger (m)	هامبورجر

bistec (m)	steak laḥm (m)	ستيك لحم
guarnición (f)	ṭaba' gāneby (m)	طبق جانبي
espagueti (m)	spaɣetti (m)	سباجيتي
puré (m) de patatas	baṭāṭes mahrūsa (f)	بطاطس مهروسة
pizza (f)	bītza (f)	بيتزا
gachas (f pl)	'aṣīda (f)	عصيدة
tortilla (f) francesa	omlette (m)	اومليت
cocido en agua (adj)	maslū'	مسلوق
ahumado (adj)	modakχen	مدخّن
frito (adj)	ma'ly	مقلي
seco (adj)	mogaffaf	مجفّف
congelado (adj)	mogammad	مجمّد
marinado (adj)	meχallel	مخلّل
azucarado, dulce (adj)	mesakkar	مسكّر
salado (adj)	māleḥ	مالح
frío (adj)	bāred	بارد
caliente (adj)	soχn	سخن
amargo (adj)	morr	مرّ
sabroso (adj)	ḥelw	حلو
cocer en agua	sala'	سلق
preparar (la cena)	ḥaḍḍar	حضّر
freír (vt)	'ala	قلي
calentar (vt)	sakχan	سخّن
salar (vt)	rasʃ malḥ	رشّ ملح
poner pimienta	rasʃ felfel	رشّ فلفل
rallar (vt)	baraʃ	برش
piel (f)	'eʃra (f)	قشرة
pelar (vt)	'asʃar	قشّر

50. Las especias

sal (f)	melḥ (m)	ملح
salado (adj)	māleḥ	مالح
salar (vt)	rasʃ malḥ	رشّ ملح
pimienta (f) negra	felfel aswad (m)	فلفل أسوّد
pimienta (f) roja	felfel aḥmar (m)	فلفل أحمر
mostaza (f)	mosṭarda (m)	مسطردة
rábano (m) picante	fegl ḥār (m)	فجل حار
condimento (m)	bahār (m)	بهار
especia (f)	bahār (m)	بهار
salsa (f)	ṣalṣa (f)	صلصة
vinagre (m)	χall (m)	خلّ
anís (m)	yansūn (m)	ينسون
albahaca (f)	rīḥān (m)	ريحان
clavo (m)	'oronfol (m)	قرنفل
jengibre (m)	zangabīl (m)	زنجبيل
cilantro (m)	kozbora (f)	كزبرة

canela (f)	'erfa (f)	قرفة
sésamo (m)	semsem (m)	سمسم
hoja (f) de laurel	wara' el ɣār (m)	ورق الغار
paprika (f)	babrika (f)	بابريكا
comino (m)	karawya (f)	كراوية
azafrán (m)	za'farān (m)	زعفران

51. Las comidas

comida (f)	akl (m)	أكل
comer (vi, vt)	akal	أكل
desayuno (m)	foṭūr (m)	فطور
desayunar (vi)	feṭer	فطر
almuerzo (m)	ɣada' (m)	غداء
almorzar (vi)	etɣadda	إتغدّى
cena (f)	'aʃā' (m)	عشاء
cenar (vi)	et'asʃa	إتعشّى
apetito (m)	ʃahiya (f)	شهيّة
¡Que aproveche!	bel hana wel ʃefa!	بالهنا والشفا!
abrir (vt)	fataḥ	فتح
derramar (líquido)	dala'	دلق
derramarse (líquido)	dala'	دلق
hervir (vi)	ɣely	غلى
hervir (vt)	ɣely	غلى
hervido (agua ~a)	maɣly	مغلي
enfriar (vt)	barrad	برّد
enfriarse (vr)	barrad	برّد
sabor (m)	ṭa'm (m)	طعم
regusto (m)	ṭa'm ma ba'd el mazāq (m)	طعم ما بعد المذاق
adelgazar (vi)	χass	خسّ
dieta (f)	reʒīm (m)	رجيم
vitamina (f)	vitamīn (m)	فيتامين
caloría (f)	so'ra ḥarāriya (f)	سعرة حراريّة
vegetariano (m)	nabāty (m)	نباتي
vegetariano (adj)	nabāty	نباتي
grasas (f pl)	dohūn (pl)	دهون
proteínas (f pl)	brotenāt (pl)	بروتينات
carbohidratos (m pl)	naʃawīāt (pl)	نشويّات
loncha (f)	ʃarīḥa (f)	شريحة
pedazo (m)	'eṭ'a (f)	قطعة
miga (f)	fattāta (f)	فتاتة

52. Los cubiertos

cuchara (f)	ma'la'a (f)	معلقة
cuchillo (m)	sekkīna (f)	سكّينة

tenedor (m)	ʃawka (f)	شوكة
taza (f)	fengān (m)	فنجان
plato (m)	ṭaba' (m)	طبق
platillo (m)	ṭaba' fengān (m)	طبق فنجان
servilleta (f)	mandīl wara' (m)	منديل ورق
mondadientes (m)	χallet senān (f)	خلة سنان

53. El restaurante

restaurante (m)	maṭʿam (m)	مطعم
cafetería (f)	'ahwa (f), kaféih (m)	قهوة, كافيه
bar (m)	bār (m)	بار
salón (m) de té	ṣalone ʃāy (m)	صالون شاي
camarero (m)	garsone (m)	جرسون
camarera (f)	garsona (f)	جرسونة
barman (m)	bārman (m)	بارمان
carta (f), menú (m)	qā'emet el ṭaʿām (f)	قائمة طعام
carta (f) de vinos	qā'emet el χomūr (f)	قائمة خمور
reservar una mesa	ḥagaz sofra	حجز سفرة
plato (m)	wagba (f)	وجبة
pedir (vt)	ṭalab	طلب
hacer un pedido	ṭalab	طلب
aperitivo (m)	ʃarāb (m)	شراب
entremés (m)	moqabbelāt (pl)	مقبّلات
postre (m)	ḥalawīāt (pl)	حلويّات
cuenta (f)	ḥesāb (m)	حساب
pagar la cuenta	dafaʿ el ḥesāb	دفع الحساب
dar la vuelta	edda el bā'y	ادّي الباقي
propina (f)	ba'ʃīʃ (m)	بقشيش

La familia nuclear, los parientes y los amigos

54. La información personal. Los formularios

nombre (m)	esm (m)	اسم
apellido (m)	esm el ʿaʾela (m)	اسم العائلة
fecha (f) de nacimiento	tarīχ el melād (m)	تاريخ الميلاد
lugar (m) de nacimiento	makān el melād (m)	مكان الميلاد
nacionalidad (f)	gensiya (f)	جنسيّة
domicilio (m)	maqarr el eqāma (m)	مقرّ الإقامة
país (m)	balad (m)	بلد
profesión (f)	mehna (f)	مهنة
sexo (m)	ginss (m)	جنس
estatura (f)	ṭūl (m)	طول
peso (m)	wazn (m)	وزن

55. Los familiares. Los parientes

madre (f)	walda (f)	والدة
padre (m)	wāled (m)	والد
hijo (m)	walad (m)	ولد
hija (f)	bent (f)	بنت
hija (f) menor	el bent el saɣīra (f)	البنت الصغيرة
hijo (m) menor	el ebn el saɣīr (m)	الابن الصغير
hija (f) mayor	el bent el kebīra (f)	البنت الكبيرة
hijo (m) mayor	el ebn el kabīr (m)	الابن الكبير
hermano (m)	aχ (m)	أخ
hermano (m) mayor	el aχ el kibīr (m)	الأخ الكبير
hermano (m) menor	el aχ el ṣoɣeyyir (m)	الأخ الصغير
hermana (f)	uχt (f)	أخت
hermana (f) mayor	el uχt el kibīra (f)	الأخت الكبيرة
hermana (f) menor	el uχt el ṣoɣeyyira (f)	الأخت الصغيرة
primo (m)	ibn ʿamm (m), ibn χāl (m)	إبن عمّ, إبن خال
prima (f)	bint ʿamm (f), bint χāl (f)	بنت عم, بنت خال
mamá (f)	mama (f)	ماما
papá (m)	baba (m)	بابا
padres (pl)	waldeyn (du)	والدين
niño -a (m, f)	ṭefl (m)	طفل
niños (pl)	aṭfāl (pl)	أطفال
abuela (f)	gedda (f)	جدّة
abuelo (m)	gadd (m)	جدّ
nieto (m)	ḥafīd (m)	حفيد

nieta (f)	ḥafīda (f)	حفيدة
nietos (pl)	aḥfād (pl)	أحفاد
tío (m)	ʿamm (m), χāl (m)	عمّ, خال
tía (f)	ʿamma (f), χāla (f)	عمّة, خالة
sobrino (m)	ibn el aχ (m), ibn el uχt (m)	إبن الأخ, إبن الأخت
sobrina (f)	bint el aχ (f), bint el uχt (f)	بنت الأخ, بنت الأخت
suegra (f)	ḥamah (f)	حماة
suegro (m)	ḥama (m)	حما
yerno (m)	goze el bent (m)	جوز البنت
madrastra (f)	merāt el abb (f)	مرات الأب
padrastro (m)	goze el omm (m)	جوز الأم
niño (m) de pecho	ṭefl raḍeeʿ (m)	طفل رضيع
bebé (m)	mawlūd (m)	موّلود
chico (m)	walad ṣaɣīr (m)	ولد صغير
mujer (f)	goza (f)	جوزة
marido (m)	goze (m)	جوز
esposo (m)	goze (m)	جوز
esposa (f)	goza (f)	جوزة
casado (adj)	metgawwez	متجوّز
casada (adj)	metgawweza	متجوّزة
soltero (adj)	aʿzab	أعزب
soltero (m)	aʿzab (m)	أعزب
divorciado (adj)	moṭallaq (m)	مطلّق
viuda (f)	armala (f)	أرملة
viudo (m)	armal (m)	أرمل
pariente (m)	ʾarīb (m)	قريب
pariente (m) cercano	nesīb ʾarīb (m)	نسيب قريب
pariente (m) lejano	nesīb beʿīd (m)	نسيب بعيد
parientes (pl)	aqāreb (pl)	أقارب
huérfano (m), huérfana (f)	yatīm (m)	يتيم
tutor (m)	walyī amr (m)	وليّ أمر
adoptar (un niño)	tabanna	تبنّى
adoptar (una niña)	tabanna	تبنّى

56. Los amigos. Los compañeros del trabajo

amigo (m)	ṣadīq (m)	صديق
amiga (f)	ṣadīqa (f)	صديقة
amistad (f)	ṣadāqa (f)	صداقة
ser amigo	ṣādaq	صادق
amigote (m)	ṣāḥeb (m)	صاحب
amiguete (f)	ṣaḥba (f)	صاحبة
compañero (m)	rafīʾ (m)	رفيق
jefe (m)	raʾīs (m)	رئيس
superior (m)	el arfaʿ maqāman (m)	الأرفع مقاماً
propietario (m)	ṣāḥib (m)	صاحب

subordinado (m)	tābeʿ (m)	تابع
colega (m, f)	zamīl (m)	زميل
conocido (m)	maʿrefa (m)	معرفة
compañero (m) de viaje	rafīʾ safar (m)	رفيق سفر
condiscípulo (m)	zamīl fel ṣaff (m)	زميل في الصفّ
vecino (m)	gār (m)	جار
vecina (f)	gāra (f)	جارة
vecinos (pl)	gerān (pl)	جيران

57. El hombre. La mujer

mujer (f)	set (f)	ست
muchacha (f)	bent (f)	بنت
novia (f)	ʿarūsa (f)	عروسة
guapa (adj)	gamīla	جميلة
alta (adj)	ṭawīla	طويلة
esbelta (adj)	raʃīqa	رشيقة
de estatura mediana	ʾaṣīra	قصيرة
rubia (f)	ʃaʾra (f)	شقراء
morena (f)	zāt al ʃaʿr el dāken (f)	ذات الشعر الداكن
de señora (adj)	sayedāt	سيّدات
virgen (f)	ʿazrāʾ (f)	عذراء
embarazada (adj)	ḥāmel	حامل
hombre (m) (varón)	rāgel (m)	راجل
rubio (m)	aʃʾar (m)	أشقر
moreno (m)	zu el ʃaʿr el dāken (m)	ذو الشعر الداكن
alto (adj)	ṭawīl	طويل
de estatura mediana	ʾaṣīr	قصير
grosero (adj)	waqeḥ	وقح
rechoncho (adj)	malyān	مليان
robusto (adj)	matīn	متين
fuerte (adj)	ʾawy	قوّي
fuerza (f)	ʾowwa (f)	قوّة
gordo (adj)	teχīn	تخين
moreno (adj)	asmar	أسمر
esbelto (adj)	raʃīq	رشيق
elegante (adj)	anīq	أنيق

58. La edad

edad (f)	ʿomr (m)	عمر
juventud (f)	ʃabāb (m)	شباب
joven (adj)	ʃāb	شاب
menor (adj)	aṣɣar	أصغر

mayor (adj)	akbar	أكبر
joven (m)	ʃāb (m)	شاب
adolescente (m)	morāheq (m)	مراهق
muchacho (m)	ʃāb (m)	شاب
anciano (m)	ʿagūz (m)	عجوز
anciana (f)	ʿagūza (f)	عجوزة
adulto	rāʃed (m)	راشد
de edad media (adj)	fe montaṣaf el ʿomr	في منتصف العمر
anciano, mayor (adj)	ʿagūz	عجوز
viejo (adj)	ʿagūz	عجوز
jubilación (f)	maʿāʃ (m)	معاش
jubilarse	oḥīl ʿala el maʿāʃ	أحيل على المعاش
jubilado (m)	motaqāʿed (m)	متقاعد

59. Los niños

niño -a (m, f)	ṭefl (m)	طفل
niños (pl)	aṭfāl (pl)	أطفال
gemelos (pl)	taw'am (du)	توأم
cuna (f)	mahd (m)	مهد
sonajero (m)	xoʃxeyʃa (f)	خشخيشة
pañal (m)	bambarz, ḥaffāḍ (m)	بامبرز, حفاض
chupete (m)	bazzāza (f)	بزّازة
cochecito (m)	ʿarabet aṭfāl (f)	عربة أطفال
jardín (m) de infancia	rawḍet aṭfāl (f)	روضة أطفال
niñera (f)	dāda (f)	دادة
infancia (f)	ṭofūla (f)	طفولة
muñeca (f)	ʿarūsa (f)	عروسة
juguete (m)	leʿba (f)	لعبة
mecano (m)	mokaʿʿabāt (pl)	مكعّبات
bien criado (adj)	mo'addab	مؤدّب
mal criado (adj)	ʾalīl el adab	قليل الأدب
mimado (adj)	metdalla	متدلّع
hacer travesuras	ʃefy	شقي
travieso (adj)	laʿūb	لعوب
travesura (f)	ezʿāg (m)	إزعاج
travieso (m)	ṭefl laʿūb (m)	طفل لعوب
obediente (adj)	moṭeeʿ	مطيع
desobediente (adj)	ʿāq	عاقّ
dócil (adj)	ʿā'el	عاقل
inteligente (adj)	zaky	ذكي
niño (m) prodigio	ṭefl moʿgeza (m)	طفل معجزة

60. El matrimonio. La vida familiar

besar (vt)	bās	باس
besarse (vr)	bās	باس
familia (f)	ʿeyla (f)	عيلة
familiar (adj)	ʿāʾely	عائلي
pareja (f)	gozeyn (du)	جوزين
matrimonio (m)	gawāz (m)	جواز
hogar (m) familiar	beyt (m)	بيت
dinastía (f)	solāla ḥākema (f)	سلالة حاكمة
cita (f)	mawʿed (m)	موّعد
beso (m)	bosa (f)	بوسة
amor (m)	ḥobb (m)	حبّ
querer (amar)	ḥabb	حبّ
querido (adj)	ḥabīb	حبيب
ternura (f)	ḥanān (m)	حنان
tierno (afectuoso)	ḥanūn	حنون
fidelidad (f)	el eχlāṣ (m)	الإخلاص
fiel (adj)	moχleṣ	مخلص
cuidado (m)	ʿenāya (f)	عناية
cariñoso (un padre ~)	mohtamm	مهتّم
recién casados (pl)	ʿarūseyn (du)	عروسين
luna (f) de miel	ʃahr el ʿasal (m)	شهر العسل
estar casada	tagawwaz	تجوّز
casarse (con una mujer)	tagawwaz	تجوّز
boda (f)	faraḥ (m)	فرح
bodas (f pl) de oro	el zekra el χamsīn lel gawāz (f)	الذكرى الخمسين للجواز
aniversario (m)	zekra sanawiya (f)	ذكرى سنوية
amante (m)	ḥabīb (m)	حبيب
amante (f)	ḥabība (f)	حبيبة
adulterio (m)	χeyāna zawgiya (f)	خيانة زوّجية
cometer adulterio	χān	خان
celoso (adj)	ɣayūr	غيّور
tener celos	ɣār	غار
divorcio (m)	ṭalāʾ (m)	طلاق
divorciarse (vr)	ṭallaʾ	طلّق
reñir (vi)	etχāneʾ	إتخانق
reconciliarse (vr)	taṣālaḥ	تصالح
juntos (adv)	maʿ baʿḍ	مع بعض
sexo (m)	ginss (m)	جنس
felicidad (f)	saʿāda (f)	سعادة
feliz (adj)	saʿīd	سعيد
desgracia (f)	moṣība (m)	مصيبة
desgraciado (adj)	taʿīs	تعيس

Las características de personalidad. Los sentimientos

61. Los sentimientos. Las emociones

sentimiento (m)	ʃoʿūr (m)	شعور
sentimientos (m pl)	maʃāʿer (pl)	مشاعر
sentir (vt)	ʃaʿar	شعر
hambre (f)	gūʿ (m)	جوع
tener hambre	ʿāyez ʾākol	عايز آكل
sed (f)	ʿaṭaʃ (m)	عطش
tener sed	ʿāyez aʃrab	عايز أشرب
somnolencia (f)	neʿās (m)	نعاس
tener sueño	neʿes	نعس
cansancio (m)	taʿab (m)	تعب
cansado (adj)	taʿbān	تعبان
estar cansado	teʿeb	تعب
humor (m) (de buen ~)	mazāg (m)	مزاج
aburrimiento (m)	malal (m)	ملل
aburrirse (vr)	zeheʾ	زهق
soledad (f)	ʿozla (f)	عزلة
aislarse (vr)	ʿazal	عزل
inquietar (vt)	aʾlaʾ	أقلق
inquietarse (vr)	ʾeleʾ	قلق
inquietud (f)	ʾalaʾ (m)	قلق
preocupación (f)	ʾalaʾ (m)	قلق
preocupado (adj)	maʃɣūl el bāl	مشغول البال
estar nervioso	etwattar	إتوّتر
darse al pánico	etχaḍḍ	إتخضّ
esperanza (f)	amal (m)	أمل
esperar (tener esperanza)	tamanna	تمنّى
seguridad (f)	yaqīn (m)	يقين
seguro (adj)	motaʾakked	متأكّد
inseguridad (f)	ʿadam el taʾakkod (m)	عدم التأكّد
inseguro (adj)	meʃ motaʾakked	مش متأكّد
borracho (adj)	sakrān	سكران
sobrio (adj)	ṣāḥy	صاحي
débil (adj)	ḍaʿīf	ضعيف
feliz (adj)	saʿīd	سعيد
asustar (vt)	χawwef	خوّف
furia (f)	ɣaḍab ʃedīd (m)	غضب شديد
rabia (f)	ɣaḍab (m)	غضب
depresión (f)	ekteʾāb (m)	إكتئاب
incomodidad (f)	ʿadam erteyāḥ (m)	عدم إرتياح

comodidad (f)	rāḥa (f)	راحة
arrepentirse (vr)	nedem	ندم
arrepentimiento (m)	nadam (m)	ندم
mala suerte (f)	sū' ḥaẓẓ (m)	سوء حظ
tristeza (f)	ḥozn (f)	حزن
vergüenza (f)	χagal (m)	خجل
júbilo (m)	faraḥ (m)	فرح
entusiasmo (m)	ḥamās (m)	حماس
entusiasta (m)	motaḥammes (m)	متحمس
mostrar entusiasmo	taḥammas	تحمّس

62. El carácter. La personalidad

carácter (m)	ʃaχṣiya (f)	شخصية
defecto (m)	ʿeyb (m)	عيب
mente (f), razón (f)	ʿaʾl (m)	عقل
consciencia (f)	ḍamīr (m)	ضمير
hábito (m)	ʿāda (f)	عادة
habilidad (f)	qodra (f)	قدرة
poder (~ nadar, etc.)	ʿeref	عرف
paciente (adj)	ṣabūr	صبور
impaciente (adj)	ʾalīl el ṣabr	قليل الصبر
curioso (adj)	foḍūly	فضولي
curiosidad (f)	foḍūl (m)	فضول
modestia (f)	tawāḍoʿ (m)	تواضع
modesto (adj)	motawāḍeʿ	متواضع
inmodesto (adj)	meʃ motawāḍeʿ	مش متواضع
pereza (f)	kasal (m)	كسل
perezoso (adj)	kaslān	كسلان
perezoso (m)	kaslān (m)	كسلان
astucia (f)	makr (m)	مكر
astuto (adj)	makkār	مكّار
desconfianza (f)	ʿadam el seqa (m)	عدم الثقة
desconfiado (adj)	ʃakkāk	شكّاك
generosidad (f)	karam (m)	كرم
generoso (adj)	karīm	كريم
talentoso (adj)	mawhūb	موهوب
talento (m)	mawheba (f)	موهبة
valiente (adj)	ʃogāʿ	شجاع
coraje (m)	ʃagāʿa (f)	شجاعة
honesto (adj)	amīn	أمين
honestidad (f)	amāna (f)	أمانة
prudente (adj)	ḥazer	حذر
valeroso (adj)	ʃogāʿ	شجاع
serio (adj)	gād	جاد

severo (adj)	ṣārem	صارم
decidido (adj)	ḥāsem	حاسم
indeciso (adj)	motaradded	متردّد
tímido (adj)	χagūl	خجول
timidez (f)	χagal (m)	خجل
confianza (f)	seqa (f)	ثقة
creer (créeme)	wasaq	وثق
confiado (crédulo)	saree' el taṣdīq	سريع التصديق
sinceramente (adv)	beṣarāḥa	بصراحة
sincero (adj)	moχleṣ	مخلص
sinceridad (f)	eχlāṣ (m)	إخلاص
abierto (adj)	ṣarīḥ	صريح
calmado (adj)	hady	هادئ
franco (sincero)	ṣarīḥ	صريح
ingenuo (adj)	sāzeg	ساذج
distraído (adj)	ʃāred el fekr	شارد الفكر
gracioso (adj)	moḍḥek	مضحك
avaricia (f)	boχl (m)	بخل
avaro (adj)	ṭammā'	طماع
tacaño (adj)	baχīl	بخيل
malvado (adj)	ʃerrīr	شرير
terco (adj)	'anīd	عنيد
desagradable (adj)	karīh	كريه
egoísta (m)	anāny (m)	أناني
egoísta (adj)	anāny	أناني
cobarde (m)	gabān (m)	جبان
cobarde (adj)	gabān	جبان

63. El sueño. Los sueños

dormir (vi)	nām	نام
sueño (m) (estado)	nome (m)	نوم
sueño (m) (dulces ~s)	ḥelm (m)	حلم
soñar (vi)	ḥelem	حلم
adormilado (adj)	na'sān	نعسان
cama (f)	serīr (m)	سرير
colchón (m)	martaba (f)	مرتبة
manta (f)	baṭṭaniya (f)	بطّانيّة
almohada (f)	maχadda (f)	مخدّة
sábana (f)	melāya (f)	ملاية
insomnio (m)	araq (m)	أرق
de insomnio (adj)	bodūn nome	بدون نوم
somnífero (m)	monawwem (m)	منوّم
tomar el somnífero	aχad monawwem	اخد منوّم
tener sueño	ne'es	نعس
bostezar (vi)	ettāweb	إتّاوب

irse a la cama	rāḥ lel serīr	راح للسرير
hacer la cama	waḍḍab el serīr	وضّب السرير
dormirse (vr)	nām	نام
pesadilla (f)	kabūs (m)	كابوس
ronquido (m)	ʃexīr (m)	شخير
roncar (vi)	ʃakxar	شخّر
despertador (m)	monabbeh (m)	منبّه
despertar (vt)	ṣaḥḥa	صحّى
despertarse (vr)	ṣeḥy	صحي
levantarse (vr)	ʾām	قام
lavarse (vr)	ɣasal	غسل

64. El humor. La risa. La alegría

humor (m)	hezār (m)	هزار
sentido (m) del humor	ḥess fokāhy (m)	حسّ فكاهي
divertirse (vr)	estamtaʿ	إستمتع
alegre (adj)	farḥān	فرحان
júbilo (m)	bahga (f)	بهجة
sonrisa (f)	ebtesāma (f)	إبتسامة
sonreír (vi)	ebtasam	إبتسم
echarse a reír	badaʾ yeḍḥak	بدأ يضحك
reírse (vr)	ḍeḥek	ضحك
risa (f)	ḍeḥka (f)	ضحكة
anécdota (f)	ḥekāya (f)	حكاية
gracioso (adj)	moḍḥek	مضحك
ridículo (adj)	moḍḥek	مضحك
bromear (vi)	hazzar	هزّر
broma (f)	nokta (f)	نكتة
alegría (f) (emoción)	saʿāda (f)	سعادة
alegrarse (vr)	mereḥ	مرح
alegre (~ de que ...)	saʿīd	سعيد

65. La discusión y la conversación. Unidad 1

comunicación (f)	tawāṣol (m)	تواصل
comunicarse (vr)	tawāṣal	تواصل
conversación (f)	moḥadsa (f)	محادثة
diálogo (m)	ḥewār (m)	حوار
discusión (f) (debate)	monaʾʃa (f)	مناقشة
debate (m)	xelāf (m)	خلاف
debatir (vi)	xālef	خالف
interlocutor (m)	muḥāwer (m)	محاوّر
tema (m)	mawḍūʿ (m)	موضوع
punto (m) de vista	weg-het naẓar (f)	وجهة نظر

opinión (f)	ra'yī (m)	رأي
discurso (m)	χeṭāb (m)	خطاب
discusión (f) (del informe, etc.)	mona'ʃa (f)	مناقشة
discutir (vt)	nā'eʃ	ناقش
conversación (f)	ḥadīs (m)	حديث
conversar (vi)	dardeʃ	دردش
reunión (f)	leqā' (m)	لقاء
encontrarse (vr)	'ābel	قابل
proverbio (m)	masal (m)	مثل
dicho (m)	maqūla (f)	مقولة
adivinanza (f)	loɣz (m)	لغز
contar una adivinanza	toʃakkel loɣz	تشكّل لغز
contraseña (f)	kelmet el morūr (f)	كلمة مرور
secreto (m)	serr (m)	سرّ
juramento (m)	qasam (m)	قسم
jurar (vt)	aqsam	أقسم
promesa (f)	wa'd (m)	وعد
prometer (vt)	wa'ad	وعد
consejo (m)	naṣīḥa (f)	نصيحة
aconsejar (vt)	naṣaḥ	نصح
seguir el consejo	tatabba' naṣīḥa	تتبّع نصيحة
escuchar (a los padres)	aṭā'	أطاع
noticias (f pl)	aχbār (m)	أخبار
sensación (f)	ḍagga (f)	ضجّة
información (f)	ma'lumāt (pl)	معلومات
conclusión (f)	estentāg (f)	إستنتاج
voz (f)	ṣote (m)	صوت
cumplido (m)	madḥ (m)	مدح
amable (adj)	laṭīf	لطيف
palabra (f)	kelma (f)	كلمة
frase (f)	'ebāra (f)	عبارة
respuesta (f)	gawāb (m)	جواب
verdad (f)	ḥa'ī'a (f)	حقيقة
mentira (f)	kezb (m)	كذب
pensamiento (m)	fekra (f)	فكرة
idea (f)	fekra (f)	فكرة
fantasía (f)	χayāl (m)	خيال

66. La discusión y la conversación. Unidad 2

respetado (adj)	moḥtaram	محترم
respetar (vt)	eḥtaram	إحترم
respeto (m)	eḥterām (m)	إحترام
Estimado ...	'azīzy ...	عزيزي...
presentar (~ a sus padres)	'arraf	عرّف
conocer a alguien	ta'arraf	تعرّف

intención (f)	niya (f)	نيّة
tener intención (de ...)	nawa	نوى
deseo (m)	omniya (f)	أمنية
desear (vt) (~ buena suerte)	tamanna	تمنّى
sorpresa (f)	mofag'a (f)	مفاجأة
sorprender (vt)	fāga'	فاجئ
sorprenderse (vr)	etfāge'	إتفاجئ
dar (vt)	edda	أدّى
tomar (vt)	aχad	أخد
devolver (vt)	radd	ردّ
retornar (vt)	ragga'	رجّع
disculparse (vr)	e'tazar	إعتذر
disculpa (f)	e'tezār (m)	إعتذار
perdonar (vt)	'afa	عفا
hablar (vi)	etkallem	إتكلّم
escuchar (vt)	seme'	سمع
escuchar hasta el final	seme'	سمع
comprender (vt)	fehem	فهم
mostrar (vt)	'araḍ	عرض
mirar a ...	baṣṣ	بصّ
llamar (vt)	nāda	نادى
distraer (molestar)	ʃaɣal	شغل
molestar (vt)	az'ag	أزعج
pasar (~ un mensaje)	sallem	سلّم
petición (f)	ṭalab (m)	طلب
pedir (vt)	ṭalab	طلب
exigencia (f)	maṭlab (m)	مطلب
exigir (vt)	ṭāleb	طالب
motejar (vr)	ɣāẓ	غاظ
burlarse (vr)	saχar	سخر
burla (f)	soχreya (f)	سخرية
apodo (m)	esm el ʃohra (m)	اسم الشهرة
alusión (f)	talmīḥ (m)	تلميح
aludir (vi)	lammaḥ	لمّح
sobrentender (vt)	'aṣad	قصد
descripción (f)	waṣf (m)	وصف
describir (vt)	waṣaf	وصف
elogio (m)	madḥ (m)	مدح
elogiar (vt)	madaḥ	مدح
decepción (f)	χeybet amal (f)	خيبة أمل
decepcionar (vt)	χayab	خيّب
estar decepcionado	χābet 'āmalo	خابت آماله
suposición (f)	efterāḍ (m)	إفتراض
suponer (vt)	eftaraḍ	إفترض
advertencia (f)	taḥzīr (m)	تحذير
prevenir (vt)	ḥazzar	حذّر

67. La discusión y la conversación. Unidad 3

convencer (vt)	aqnaʿ	أقنع
calmar (vt)	ṭamʾan	طمأن
silencio (m) (~ es oro)	sokūt (m)	سكوت
callarse (vr)	seket	سكت
susurrar (vi, vt)	hamas	همس
susurro (m)	hamsa (f)	همسة
francamente (adv)	beṣarāḥa	بصراحة
en mi opinión ...	fi raʾyi ...	في رأيي ...
detalle (m) (de la historia)	tafṣīl (m)	تفصيل
detallado (adj)	mofaṣṣal	مفصّل
detalladamente (adv)	bel tafṣīl	بالتفصيل
pista (f)	talmīḥ (m)	تلميح
dar una pista	edda lamḥa	أدى لمحة
mirada (f)	naẓra (f)	نظرة
echar una mirada	alqa nazra	ألقى نظرة
fija (mirada ~)	sābet	ثابت
parpadear (vi)	ramaʃ	رمش
guiñar un ojo	ɣamaz	غمز
asentir con la cabeza	haz rāso	هزّ رأسه
suspiro (m)	tanhīda (f)	تنهيدة
suspirar (vi)	tanahhad	تنهّد
estremecerse (vr)	ertaʿaʃ	ارتعش
gesto (m)	eʃāret yad (f)	إشارة يد
tocar (con la mano)	lamas	لمس
asir (~ de la mano)	mesek	مسك
palmear (~ la espalda)	ḥazz	حزّ
¡Cuidado!	xally bālak!	خلّي بالك!
¿De veras?	feʿlan	فعلاً؟
¿Estás seguro?	enta motaʾakked?	أنت متأكّد؟
¡Suerte!	bel tawfīʾ!	بالتوفيق!
¡Ya veo!	wāḍeḥ!	واضح!
¡Es una lástima!	ya xesāra!	يا خسارة!

68. El acuerdo. El rechazo

acuerdo (m)	mowafʾa (f)	موافقة
estar de acuerdo	wāfeʾ	وافق
aprobación (f)	ʾobūl (m)	قبول
aprobar (vt)	ʾabal	قبل
rechazo (m)	rafḍ (m)	رفض
negarse (vr)	rafaḍ	رفض
¡Excelente!	ʿaẓīm!	عظيم!
¡De acuerdo!	tamām!	تمام!
¡Vale!	ettafaʾna!	إتّفقنا!

prohibido (adj)	mamnūʿ	ممنوع
está prohibido	mamnūʿ	ممنوع
es imposible	mostaḥīl	مستحيل
incorrecto (adj)	ɣeleṭ	غلط
rechazar (vt)	rafaḍ	رفض
apoyar (la decisión)	ayed	أيّد
aceptar (vt)	ʾabal	قبل
confirmar (vt)	akkad	أكّد
confirmación (f)	taʾkīd (m)	تأكيد
permiso (m)	samāḥ (m)	سماح
permitir (vt)	samaḥ	سمح
decisión (f)	qarār (m)	قرار
no decir nada	ṣamt	صمت
condición (f)	ʃarṭ (m)	شرط
excusa (f) (pretexto)	ʿozr (m)	عذر
elogio (m)	madḥ (m)	مدح
elogiar (vt)	madaḥ	مدح

69. El éxito. La buena suerte. El fracaso

éxito (m)	nagāḥ (m)	نجاح
con éxito (adv)	be nagāḥ	بنجاح
exitoso (adj)	nāgeḥ	ناجح
suerte (f)	ḥazz (m)	حظّ
¡Suerte!	bel tawfīʾ!	بالتوفيق!
de suerte (día ~)	maḥẓūẓ	محظوظ
afortunado (adj)	maḥẓūẓ	محظوظ
fiasco (m)	faʃal (m)	فشل
infortunio (m)	sūʾ el ḥazz (m)	سوء الحظّ
mala suerte (f)	sūʾ el ḥazz (m)	سوء الحظّ
fracasado (adj)	ɣayr nāgeḥ	غير ناجح
catástrofe (f)	karsa (f)	كارثة
orgullo (m)	faχr (m)	فخر
orgulloso (adj)	faχūr	فخور
estar orgulloso	eftaχar	إفتخر
ganador (m)	fāʾez (m)	فائز
ganar (vi)	fāz	فاز
perder (vi)	χeser	خسر
tentativa (f)	moḥawla (f)	محاولة
intentar (tratar)	ḥāwel	حاول
chance (f)	forṣa (f)	فرصة

70. Las discusiones. Las emociones negativas

grito (m)	ṣarχa (f)	صرخة
gritar (vi)	ṣarraχ	صرّخ

comenzar a gritar	ṣarraχ	صرّخ
disputa (f), riña (f)	χenā'a (f)	خناقة
reñir (vi)	etχāne'	إتخانق
escándalo (m) (riña)	χenā'a (f)	خناقة
causar escándalo	taʃāgar	تشاجر
conflicto (m)	χelāf (m)	خلاف
malentendido (m)	sū' tafāhom (m)	سوء تفاهم
insulto (m)	ehāna (f)	إهانة
insultar (vt)	ahān	أهان
insultado (adj)	mohān	مهان
ofensa (f)	esteyā' (m)	إستياء
ofender (vt)	ahān	أهان
ofenderse (vr)	estā'	إستاء
indignación (f)	saχṭ (m)	سخط
indignarse (vr)	estā'	إستاء
queja (f)	ʃakwa (f)	شكوى
quejarse (vr)	ʃaka	شكا
disculpa (f)	e'tezār (m)	إعتذار
disculparse (vr)	e'tazar	إعتذر
pedir perdón	e'tazar	إعتذر
crítica (f)	naqd (m)	نقد
criticar (vt)	naqad	نقد
acusación (f)	ettehām (m)	إتّهام
acusar (vt)	ettaham	إتّهم
venganza (f)	enteqām (m)	إنتقام
vengar (vt)	entaqam	إنتقم
pagar (vt)	radd	ردّ
desprecio (m)	ezderā' (m)	إزدراء
despreciar (vt)	eḥtaqar	إحتقر
odio (m)	korh (f)	كره
odiar (vt)	kereh	كره
nervioso (adj)	'aṣaby	عصبي
estar nervioso	etwattar	إتوّتر
enfadado (adj)	ɣaḍbān	غضبان
enfadar (vt)	narfez	نرفز
humillación (f)	ezlāl (m)	إذلال
humillar (vt)	zallel	ذلّل
humillarse (vr)	tazallal	تذلّل
choque (m)	ṣadma (f)	صدمة
chocar (vi)	ṣadam	صدم
molestia (f) (problema)	moʃkela (f)	مشكلة
desagradable (adj)	karīh	كريه
miedo (m)	χofe (m)	خوف
terrible (tormenta, etc.)	ʃedīd	شديد
de miedo (historia ~)	moχīf	مخيف

horror (m)	roʿb (m)	رعب
horrible (adj)	baʃeʿ	بشع
empezar a temblar	ertaʿaʃ	إرتعش
llorar (vi)	baka	بكى
comenzar a llorar	badaʾ yebky	بدأ يبكي
lágrima (f)	damaʿa (f)	دمعة
culpa (f)	ɣalṭa (f)	غلطة
remordimiento (m)	zanb (m)	ذنب
deshonra (f)	ʿār (m)	عار
protesta (f)	eḥtegāg (m)	إحتجاج
estrés (m)	tawattor (m)	توتّر
molestar (vt)	azʿag	أزعج
estar furioso	ɣeḍeb	غضب
enfadado (adj)	ɣaḍbān	غضبان
terminar (vt)	anha	أنهى
regañar (vt)	ʃatam	شتم
asustarse (vr)	χāf	خاف
golpear (vt)	ḍarab	ضرب
pelear (vi)	χāneʾ	خانق
resolver (~ la discusión)	sawwa	سوّى
descontento (adj)	meʃ rāḍy	مش راضي
furioso (adj)	ɣaḍbān	غضبان
¡No está bien!	keda meʃ kwayes!	!كده مش كويّس
¡Está mal!	keda weḥeʃ!	كده وحش!

La medicina

71. Las enfermedades

enfermedad (f)	maraḍ (m)	مرض
estar enfermo	mereḍ	مرض
salud (f)	ṣeḥḥa (f)	صحّة
resfriado (m) (coriza)	raʃ-ḥ fel anf (m)	رشح في الأنف
angina (f)	eltehāb el lawzateyn (m)	إلتهاب اللوزتين
resfriado (m)	zokām (m)	زكام
resfriarse (vr)	gālo bard	جاله برد
bronquitis (f)	eltehāb ʃoʻaby (m)	إلتهاب شعبيّ
pulmonía (f)	eltehāb ra'awy (m)	إلتهاب رئوي
gripe (f)	influenza (f)	إنفلونزا
miope (adj)	'aṣīr el naẓar	قصير النظر
présbita (adj)	beʻīd el naẓar	بعيد النظر
estrabismo (m)	ḥawal (m)	حوّل
estrábico (m) (adj)	aḥwal	أحوّل
catarata (f)	katarakt (f)	كاتاراكت
glaucoma (m)	glawkoma (f)	جلوكوما
insulto (m)	sakta (f)	سكتة
ataque (m) cardiaco	azma 'albiya (f)	أزمة قلبية
infarto (m) de miocardio	nawba 'albiya (f)	نوبة قلبية
parálisis (f)	ʃalal (m)	شلل
paralizar (vt)	ʃall	شلّ
alergia (f)	ḥasasiya (f)	حساسيّة
asma (f)	rabw (m)	ربو
diabetes (f)	dā' el sokkary (m)	داء السكّري
dolor (m) de muelas	alam asnān (m)	ألم الأسنان
caries (f)	naχr el asnān (m)	نخر الأسنان
diarrea (f)	es-hāl (m)	إسهال
estreñimiento (m)	emsāk (m)	إمساك
molestia (f) estomacal	eḍṭrāb el meʻda (m)	إضطراب المعدة
envenenamiento (m)	tasammom (m)	تسمم
envenenarse (vr)	etsammem	إتسمّم
artritis (f)	eltehāb el mafāṣel (m)	إلتهاب المفاصل
raquitismo (m)	kosāḥ el aṭfāl (m)	كساح الأطفال
reumatismo (m)	rheumatism (m)	روماتزم
ateroesclerosis (f)	taṣṣallob el ʃarayīn (m)	تصلّب الشرايين
gastritis (f)	eltehāb el meʻda (m)	إلتهاب المعدة
apendicitis (f)	eltehāb el zayda el dūdiya (m)	إلتهاب الزائدة الدودية

colecistitis (f)	eltehāb el marāra (m)	إلتهاب المرارة
úlcera (f)	qorḥa (f)	قرحة
sarampión (m)	maraḍ el ḥaṣba (m)	مرض الحصبة
rubeola (f)	el ḥaṣba el almaniya (f)	الحصبة الألمانية
ictericia (f)	yaraqān (m)	يرقان
hepatitis (f)	eltehāb el kabed el vayrūsy (m)	إلتهاب الكبد الفيروسي
esquizofrenia (f)	fuṣām (m)	فصام
rabia (f) (hidrofobia)	dā' el kalb (m)	داء الكلب
neurosis (f)	eḍṭrāb ʿaṣaby (m)	إضطراب عصبي
conmoción (f) cerebral	ertegāg el moχ (m)	إرتجاج المخ
cáncer (m)	saraṭān (m)	سرطان
esclerosis (f)	taṣṣallob (m)	تصلّب
esclerosis (m) múltiple	taṣṣallob motaʿadded (m)	تصلّب متعدّد
alcoholismo (m)	edmān el χamr (m)	إدمان الخمر
alcohólico (m)	modmen el χamr (m)	مدمن الخمر
sífilis (f)	syfilis el zehry (m)	سفلس الزهري
SIDA (m)	el eydz (m)	الايدز
tumor (m)	waram (m)	ورم
maligno (adj)	χabīs	خبيث
benigno (adj)	ḥamīd (m)	حميد
fiebre (f)	ḥomma (f)	حمّى
malaria (f)	malaria (f)	ملاريا
gangrena (f)	ɣanɣarīna (f)	غنغرينا
mareo (m)	dawār el baḥr (m)	دوار البحر
epilepsia (f)	maraḍ el ṣaraʿ (m)	مرض الصرع
epidemia (f)	wabā' (m)	وباء
tifus (m)	tyfus (m)	تيفوس
tuberculosis (f)	maraḍ el soll (m)	مرض السلّ
cólera (f)	kōlīra (f)	كوليرا
peste (f)	ṭaʿūn (m)	طاعون

72. Los síntomas. Los tratamientos. Unidad 1

síntoma (m)	ʿaraḍ (m)	عرض
temperatura (f)	ḥarāra (f)	حرارة
fiebre (f)	ḥomma (f)	حمّى
pulso (m)	nabḍ (m)	نبض
mareo (m) (vértigo)	dawχa (f)	دوخة
caliente (adj)	soχn	سخن
escalofrío (m)	raʿʃa (f)	رعشة
pálido (adj)	aṣfar	أصفر
tos (f)	koḥḥa (f)	كحّة
toser (vi)	kaḥḥ	كحّ
estornudar (vi)	ʿaṭas	عطس

desmayo (m)	dawχa (f)	دوخة
desmayarse (vr)	oɣma ʿaleyh	أغمي عليه
moradura (f)	kadma (f)	كدمة
chichón (m)	tawarrom (m)	تورّم
golpearse (vr)	etχabaṭ	إتخبط
magulladura (f)	raḍḍa (f)	رضّة
magullarse (vr)	etkadam	إتكدم
cojear (vi)	ʿarag	عرج
dislocación (f)	χalʿ (m)	خلع
dislocar (vt)	χalaʿ	خلع
fractura (f)	kasr (m)	كسر
tener una fractura	enkasar	إنكسر
corte (m) (tajo)	garḥ (m)	جرح
cortarse (vr)	garaḥ nafsoh	جرح نفسه
hemorragia (f)	nazīf (m)	نزيف
quemadura (f)	ḥarʾ (m)	حرق
quemarse (vr)	et-ḥaraʾ	إتحرق
pincharse (~ el dedo)	waχaz	وخز
pincharse (vr)	waχaz nafso	وخز نفسه
herir (vt)	aṣāb	أصاب
herida (f)	eṣāba (f)	إصابة
lesión (f) (herida)	garḥ (m)	جرح
trauma (m)	ṣadma (f)	صدمة
delirar (vi)	haza	هذى
tartamudear (vi)	talaʿsam	تلعثم
insolación (f)	ḍarabet ʃams (f)	ضربة شمس

73. Los síntomas. Los tratamientos. Unidad 2

dolor (m)	alam (m)	ألم
astilla (f)	ʃazya (f)	شظية
sudor (m)	ʿerʾ (m)	عرق
sudar (vi)	ʿereʾ	عرق
vómito (m)	targeeʿ (m)	ترجيع
convulsiones (f pl)	taʃonnogāt (pl)	تشنّجات
embarazada (adj)	ḥāmel	حامل
nacer (vi)	etwalad	اتولّد
parto (m)	welāda (f)	ولادة
dar a luz	walad	ولد
aborto (m)	eg-hāḍ (m)	إجهاض
respiración (f)	tanaffos (m)	تنفّس
inspiración (f)	estenʃāq (m)	إستنشاق
espiración (f)	zafīr (m)	زفير
espirar (vi)	zafar	زفر
inspirar (vi)	estanʃaq	إستنشق

inválido (m)	moʿāq (m)	معاق
mutilado (m)	moqʿad (m)	مقعد
drogadicto (m)	modmen moχaddarāt (m)	مدمن مخدّرات
sordo (adj)	aṭraʃ	أطرش
mudo (adj)	aχras	أخرس
sordomudo (adj)	aṭraʃ aχras	أطرش أخرس
loco (adj)	magnūn	مجنون
loco (m)	magnūn (m)	مجنون
loca (f)	magnūna (f)	مجنونة
volverse loco	etgannen	اتجنّن
gen (m)	ʒīn (m)	جين
inmunidad (f)	manāʿa (f)	مناعة
hereditario (adj)	werāsy	وراثي
de nacimiento (adj)	χolqy men el welāda	خلقي من الولادة
virus (m)	virūs (m)	فيروس
microbio (m)	mikrūb (m)	ميكروب
bacteria (f)	garsūma (f)	جرثومة
infección (f)	ʿadwa (f)	عدوى

74. Los síntomas. Los tratamientos. Unidad 3

hospital (m)	mostaʃfa (m)	مستشفى
paciente (m)	marīḍ (m)	مريض
diagnosis (f)	taʃχīṣ (m)	تشخيص
cura (f)	ʃefāʾ (m)	شفاء
tratamiento (m)	ʿelāg ṭebby (m)	علاج طبي
curarse (vr)	etʿāleg	اتعالج
tratar (vt)	ʿālag	عالج
cuidar (a un enfermo)	marraḍ	مرّض
cuidados (m pl)	ʿenāya (f)	عناية
operación (f)	ʿamaliya grāḥiya (f)	عمليّة جراحية
vendar (vt)	ḍammad	ضمّد
vendaje (m)	taḍmīd (m)	تضميد
vacunación (f)	talqīḥ (m)	تلقيح
vacunar (vt)	laqqaḥ	لقّح
inyección (f)	ḥoʾna (f)	حقنة
aplicar una inyección	ḥaʾan ebra	حقن إبرة
ataque (m)	nawba (f)	نوبة
amputación (f)	batr (m)	بتر
amputar (vt)	batr	بتر
coma (m)	ɣaybūba (f)	غيبوبة
estar en coma	kān fi ḥālet ɣaybūba	كان في حالة غيبوبة
revitalización (f)	el ʿenāya el morakkaza (f)	العناية المركّزة
recuperarse (vr)	ʃefy	شفي
estado (m) (de salud)	ḥāla (f)	حالة

consciencia (f)	wa'y (m)	وعي
memoria (f)	zākera (f)	ذاكرة
extraer (un diente)	χala'	خلع
empaste (m)	ḥaʃww (m)	حشو
empastar (vt)	ḥaʃa	حشا
hipnosis (f)	el tanwīm el meɣnaṭīsy (m)	التنويم المغناطيسي
hipnotizar (vt)	nawwem	نوّم

75. Los médicos

médico (m)	doktore (m)	دكتور
enfermera (f)	momarreḍa (f)	ممرّضة
médico (m) personal	doktore ʃaχṣy (m)	دكتور شخصي
dentista (m)	doktore asnān (m)	دكتور أسنان
oftalmólogo (m)	doktore el 'oyūn (m)	دكتور العيون
internista (m)	ṭabīb baṭna (m)	طبيب باطنة
cirujano (m)	garrāḥ (m)	جرّاح
psiquiatra (m)	doktore nafsāny (m)	دكتور نفساني
pediatra (m)	doktore aṭfāl (m)	دكتور أطفال
psicólogo (m)	aχeṣā'y 'elm el nafs (m)	أخصائي علم النفس
ginecólogo (m)	doktore nesa (m)	دكتور نسا
cardiólogo (m)	doktore 'alb (m)	دكتور قلب

76. La medicina. Las drogas. Los accesorios

medicamento (m), droga (f)	dawā' (m)	دواء
remedio (m)	'elāg (m)	علاج
prescribir (vt)	waṣaf	وصف
receta (f)	waṣfa (f)	وصفة
tableta (f)	'orṣ (m)	قرص
ungüento (m)	marham (m)	مرهم
ampolla (f)	ambūla (f)	أمبولة
mixtura (f), mezcla (f)	dawā' ʃorb (m)	دواء شراب
sirope (m)	ʃarāb (m)	شراب
píldora (f)	ḥabba (f)	حبّة
polvo (m)	zorūr (m)	ذرور
venda (f)	ḍammāda ʃāʃ (f)	ضمادة شاش
algodón (m) (discos de ~)	'oṭn (m)	قطن
yodo (m)	yūd (m)	يود
tirita (f), curita (f)	blaster (m)	بلاستر
pipeta (f)	'aṭṭāra (f)	قطّارة
termómetro (m)	termometr (m)	ترمومتر
jeringa (f)	serennga (f)	سرنّجة
silla (f) de ruedas	korsy motaḥarrek (m)	كرسي متحرك
muletas (f pl)	'okkāz (m)	عكّاز

anestésico (m)	mosakken (m)	مسكّن
purgante (m)	molayen (m)	مليّن
alcohol (m)	etanol (m)	إيثانول
hierba (f) medicinal	aʿʃāb ṭebbiya (pl)	أعشاب طبّية
de hierbas (té ~)	ʿoʃby	عشبي

77. El tabaquismo. Los productos del tabaco

tabaco (m)	tabɣ (m)	تبغ
cigarrillo (m)	segāra (f)	سيجارة
cigarro (m)	segār (m)	سيجار
pipa (f)	ɣelyone (m)	غليون
paquete (m)	ʿelba (f)	علبة
cerillas (f pl)	kebrīt (m)	كبريت
caja (f) de cerillas	ʿelbet kebrīt (f)	علبة كبريت
encendedor (m)	wallāʿa (f)	ولّاعة
cenicero (m)	ṭaʾṭūʾa (f)	طقطوقة
pitillera (f)	ʿelbet sagāyer (f)	علبة سجائر
boquilla (f)	ḥamelet segāra (f)	حاملة سيجارة
filtro (m)	filter (m)	فلتر
fumar (vi, vt)	dakχen	دخّن
encender un cigarrillo	wallaʿ segāra	ولّع سيجارة
tabaquismo (m)	tadχīn (m)	تدخين
fumador (m)	modakχen (m)	مدخّن
colilla (f)	ʿaqab segāra (m)	عقب سيجارة
humo (m)	dokχān (m)	دخّان
ceniza (f)	ramād (m)	رماد

EL AMBIENTE HUMANO

La ciudad

78. La ciudad. La vida en la ciudad

ciudad (f)	madīna (f)	مدينة
capital (f)	ʿāṣema (f)	عاصمة
aldea (f)	qarya (f)	قرية
plano (m) de la ciudad	χarīṭet el madinah (f)	خريطة المدينة
centro (m) de la ciudad	wesṭ el balad (m)	وسط البلد
suburbio (m)	ḍāḥeya (f)	ضاحية
suburbano (adj)	el ḍawāḥy	الضواحي
arrabal (m)	aṭrāf el madīna (pl)	أطراف المدينة
afueras (f pl)	ḍawāḥy el madīna (pl)	ضواحي المدينة
barrio (m)	ḥayī (m)	حي
zona (f) de viviendas	ḥayī sakany (m)	حي سكني
tráfico (m)	ḥaraket el morūr (f)	حركة المرور
semáforo (m)	eʃārāt el morūr (pl)	إشارات المرور
transporte (m) urbano	wasāʾel el naʾl (pl)	وسائل النقل
cruce (m)	taqāṭoʿ (m)	تقاطع
paso (m) de peatones	maʿbar (m)	معبر
paso (m) subterráneo	nafaʾ moʃāh (m)	نفق مشاه
cruzar (vt)	ʿabar	عبر
peatón (m)	māʃy (m)	ماشي
acera (f)	raṣīf (m)	رصيف
puente (m)	kobry (m)	كبري
muelle (m)	korneyʃ (m)	كورنيش
fuente (f)	nafūra (f)	نافورة
alameda (f)	mamʃa (m)	ممشى
parque (m)	ḥadīqa (f)	حديقة
bulevar (m)	bolvār (m)	بولفار
plaza (f)	medān (m)	ميدان
avenida (f)	ʃāreʿ (m)	شارع
calle (f)	ʃāreʿ (m)	شارع
callejón (m)	zoʾāʾ (m)	زقاق
callejón (m) sin salida	ṭarīʾ masdūd (m)	طريق مسدود
casa (f)	beyt (m)	بيت
edificio (m)	mabna (m)	مبنى
rascacielos (m)	nāṭeḥet sahāb (f)	ناطحة سحاب
fachada (f)	waɣa (f)	واجهة
techo (m)	saʾf (m)	سقف

ventana (f)	ʃebbāk (m)	شبّاك
arco (m)	qose (m)	قوس
columna (f)	ʿamūd (m)	عمود
esquina (f)	zawya (f)	زاوية
escaparate (f)	vatrīna (f)	فترينة
letrero (m) (~ luminoso)	yafṭa, lāfeta (f)	يافطة, لافتة
cartel (m)	boster (m)	بوستر
cartel (m) publicitario	boster eʿlān (m)	بوستر إعلان
valla (f) publicitaria	lawḥet eʿlanāt (f)	لوحة إعلانات
basura (f)	zebāla (f)	زبالة
cajón (m) de basura	ṣandūʾ zebāla (m)	صندوق زبالة
tirar basura	rama zebāla	رمى زبالة
basurero (m)	mazbala (f)	مزبلة
cabina (f) telefónica	koʃk telefōn (m)	كشك تليفون
farola (f)	ʿamūd nūr (m)	عمود نور
banco (m) (del parque)	korsy (m)	كرسي
policía (m)	ʃorṭy (m)	شرطي
policía (f) (~ nacional)	ʃorṭa (f)	شرطة
mendigo (m)	ʃaḥḥāt (m)	شحّات
persona (f) sin hogar	motaʃarred (m)	متشرّد

79. Las instituciones urbanas

tienda (f)	maḥal (m)	محل
farmacia (f)	ṣaydaliya (f)	صيدليّة
óptica (f)	maḥal naḍḍārāt (m)	محل نضّارات
centro (m) comercial	mole (m)	مول
supermercado (m)	subermarket (m)	سوبرماركت
panadería (f)	maχbaz (m)	مخبز
panadero (m)	χabbāz (m)	خبّاز
pastelería (f)	ḥalawāny (m)	حلواني
tienda (f) de comestibles	baʾʾāla (f)	بقّالة
carnicería (f)	gezāra (f)	جزارة
verdulería (f)	dokkān χoḍār (m)	دكّان خضار
mercado (m)	sūʾ (f)	سوق
cafetería (f)	ʾahwa (f), kaféih (m)	قهوة, كافيه
restaurante (m)	maṭʿam (m)	مطعم
cervecería (f)	bār (m)	بار
pizzería (f)	maḥal pizza (m)	محل بيتزا
peluquería (f)	ṣalone ḥelāʾa (m)	صالون حلاقة
oficina (f) de correos	maktab el barīd (m)	مكتب البريد
tintorería (f)	dray klīn (m)	دراي كلين
estudio (m) fotográfico	estudio taṣwīr (m)	إستوديو تصوير
zapatería (f)	maḥal gezam (m)	محل جزم
librería (f)	maḥal kotob (m)	محل كتب

tienda (f) deportiva	maḥal mostalzamāt reyaḍiya (m)	محل مستلزمات رياضية
arreglos (m pl) de ropa	maḥal χeyāṭet malābes (m)	محل خياطة ملابس
alquiler (m) de ropa	ta'gīr malābes rasmiya (m)	تأجير ملابس رسمية
videoclub (m)	maḥal ta'gīr video (m)	محل تأجير فيديو
circo (m)	serk (m)	سيرك
zoológico (m)	ḥadīqet el ḥayawān (f)	حديقة حيوان
cine (m)	sinema (f)	سينما
museo (m)	mat-ḥaf (m)	متحف
biblioteca (f)	maktaba (f)	مكتبة
teatro (m)	masraḥ (m)	مسرح
ópera (f)	obra (f)	أوبرا
club (m) nocturno	malha leyly (m)	ملهى ليّلي
casino (m)	kazino (m)	كازينو
mezquita (f)	masged (m)	مسجد
sinagoga (f)	kenīs (m)	كنيس
catedral (f)	katedra'iya (f)	كاتدرائية
templo (m)	ma'bad (m)	معبد
iglesia (f)	kenīsa (f)	كنيسة
instituto (m)	kolliya (m)	كليّة
universidad (f)	gam'a (f)	جامعة
escuela (f)	madrasa (f)	مدرسة
prefectura (f)	moqaṭ'a (f)	مقاطعة
alcaldía (f)	baladiya (f)	بلديّة
hotel (m)	fondo' (m)	فندق
banco (m)	bank (m)	بنك
embajada (f)	safāra (f)	سفارة
agencia (f) de viajes	ʃerket seyāḥa (f)	شركة سياحة
oficina (f) de información	maktab el este'lāmāt (m)	مكتب الإستعلامات
oficina (f) de cambio	ṣarrāfa (f)	صرّافة
metro (m)	metro (m)	مترو
hospital (m)	mostaʃfa (m)	مستشفى
gasolinera (f)	maḥaṭṭet banzīn (f)	محطّة بنزين
aparcamiento (m)	maw'ef el 'arabeyāt (m)	موقف العربيات

80. Los avisos

letrero (m) (~ luminoso)	yafṭa, lāfeta (f)	لافتة, يافطة
cartel (m) (texto escrito)	bayān (m)	بيان
pancarta (f)	boster (m)	بوستر
señal (m) de dirección	'alāmet (f)	علامة إتجاه
flecha (f) (signo)	'alāmet eʃāra (f)	علامة إشارة
advertencia (f)	taḥzīr (m)	تحذير
aviso (m)	lāfetat taḥzīr (f)	لافتة تحذير
advertir (vt)	ḥazzar	حذّر

día (m) de descanso	yome ʿoṭla (m)	يوم عطلة
horario (m)	gadwal (m)	جدوَل
horario (m) de apertura	awʾāt el ʿamal (pl)	أوقات العمل
¡BIENVENIDOS!	ahlan w sahlan!	!أهلاً وسهلا
ENTRADA	doχūl	دخول
SALIDA	χorūg	خروج
EMPUJAR	edfaʿ	إدفع
TIRAR	es-ḥab	إسحب
ABIERTO	maftūḥ	مفتوح
CERRADO	moɣlaq	مغلق
MUJERES	lel sayedāt	للسيدات
HOMBRES	lel regāl	للرجال
REBAJAS	χoṣomāt	خصومات
SALDOS	taχfeḍāt	تخفيضات
NOVEDAD	gedīd!	!جديد
GRATIS	maggānan	مجّاناً
¡ATENCIÓN!	entebāh!	!إنتباه
COMPLETO	koll el amāken maḥgūza	كلّ الأماكن محجوزة
RESERVADO	maḥgūz	محجوز
ADMINISTRACIÓN	edāra	إدارة
SÓLO PERSONAL AUTORIZADO	lel ʿamelīn faqaṭ	للعاملين فقط
CUIDADO CON EL PERRO	eḥzar wogūd kalb	إحذر وجود الكلب
PROHIBIDO FUMAR	mamnūʿ el tadχīn	ممنوع التدخين
NO TOCAR	ʿadam el lams	عدم اللمس
PELIGROSO	χaṭīr	خطير
PELIGRO	χaṭar	خطر
ALTA TENSIÓN	tayār ʿāly	تيّار عالي
PROHIBIDO BAÑARSE	el sebāḥa mamnūʿa	السباحة ممنوعة
NO FUNCIONA	moʿaṭṭal	معطّل
INFLAMABLE	sareeʿ el eʃteʿāl	سريع الإشتعال
PROHIBIDO	mamnūʿ	ممنوع
PROHIBIDO EL PASO	mamnūʿ el morūr	ممنوع المرور
RECIÉN PINTADO	eḥzar ṭelāʾ ɣayr gāf	احذر طلاء غير جاف

81. El transporte urbano

autobús (m)	buṣ (m)	باص
tranvía (m)	trām (m)	ترام
trolebús (m)	trolly buṣ (m)	ترولي باص
itinerario (m)	χaṭṭ (m)	خطّ
número (m)	raqam (m)	رقم
ir en ...	rāḥ be ...	... راح بـ
tomar (~ el autobús)	rekeb	ركب

bajar (~ del tren)	nezel men	نزل من
parada (f)	maw'af (m)	موّقف
próxima parada (f)	el maḥaṭṭa el gaya (f)	المحطة الجاية
parada (f) final	'āχer maw'af (m)	آخر موّقف
horario (m)	gadwal (m)	جدوّل
esperar (aguardar)	estanna	إستنّى
billete (m)	tazkara (f)	تذكرة
precio (m) del billete	ogra (f)	أجرة
cajero (m)	kaʃier (m)	كاشيير
control (m) de billetes	taftīʃ el tazāker (m)	تفتيش التذاكر
revisor (m)	mofatteʃ tazāker (m)	مفتّش تذاكر
llegar tarde (vi)	met'akχer	متأخّر
perder (~ el tren)	ta'akχar	تأخّر
tener prisa	mesta'gel	مستعجل
taxi (m)	taksi (m)	تاكسي
taxista (m)	sawwā' taksi (m)	سوّاق تاكسي
en taxi	bel taksi	بالتاكسي
parada (f) de taxi	maw'ef taksi (m)	موّقف تاكسي
llamar un taxi	kallem taksi	كلّم تاكسي
tomar un taxi	aχad taksi	أخد تاكسي
tráfico (m)	ḥaraket el morūr (f)	حركة المرور
atasco (m)	zaḥmet el morūr (f)	زحمة المرور
horas (f pl) de punta	sā'et el zorwa (f)	ساعة الذروة
aparcar (vi)	rakan	ركن
aparcar (vt)	rakan	ركن
aparcamiento (m)	maw'ef el 'arabeyāt (m)	موقف العربيات
metro (m)	metro (m)	مترو
estación (f)	maḥaṭṭa (f)	محطّة
ir en el metro	aχad el metro	أخد المترو
tren (m)	qeṭār, 'aṭṭr (m)	قطار
estación (f)	maḥaṭṭet qeṭār (f)	محطّة قطار

82. El turismo. La excursión

monumento (m)	temsāl (m)	تمثال
fortaleza (f)	'al'a (f)	قلعة
palacio (m)	'aṣr (m)	قصر
castillo (m)	'al'a (f)	قلعة
torre (f)	borg (m)	برج
mausoleo (m)	ḍarīḥ (m)	ضريح
arquitectura (f)	handasa me'māriya (f)	هندسة معمارية
medieval (adj)	men el qorūn el wosṭa	من القرون الوسطى
antiguo (adj)	'atīq	عتيق
nacional (adj)	waṭany	وطني
conocido (adj)	maʃ-hūr	مشهور
turista (m)	sā'eḥ (m)	سائح
guía (m) (persona)	morʃed (m)	مرشد

excursión (f)	gawla (f)	جولة
mostrar (vt)	warra	ورّى
contar (una historia)	ʾāl	قال
encontrar (hallar)	laʾa	لقى
perderse (vr)	ḍāʿ	ضاع
plano (m) (~ de metro)	χarīṭa (f)	خريطة
mapa (m) (~ de la ciudad)	χarīṭa (f)	خريطة
recuerdo (m)	tezkār (m)	تذكار
tienda (f) de regalos	maḥal hadāya (m)	محل هدايا
hacer fotos	ṣawwar	صوّر
fotografiarse (vr)	etṣawwar	إتصوّر

83. Las compras

comprar (vt)	eʃtara	إشترى
compra (f)	ḥāga (f)	حاجة
hacer compras	eʃtara	إشترى
compras (f pl)	ʃobbing (m)	شوبينج
estar abierto (tienda)	maftūḥ	مفتوح
estar cerrado	moɣlaq	مغلق
calzado (m)	gezam (pl)	جزم
ropa (f)	malābes (pl)	ملابس
cosméticos (m pl)	mawād tagmīl (pl)	مواد تجميل
productos alimenticios	akl (m)	أكل
regalo (m)	hediya (f)	هديّة
vendedor (m)	bayāʿ (m)	بيّاع
vendedora (f)	bayāʿa (f)	بيّاعة
caja (f)	ṣandūʾ el dafʿ (m)	صندوق الدفع
espejo (m)	merāya (f)	مراية
mostrador (m)	manḍada (f)	منضدة
probador (m)	ɣorfet el ʾeyās (f)	غرفة القياس
probar (un vestido)	garrab	جرّب
quedar (una ropa, etc.)	nāseb	ناسب
gustar (vi)	ʿagab	عجب
precio (m)	seʿr (m)	سعر
etiqueta (f) de precio	tiket el seʿr (m)	تيكت السعر
costar (vt)	kallef	كلّف
¿Cuánto?	bekām?	بكام؟
descuento (m)	χaṣm (m)	خصم
no costoso (adj)	meʃ ɣāly	مش غالي
barato (adj)	reχīṣ	رخيص
caro (adj)	ɣāly	غالي
Es caro	da ɣāly	ده غالي
alquiler (m)	esteʾgār (m)	إستئجار
alquilar (vt)	estʾgar	إستأجر

crédito (m)	e'temān (m)	إئتمان
a crédito (adv)	bel ta'seeṭ	بالتقسيط

84. El dinero

dinero (m)	folūs (pl)	فلوس
cambio (m)	taḥwīl 'omla (m)	تحويل عملة
curso (m)	se'r el ṣarf (m)	سعر الصرف
cajero (m) automático	makinet ṣarrāf 'āly (f)	ماكينة صرّاف آلي
moneda (f)	'erʃ (m)	قرش
dólar (m)	dolār (m)	دولار
euro (m)	yoro (m)	يورو
lira (f)	lira (f)	ليرة
marco (m) alemán	el mark el almāny (m)	المارك الألماني
franco (m)	frank (m)	فرنك
libra esterlina (f)	geneyh esterlīny (m)	جنيه استرليني
yen (m)	yen (m)	ين
deuda (f)	deyn (m)	دين
deudor (m)	modīn (m)	مدين
prestar (vt)	sallef	سلّف
tomar prestado	estalaf	إستلف
banco (m)	bank (m)	بنك
cuenta (f)	ḥesāb (m)	حساب
ingresar (~ en la cuenta)	awda'	أودع
ingresar en la cuenta	awda' fel ḥesāb	أودع في الحساب
sacar de la cuenta	saḥab men el ḥesāb	سحب من الحساب
tarjeta (f) de crédito	kredit kard (f)	كريدت كارد
dinero (m) en efectivo	kæʃ (m)	كاش
cheque (m)	ʃīk (m)	شيك
sacar un cheque	katab ʃīk	كتب شيك
talonario (m)	daftar ʃikāt (m)	دفتر شيكات
cartera (f)	maḥfaẓa (f)	محفظة
monedero (m)	maḥfazet fakka (f)	محفظة فكّة
caja (f) fuerte	χazzāna (f)	خزّانة
heredero (m)	wāres (m)	وارث
herencia (f)	werāsa (f)	وراثة
fortuna (f)	sarwa (f)	ثروة
arriendo (m)	'a'd el egār (m)	عقد الإيجار
alquiler (m) (dinero)	ogret el sakan (f)	أجرة السكن
alquilar (~ una casa)	est'gar	إستأجر
precio (m)	se'r (m)	سعر
coste (m)	taman (m)	ثمن
suma (f)	mablaɣ (m)	مبلغ
gastar (vt)	ṣaraf	صرف
gastos (m pl)	maṣarīf (pl)	مصاريف

economizar (vi, vt)	waffar	وفّر
económico (adj)	mowaffer	موّفر
pagar (vi, vt)	dafaʿ	دفع
pago (m)	dafʿ (m)	دفع
cambio (m) (devolver el ~)	el bāʾy (m)	الباقي
impuesto (m)	ḍarība (f)	ضريبة
multa (f)	ɣarāma (f)	غرامة
multar (vt)	faraḍ ɣarāma	فرض غرامة

85. La oficina de correos

oficina (f) de correos	maktab el barīd (m)	مكتب البريد
correo (m) (cartas, etc.)	el barīd (m)	البريد
cartero (m)	sāʿy el barīd (m)	ساعي البريد
horario (m) de apertura	awʾāt el ʿamal (pl)	أوقات العمل
carta (f)	resāla (f)	رسالة
carta (f) certificada	resāla mosaggala (f)	رسالة مسجّلة
tarjeta (f) postal	kart barīdy (m)	كرت بريدي
telegrama (m)	barqiya (f)	برقيّة
paquete (m) postal	ṭard (m)	طرد
giro (m) postal	ḥewāla māliya (f)	حوالة مالية
recibir (vt)	estalam	إستلم
enviar (vt)	arsal	أرسل
envío (m)	ersāl (m)	إرسال
dirección (f)	ʿenwān (m)	عنوان
código (m) postal	raqam el barīd (m)	رقم البريد
expedidor (m)	morsel (m)	مرسل
destinatario (m)	morsel elayh (m)	مرسل إليه
nombre (m)	esm (m)	اسم
apellido (m)	esm el ʿaʾela (m)	اسم العائلة
tarifa (f)	taʿrīfa (f)	تعريفة
ordinario (adj)	ʿādy	عادي
económico (adj)	mowaffer	موّفر
peso (m)	wazn (m)	وزن
pesar (~ una carta)	wazan	وزن
sobre (m)	ẓarf (m)	ظرف
sello (m)	ṭābeʿ (m)	طابع
poner un sello	alṣaq ṭābeʿ	ألصق طابع

La vivienda. La casa. El hogar

86. La casa. La vivienda

casa (f)	beyt (m)	بيت
en casa (adv)	fel beyt	في البيت
patio (m)	sāḥa (f)	ساحة
verja (f)	sūr (m)	سور
ladrillo (m)	ṭūb (m)	طوب
de ladrillo (adj)	men el ṭūb	من الطوب
piedra (f)	ḥagar (m)	حجر
de piedra (adj)	ḥagary	حجري
hormigón (m)	χarasāna (f)	خرسانة
de hormigón (adj)	χarasāny	خرساني
nuevo (adj)	gedīd	جديد
viejo (adj)	ʾadīm	قديم
deteriorado (adj)	ʾāayel lel soqūṭ	آيل للسقوط
moderno (adj)	moʿāṣer	معاصر
de muchos pisos	motaʿadded el ṭawābeq	متعدّد الطوابق
alto (adj)	ʿāly	عالي
piso (m), planta (f)	dore (m)	دور
de una sola planta	zu ṭābeq wāḥed	ذو طابق واحد
piso (m) bajo	el dore el awwal (m)	الدور الأوّل
piso (m) alto	ṭābeʾ ʿolwy (m)	طابق علوي
techo (m)	saʾf (m)	سقف
chimenea (f)	madχana (f)	مدخنة
tejas (f pl)	qarmīd (m)	قرميد
de tejas (adj)	men el qarmīd	من القرميد
desván (m)	ʿelya (f)	علية
ventana (f)	ʃebbāk (m)	شبّاك
vidrio (m)	ezāz (m)	إزاز
alféizar (m)	ḥāfet el ʃebbāk (f)	حافة الشبّاك
contraventanas (f pl)	ʃīʃ (m)	شيش
pared (f)	ḥeyṭa (f)	حيطة
balcón (m)	balakona (f)	بلكونة
gotera (f)	masūret el taṣrīf (f)	ماسورة التصريف
arriba (estar ~)	foʾe	فوق
subir (vi)	ṭeleʿ	طلع
descender (vi)	nezel	نزل
mudarse (vr)	naʾal	نقل

87. La casa. La entrada. El ascensor

entrada (f)	madχal (m)	مدخل
escalera (f)	sellem (m)	سلّم
escalones (m pl)	daragāt (pl)	درجات
baranda (f)	drabzīn (m)	درابزين
vestíbulo (m)	ṣāla (f)	صالة
buzón (m)	ṣandū' el barīd (m)	صندوق البريد
contenedor (m) de basura	ṣandū' el zebāla (m)	صندوق الزبالة
bajante (f) de basura	manfaz el zebāla (m)	منفذ الزبالة
ascensor (m)	asanseyr (m)	اسانسير
ascensor (m) de carga	asanseyr el ʃaḥn (m)	اسانسير الشحن
cabina (f)	kabīna (f)	كابينة
ir en el ascensor	rekeb el asanseyr	ركب الاسانسير
apartamento (m)	ʃa''a (f)	شقّة
inquilinos (pl)	sokkān (pl)	سكّان
vecino (m)	gār (m)	جار
vecina (f)	gāra (f)	جارة
vecinos (pl)	gerān (pl)	جيران

88. La casa. La electricidad

electricidad (f)	kahraba' (m)	كهرباء
bombilla (f)	lammba (f)	لمّبة
interruptor (m)	meftāḥ (m)	مفتاح
fusible (m)	fuse (m)	فيوز
cable, hilo (m)	selk (m)	سلك
instalación (f) eléctrica	aslāk (pl)	أسلاك
contador (m) de luz	'addād (m)	عدّاد
lectura (f) (~ del contador)	qerā'a (f)	قراءة

89. La casa. La puerta. La cerradura

puerta (f)	bāb (m)	باب
portón (m)	bawwāba (f)	بوّابة
tirador (m)	okret el bāb (f)	اوكرة الباب
abrir el cerrojo	fataḥ	فتح
abrir (vt)	fataḥ	فتح
cerrar (vt)	'afal	قفل
llave (f)	meftāḥ (m)	مفتاح
manojo (m) de llaves	rabṭa (f)	ربطة
crujir (vi)	ṣarr	صر
crujido (m)	ṣarīr (m)	صرير
gozne (m)	mafaṣṣla (f)	مفصّلة
felpudo (m)	seggādet bāb (f)	سجّادة باب
cerradura (f)	'efl el bāb (m)	قفل الباب

ojo (m) de cerradura	χorm el meftāḥ (m)	خرم المفتاح
cerrojo (m)	terbās (m)	ترباس
pestillo (m)	terbās (m)	ترباس
candado (m)	'efl (m)	قفل
tocar el timbre	rann	رنّ
campanillazo (m)	ranīn (m)	رنين
timbre (m)	garas (m)	جرس
botón (m)	zerr (m)	زرّ
toque (m) a la puerta	ṭar', da'' (m)	طرق, دقّ
tocar la puerta	χabbaṭ	خبّط
código (m)	kōd (m)	كود
cerradura (f) de contraseña	kōd (m)	كود
telefonillo (m)	garas el bāb (m)	جرس الباب
número (m)	raqam (m)	رقم
placa (f) de puerta	lawḥa (f)	لوحة
mirilla (f)	el 'eyn el seḥriya (m)	العين السحرية

90. La casa de campo

aldea (f)	qarya (f)	قرية
huerta (f)	bostān χoḍār (m)	بستان خضار
empalizada (f)	sūr (m)	سور
valla (f)	sūr (m)	سور
puertecilla (f)	bawwāba far'iya (f)	بوّابة فرعيّة
granero (m)	ʃouna (f)	شونة
sótano (m)	serdāb (m)	سرداب
cobertizo (m)	sa'īfa (f)	سقيفة
pozo (m)	bīr (m)	بير
estufa (f)	forn (m)	فرن
calentar la estufa	awqad el botogāz	أوقد البوتاجاز
leña (f)	ḥaṭab (m)	حطب
leño (m)	'eṭ'et ḥaṭab (f)	قطعة حطب
veranda (f)	varannda (f)	فاراندة
terraza (f)	ʃorfa (f)	شرفة
porche (m)	sellem (m)	سلّم
columpio (m)	morgeyḥa (f)	مرجيحة

91. La villa. La mansión

casa (f) de campo	villa rīfiya (f)	فيلا ريفيّة
villa (f)	villa (f)	فيلا
ala (f)	genāḥ (m)	جناح
jardín (m)	geneyna (f)	جنينة
parque (m)	ḥadīqa (f)	حديقة
invernadero (m) tropical	dafī'a (f)	دفيئة
cuidar (~ el jardín, etc.)	ehtamm	إهتمّ

piscina (f)	ḥammām sebāḥa (m)	حمّام سباحة
gimnasio (m)	gīm (m)	جيم
cancha (f) de tenis	mal'ab tennis (m)	ملعب تنس
sala (f) de cine	sinema manzeliya (f)	سينما منزليّة
garaje (m)	garāʒ (m)	جراج
propiedad (f) privada	melkiya χāṣa (f)	ملكيّة خاصّة
terreno (m) privado	arḍ χāṣa (m)	أرض خاصّة
advertencia (f)	taḥzīr (m)	تحذير
letrero (m) de aviso	lāfetat taḥzīr (f)	لافتة تحذير
seguridad (f)	ḥerāsa (f)	حراسة
guardia (m) de seguridad	ḥāres amn (m)	حارس أمن
alarma (f) antirrobo	gehāz enzār (m)	جهاز إنذار

92. El castillo. El palacio

castillo (m)	'al'a (f)	قلعة
palacio (m)	'aṣr (m)	قصر
fortaleza (f)	'al'a (f)	قلعة
muralla (f)	sūr (m)	سور
torre (f)	borg (m)	برج
torre (f) principal	borbg ra'īsy (m)	برج رئيسي
rastrillo (m)	bāb motaḥarrek (m)	باب متحرّك
pasaje (m) subterráneo	serdāb (m)	سرداب
foso (m) del castillo	χondoq mā'y (m)	خندق مائي
cadena (f)	selsela (f)	سلسلة
aspillera (f)	mozɣal (m)	مزغل
magnífico (adj)	rā'e'	رائع
majestuoso (adj)	mohīb	مهيب
inexpugnable (adj)	manee'	منيع
medieval (adj)	men el qorūn el wosṭa	من القرون الوسطى

93. El apartamento

apartamento (m)	ʃa''a (f)	شقّة
habitación (f)	oḍa (f)	أوضة
dormitorio (m)	oḍet el nome (f)	أوضة النوم
comedor (m)	oḍet el sofra (f)	أوضة السفرة
salón (m)	oḍet el esteqbāl (f)	أوضة الإستقبال
despacho (m)	maktab (m)	مكتب
antecámara (f)	madχal (m)	مدخل
cuarto (m) de baño	ḥammām (m)	حمّام
servicio (m)	ḥammām (m)	حمّام
techo (m)	sa'f (m)	سقف
suelo (m)	arḍiya (f)	أرضية
rincón (m)	zawya (f)	زاوية

94. El apartamento. La limpieza

hacer la limpieza	naḍḍaf	نظّف
quitar (retirar)	ʃāl	شال
polvo (m)	ɣobār (m)	غبار
polvoriento (adj)	meɣabbar	مغبّر
limpiar el polvo	masaḥ el ɣobār	مسح الغبار
aspirador (m), aspiradora (f)	maknasa kahrabā'iya (f)	مكنسة كهربائيّة
limpiar con la aspiradora	naḍḍaf be maknasa kahrabā'iya	نظّف بمكنسة كهربائيّة
barrer (vi, vt)	kanas	كنس
barreduras (f pl)	qomāma (f)	قمامة
orden (m)	nezām (m)	نظام
desorden (m)	fawḍa (m)	فوّضى
fregona (f)	ʃarʃūba (f)	شرشوبة
trapo (m)	mamsaḥa (f)	ممسحة
escoba (f)	ma'sʃa (f)	مقشّة
cogedor (m)	lammāma (f)	لمّامة

95. Los muebles. El interior

muebles (m pl)	asās (m)	أثاث
mesa (f)	maktab (m)	مكتب
silla (f)	korsy (m)	كرسي
cama (f)	serīr (m)	سرير
sofá (m)	kanaba (f)	كنبة
sillón (m)	korsy (m)	كرسي
librería (f)	χazzānet kotob (f)	خزّانة كتب
estante (m)	raff (m)	رفّ
armario (m)	dolāb (m)	دولاب
percha (f)	ʃammā'a (f)	شمّاعة
perchero (m) de pie	ʃammā'a (f)	شمّاعة
cómoda (f)	dolāb adrāg (m)	دولاب أدراج
mesa (f) de café	ṭarabeyzet el 'ahwa (f)	طرابيزة القهوة
espejo (m)	merāya (f)	مراية
tapiz (m)	seggāda (f)	سجّادة
alfombra (f)	seggāda (f)	سجّادة
chimenea (f)	daffāya (f)	دفّاية
vela (f)	ʃam'a (f)	شمعة
candelero (m)	ʃam'adān (m)	شمعدان
cortinas (f pl)	satā'er (pl)	ستائر
empapelado (m)	wara' ḥā'eṭ (m)	ورق حائط
estor (m) de láminas	satā'er ofoqiya (pl)	ستائر أفقيّة
lámpara (f) de mesa	abāʒūr (f)	اباجورة
aplique (m)	lammbet ḥā'eṭ (f)	لمّبة حائط

lámpara (f) de pie	meṣbāḥ arḍy (m)	مصباح أرضي
lámpara (f) de araña	nagafa (f)	نجفة
pata (f) (~ de la mesa)	regl (f)	رجل
brazo (m)	masnad (m)	مسند
espaldar (m)	masnad (m)	مسند
cajón (m)	dorg (m)	درج

96. Los accesorios de cama

ropa (f) de cama	bayāḍāt el serīr (pl)	بياضات السرير
almohada (f)	maχadda (f)	مخدّة
funda (f)	kīs el maχadda (m)	كيس المخدّة
manta (f)	leḥāf (m)	لحاف
sábana (f)	melāya (f)	ملاية
sobrecama (f)	ɣaṭā' el serīr (m)	غطاء السرير

97. La cocina

cocina (f)	maṭbaχ (m)	مطبخ
gas (m)	ɣāz (m)	غاز
cocina (f) de gas	botoɣāz (m)	بوتوغاز
cocina (f) eléctrica	forn kaharabā'y (m)	فرن كهربائي
horno (m)	forn (m)	فرن
horno (m) microondas	mikroweyv (m)	ميكروويف
frigorífico (m)	tallāga (f)	ثلاجة
congelador (m)	freyzer (m)	فريزر
lavavajillas (m)	ɣassālet aṭbā' (f)	غسّالة أطباق
picadora (f) de carne	farrāmet laḥm (f)	فرّامة لحم
exprimidor (m)	'aṣṣāra (f)	عصّارة
tostador (m)	maḥmaṣet χobz (f)	محمصة خبز
batidora (f)	χallāṭ (m)	خلّاط
cafetera (f) (aparato de cocina)	makinet ṣon' el 'ahwa (f)	ماكينة صنع القهوة
cafetera (f) (para servir)	ɣallāya kahraba'iya (f)	غلّاية القهوة
molinillo (m) de café	maṭ-ḥanet 'ahwa (f)	مطحنة قهوة
hervidor (m) de agua	ɣallāya (f)	غلّاية
tetera (f)	barrād el ʃāy (m)	برّاد الشاي
tapa (f)	ɣaṭā' (m)	غطاء
colador (m) de té	maṣfāh el ʃāy (f)	مصفاة الشاي
cuchara (f)	ma'la'a (f)	معلقة
cucharilla (f)	ma'la'et ʃāy (f)	معلقة شاي
cuchara (f) de sopa	ma'la'a kebīra (f)	ملعقة كبيرة
tenedor (m)	ʃawka (f)	شوكة
cuchillo (m)	sekkīna (f)	سكّينة
vajilla (f)	awāny (pl)	أواني
plato (m)	ṭaba' (m)	طبق

platillo (m)	ṭaba' fengān (m)	طبق فنجان
vaso (m) de chupito	kāsa (f)	كاسة
vaso (m) (~ de agua)	kobbāya (f)	كوبّاية
taza (f)	fengān (m)	فنجان
azucarera (f)	sokkariya (f)	سكّريّة
salero (m)	mamlaḥa (f)	مملحة
pimentero (m)	mobhera (f)	مبهرة
mantequera (f)	ṭaba' zebda (m)	طبق زبدة
cacerola (f)	ḥalla (f)	حلّة
sartén (f)	ṭāsa (f)	طاسة
cucharón (m)	maɣrafa (f)	مغرفة
colador (m)	maṣfāh (f)	مصفاه
bandeja (f)	ṣeniya (f)	صينيّة
botella (f)	ezāza (f)	إزازة
tarro (m) de vidrio	barṭamān (m)	برطمان
lata (f)	kanz (m)	كانز
abrebotellas (m)	fattāḥa (f)	فتّاحة
abrelatas (m)	fattāḥa (f)	فتّاحة
sacacorchos (m)	barrīma (f)	بريّمة
filtro (m)	filter (m)	فلتر
filtrar (vt)	ṣaffa	صفّى
basura (f)	zebāla (f)	زبالة
cubo (m) de basura	ṣandū' el zebāla (m)	صندوق الزبالة

98. El baño

cuarto (m) de baño	ḥammām (m)	حمّام
agua (f)	meyāh (f)	مياه
grifo (m)	ḥanafiya (f)	حنفيّة
agua (f) caliente	maya soxna (f)	مايّة سخنة
agua (f) fría	maya barda (f)	مايّة باردة
pasta (f) de dientes	ma'gūn asnān (m)	معجون أسنان
limpiarse los dientes	naḍḍaf el asnān	نظّف الأسنان
cepillo (m) de dientes	forʃet senān (f)	فرشة أسنان
afeitarse (vr)	ḥala'	حلق
espuma (f) de afeitar	raɣwa lel ḥelā'a (f)	رغوة للحلاقة
maquinilla (f) de afeitar	mūs (m)	موس
lavar (vt)	ɣasal	غسل
darse un baño	estaḥamma	إستحمّى
ducha (f)	doʃ (m)	دوش
darse una ducha	axad doʃ	أخد دوش
bañera (f)	banyo (m)	بانيو
inodoro (m)	twalet (m)	تواليت
lavabo (m)	ḥoḍe (m)	حوض
jabón (m)	ṣabūn (m)	صابون

jabonera (f)	ṣabbāna (f)	صبّانة
esponja (f)	līfa (f)	ليفة
champú (m)	ʃambū (m)	شامبو
toalla (f)	fūṭa (f)	فوطة
bata (f) de baño	robe el ḥammām (m)	روب حمّام
colada (f), lavado (m)	ɣasīl (m)	غسيل
lavadora (f)	ɣassāla (f)	غسّالة
lavar la ropa	ɣasal el malābes	غسل الملابس
detergente (m) en polvo	mas-ḥūʾ ɣasīl (m)	مسحوق غسيل

99. Los aparatos domésticos

televisor (m)	televizion (m)	تليفزيون
magnetófono (m)	gehāz tasgīl (m)	جهاز تسجيل
vídeo (m)	ʾāla tasgīl video (f)	آلة تسجيل فيديو
radio (m)	gehāz radio (m)	جهاز راديو
reproductor (m) (~ MP3)	blayer (m)	بليير
proyector (m) de vídeo	gehāz ʿarḍ (m)	جهاز عرض
sistema (m) home cinema	sinema manzeliya (f)	سينما منزليّة
reproductor (m) de DVD	dividī blayer (m)	دي في دي بلير
amplificador (m)	mokabbaer el ṣote (m)	مكبّر الصوت
videoconsola (f)	ʾātāry (m)	أتاري
cámara (f) de vídeo	kamera video (f)	كاميرا فيديو
cámara (f) fotográfica	kamera (f)	كاميرا
cámara (f) digital	kamera diʒital (f)	كاميرا ديجيتال
aspirador (m), aspiradora (f)	maknasa kahrabaʾiya (f)	مكنسة كهربائيّة
plancha (f)	makwa (f)	مكواة
tabla (f) de planchar	lawḥet kayī (f)	لوحة كيّ
teléfono (m)	telefon (m)	تليفون
teléfono (m) móvil	mobile (m)	موبايل
máquina (f) de escribir	ʾāla katba (f)	آلة كاتبة
máquina (f) de coser	makanet el χeyāṭa (f)	مكنة الخياطة
micrófono (m)	mikrofon (m)	ميكروفون
auriculares (m pl)	sammaʿāt raʾsiya (pl)	سمّاعات رأسية
mando (m) a distancia	remowt kontrol (m)	ريموت كنترول
CD (m)	sidī (m)	سي دي
casete (m)	kasett (m)	كاسيت
disco (m) de vinilo	esṭewāna mūsīqa (f)	أسطوانة موسيقى

100. Los arreglos. La renovación

renovación (f)	tagdīdāt (m)	تجديدات
renovar (vt)	gadded	جدّد
reparar (vt)	ṣallaḥ	صلّح
poner en orden	nazzam	نظّم

rehacer (vt)	ʿād	عاد
pintura (f)	dehān (m)	دهان
pintar (las paredes)	dahhen	دهّن
pintor (m)	dahhān (m)	دهّان
brocha (f)	forʃet dehān (f)	فرشاة الدهان
cal (f)	maḥlūl mobayeḍ (m)	محلول مبيّض
encalar (vt)	beyḍ	بيّض
empapelado (m)	wara' ḥā'eṭ (m)	ورق حائط
empapelar (vt)	laṣaq wara' el ḥā'eṭ	لصق ورق الحائط
barniz (m)	warnīʃ (m)	ورنيش
cubrir con barniz	ṭala bel warnīʃ	طلى بالورنيش

101. La plomería

agua (f)	meyāh (f)	مياه
agua (f) caliente	maya soxna (f)	مايّة سخنة
agua (f) fría	maya barda (f)	مايّة باردة
grifo (m)	ḥanafiya (f)	حنفيّة
gota (f)	'aṭra (f)	قطرة
gotear (el grifo)	'aṭṭar	قطّر
gotear (cañería)	sarrab	سرّب
escape (m) de agua	tasarrob (m)	تسرب
charco (m)	berka (f)	بركة
tubo (m)	masūra (f)	ماسورة
válvula (f)	ṣamām (m)	صمام
estar atascado	kān masdūd	كان مسدود
instrumentos (m pl)	adawāt (pl)	أدوات
llave (f) inglesa	el meftāḥ el englīzy (m)	المفتاح الإنجليزي
destornillar (vt)	fataḥ	فتح
atornillar (vt)	aḥkam el ʃadd	أحكم الشدّ
desatascar (vt)	sallek	سلّك
fontanero (m)	samkary (m)	سمكري
sótano (m)	badrome (m)	بدروم
alcantarillado (m)	ʃabaket el magāry (f)	شبكة المجاري

102. El fuego. El incendio

incendio (m)	ḥarī' (m)	حريق
llama (f)	lahab (m)	لهب
chispa (f)	ʃarāra (f)	شرارة
humo (m)	dokxān (m)	دخّان
antorcha (f)	ʃoʿla (f)	شعلة
hoguera (f)	nār moxayem (m)	نار مخيّم
gasolina (f)	banzīn (m)	بنزين
queroseno (m)	kerosīn (m)	كيروسين

inflamable (adj)	qābel lel eḥterāq	قابل للإحتراق
explosivo (adj)	māda motafaggera	مادة متفجّرة
PROHIBIDO FUMAR	mamnū' el tadχīn	ممنوع التدخين
seguridad (f)	amn (m)	أمن
peligro (m)	χaṭar (m)	خطر
peligroso (adj)	χaṭīr	خطير
prenderse fuego	eʃta'al	إشتعل
explosión (f)	enfegār (m)	إنفجار
incendiar (vt)	aʃ'al el nār	أشعل النار
incendiario (m)	moʃ'el ḥarīq 'an 'amd (m)	مشعل حريق عن عمد
incendio (m) provocado	eḥrāq el momtalakāt (m)	إحراق الممتلكات
estar en llamas	awhag	أوهج
arder (vi)	et-ḥara'	إتحرق
incendiarse (vr)	et-ḥara'	إتحرق
llamar a los bomberos	kallim 'ism el ḥarī'	كلّم قسم الحريق
bombero (m)	rāgel el maṭāfy (m)	راجل المطافي
coche (m) de bomberos	sayāret el maṭāfy (f)	سيّارة المطافي
cuerpo (m) de bomberos	'esm el maṭāfy (f)	قسم المطافي
escalera (f) telescópica	sellem el maṭāfy (m)	سلّم المطافي
manguera (f)	χarṭūm el mayya (m)	خرطوم الميّة
extintor (m)	ṭaffayet ḥarī' (f)	طفّاية حريق
casco (m)	χawza (f)	خوذة
sirena (f)	sarīna (f)	سرينة
gritar (vi)	ṣarraχ	صرّخ
pedir socorro	estaɣās	إستغاث
socorrista (m)	monqez (m)	منقذ
salvar (vt)	anqaz	أنقذ
llegar (vi)	weṣel	وصل
apagar (~ el incendio)	ṭaffa	طفّى
agua (f)	meyāh (f)	مياه
arena (f)	raml (m)	رمل
ruinas (f pl)	ḥeṭām (pl)	حطام
colapsarse (vr)	enhār	إنهار
hundirse (vr)	enhār	إنهار
derrumbarse (vr)	enhār	إنهار
trozo (m) (~ del muro)	'eṭ'et ḥeṭām (f)	قطعة حطام
ceniza (f)	ramād (m)	رماد
morir asfixiado	eθχana'	إتخنق
perecer (vi)	māt	مات

LAS ACTIVIDADES DE LA GENTE

El trabajo. Los negocios. Unidad 1

103. La oficina. El trabajo de oficina

oficina (f)	maktab (m)	مكتب
despacho (m)	maktab (m)	مكتب
recepción (f)	este'bāl (m)	إستقبال
secretario (m)	sekerteyr (m)	سكرتير
director (m)	modīr (m)	مدير
manager (m)	modīr (m)	مدير
contable (m)	muḥāseb (m)	محاسب
colaborador (m)	mowazzaf (m)	موظّف
muebles (m pl)	asās (m)	أثاث
escritorio (m)	maktab (m)	مكتب
silla (f)	korsy (m)	كرسي
cajonera (f)	weḥdet adrāg (f)	وحدة أدراج
perchero (m) de pie	ʃammā'a (f)	شمّاعة
ordenador (m)	kombuter (m)	كمبيوتر
impresora (f)	ṭābe'a (f)	طابعة
fax (m)	faks (m)	فاكس
fotocopiadora (f)	'ālet nasχ (f)	آلة نسخ
papel (m)	wara' (m)	ورق
papelería (f)	adawāt maktabiya (pl)	أدوات مكتبية
alfombrilla (f) para ratón	maws bād (m)	ماوس باد
hoja (f) de papel	wara'a (f)	ورقة
carpeta (f)	malaff (m)	ملفّ
catálogo (m)	fehras (m)	فهرس
directorio (m) telefónico	dalīl el telefone (m)	دليل التليفون
documentación (f)	wasā'eq (pl)	وثائق
folleto (m)	naʃra (f)	نشرة
prospecto (m)	manʃūr (m)	منشور
muestra (f)	namūzag (m)	نموذج
reunión (f) de formación	egtemā' tadrīb (m)	إجتماع تدريب
reunión (f)	egtemā' (m)	إجتماع
pausa (f) del almuerzo	fatret el ɣada' (f)	فترة الغذاء
hacer una copia	ṣawwar	صوّر
hacer copias	ṣawwar	صوّر
recibir un fax	estalam faks	إستلم فاكس
enviar un fax	ba'at faks	بعت فاكس
llamar por teléfono	ettaṣal	إتّصل

responder (vi, vt)	gāwab	جاوب
poner en comunicación	waṣṣal	وصّل
fijar (~ una reunión)	ḥadded	حدّد
demostrar (vt)	ʿaraḍ	عرض
estar ausente	ɣāb	غاب
ausencia (f)	ɣeyāb (m)	غياب

104. Los procesos de negocio. Unidad 1

ocupación (f)	ʃoɣl (m)	شغل
firma (f)	ʃerka (f)	شركة
compañía (f)	ʃerka (f)	شركة
corporación (f)	mo'assasa tegariya (f)	مؤسسة تجارية
empresa (f)	ʃerka (f)	شركة
agencia (f)	wekāla (f)	وكالة
acuerdo (m)	ettefaqiya (f)	إتّفاقية
contrato (m)	ʿa'd (m)	عقد
trato (m), acuerdo (m)	ṣafqa (f)	صفقة
pedido (m)	ṭalab (m)	طلب
condición (f) del contrato	ʃorūṭ (pl)	شروط
al por mayor (adv)	bel gomla	بالجملة
al por mayor (adj)	el gomla	الجملة
venta (f) al por mayor	beyʿ bel gomla (m)	بيع بالجملة
al por menor (adj)	yebeeʿ bel tagze'a	يبيع بالتجزئة
venta (f) al por menor	maḥal yebeeʿ bel tagze'a (m)	محل يبيع بالتجزئة
competidor (m)	monāfes (m)	منافس
competencia (f)	monafsa (f)	منافسة
competir (vi)	nāfes	نافس
socio (m)	ʃerīk (m)	شريك
sociedad (f)	ʃarāka (f)	شراكة
crisis (f)	azma (f)	أزمة
bancarrota (f)	eflās (m)	إفلاس
ir a la bancarrota	falles	فلّس
dificultad (f)	ṣoʿūba (f)	صعوبة
problema (m)	moʃkela (f)	مشكلة
catástrofe (f)	karsa (f)	كارثة
economía (f)	eqtiṣād (m)	إقتصاد
económico (adj)	eqteṣādy	إقتصادي
recesión (f) económica	rokūd eqteṣādy (m)	ركود إقتصادي
meta (f)	hadaf (m)	هدف
objetivo (m)	mohemma (f)	مهمّة
comerciar (vi)	tāger	تاجر
red (f) (~ comercial)	ʃabaka (f)	شبكة
existencias (f pl)	el maxzūn (m)	المخزون
surtido (m)	taʃkīla (f)	تشكيلة

líder (m)	qā'ed (m)	قائد
grande (empresa ~)	kebīr	كبير
monopolio (m)	eḥtekār (m)	إحتكار
teoría (f)	naẓariya (f)	نظريّة
práctica (f)	momarsa (f)	ممارسة
experiencia (f)	χebra (f)	خبرة
tendencia (f)	ettegāh (m)	إتّجاه
desarrollo (m)	tanmeya (f)	تنمية

105. Los procesos de negocio. Unidad 2

rentabilidad (f)	rebḥ (m)	ربح
rentable (adj)	morbeh	مربح
delegación (f)	wafd (m)	وفد
salario (m)	morattab (m)	مرتّب
corregir (un error)	ṣaḥḥaḥ	صحّح
viaje (m) de negocios	reḥlet 'amal (f)	رحلة عمل
comisión (f)	lagna (f)	لجنة
controlar (vt)	et-ḥakkem	إتحكّم
conferencia (f)	mo'tamar (m)	مؤتمر
licencia (f)	roχṣa (f)	رخصة
fiable (socio ~)	mawsūq	موثوق
iniciativa (f)	mobadra (f)	مبادرة
norma (f)	me'yār (m)	معيار
circunstancia (f)	ẓarf (m)	ظرف
deber (m)	wāgeb (m)	واجب
empresa (f)	monaẓẓama (f)	منظّمة
organización (f) (proceso)	tanẓīm (m)	تنظيم
organizado (adj)	monaẓẓam	منظّم
anulación (f)	elγā' (m)	إلغاء
anular (vt)	alγa	ألغى
informe (m)	ta'rīr (m)	تقرير
patente (m)	bara'et el eχterā' (f)	براءة الإختراع
patentar (vt)	saggel barā'et eχterā'	سجّل براءة الإختراع
planear (vt)	χaṭṭet	خطّط
premio (m)	'alāwa (f)	علاوة
profesional (adj)	mehany	مهني
procedimiento (m)	egrā' (m)	إجراء
examinar (vt)	baḥs fi	بحث في
cálculo (m)	ḥesāb (m)	حساب
reputación (f)	som'a (f)	سمعة
riesgo (m)	moχaṭra (f)	مخاطرة
dirigir (administrar)	adār	أدار
información (f)	ma'lumāt (pl)	معلومات
propiedad (f)	melkiya (f)	ملكيّة

unión (f)	etteḥād (m)	إتّحاد
seguro (m) de vida	ta'mīn 'alal ḥayah (m)	تأمين على الحياة
asegurar (vt)	ammen	أمّن
seguro (m)	ta'mīn (m)	تأمين
subasta (f)	mazād (m)	مزاد
notificar (informar)	ballaɣ	بلّغ
gestión (f)	edāra (f)	إدارة
servicio (m)	χadma (f)	خدمة
foro (m)	nadwa (f)	ندوة
funcionar (vi)	adda waẓīfa	أدّى وظيفة
etapa (f)	marḥala (f)	مرحلة
jurídico (servicios ~s)	qanūniya	قانونية
jurista (m)	muḥāmy (m)	محامي

106. La producción. Los trabajos

planta (f)	maṣna' (m)	مصنع
fábrica (f)	maṣna' (m)	مصنع
taller (m)	warʃa (f)	ورشة
planta (f) de producción	maṣna' (m)	مصنع
industria (f)	ṣenā'a (f)	صناعة
industrial (adj)	ṣenā'y	صناعي
industria (f) pesada	ṣenā'a te'īla (f)	صناعة ثقيلة
industria (f) ligera	ṣenā'a χafīfa (f)	صناعة خفيفة
producción (f)	montagāt (pl)	منتجات
producir (vt)	antag	أنتج
materias (f pl) primas	mawād χām (pl)	مواد خام
jefe (m) de brigada	ra'īs el 'ommāl (m)	رئيس العمّال
brigada (f)	farī' el 'ommāl (m)	فريق العمّال
obrero (m)	'āmel (m)	عامل
día (m) de trabajo	yome 'amal (m)	يوم عمل
descanso (m)	rāḥa (f)	راحة
reunión (f)	egtemā' (m)	إجتماع
discutir (vt)	nā'eʃ	ناقش
plan (m)	χeṭṭa (f)	خطّة
cumplir el plan	naffez el χeṭṭa	نفّذ الخطّة
tasa (f) de producción	mo'addal el entāg (m)	معدّل الإنتاج
calidad (f)	gawda (f)	جودة
control (m)	taftīʃ (m)	تفتيش
control (m) de calidad	ḍabṭ el gawda (m)	ضبط الجودة
seguridad (f) de trabajo	salāmet makān el 'amal (f)	سلامة مكان العمل
disciplina (f)	enḍebāṭ (m)	إنضباط
infracción (f)	moχalfa (f)	مخالفة
violar (las reglas)	χālef	خالف
huelga (f)	eḍrāb (m)	إضراب
huelguista (m)	moḍrab (m)	مضرب

estar en huelga	aḍrab	أضرب
sindicato (m)	etteḥād el ʿomāl (m)	إتّحاد العمال
inventar (máquina, etc.)	eχtaraʿ	إخترع
invención (f)	eχterāʿ (m)	إختراع
investigación (f)	baḥs (m)	بحث
mejorar (vt)	ḥassen	حسّن
tecnología (f)	teknoloʒia (f)	تكنولوجيا
dibujo (m) técnico	rasm teqany (m)	رسم تقني
cargamento (m)	ʃaḥn (m)	شحن
cargador (m)	ʃayāl (m)	شيّال
cargar (camión, etc.)	ʃaḥn	شحن
carga (f) (proceso)	taḥmīl (m)	تحميل
descargar (vt)	farraɣ	فرّغ
descarga (f)	tafrīɣ (m)	تفريغ
transporte (m)	wasāʾel el naʾl (pl)	وسائل النقل
compañía (f) de transporte	ʃerket naʾl (f)	شركة نقل
transportar (vt)	naʾal	نقل
vagón (m)	ʿarabet ʃaḥn (f)	عربة شحن
cisterna (f)	χazzān (m)	خزّان
camión (m)	ʃāḥena (f)	شاحنة
máquina (f) herramienta	makana (f)	مكنة
mecanismo (m)	ʾāliya (f)	آليّة
desperdicios (m pl)	moχallafāt ṣenaʿiya (pl)	مخلفات صناعية
empaquetado (m)	taʿbeʾa (f)	تعبئة
empaquetar (vt)	ʿabba	عبّأ

107. El contrato. El acuerdo

contrato (m)	ʿaʾd (m)	عقد
acuerdo (m)	ettefāʾ (m)	إتّفاق
anexo (m)	molḥaʾ (m)	ملحق
firmar un contrato	waqqaʿ ʿala ʿaʾd	وقّع على عقد
firma (f) (nombre)	tawqeeʿ (m)	توقيع
firmar (vt)	waqqaʿ	وقّع
sello (m)	χetm (m)	ختم
objeto (m) del acuerdo	mawḍūʿ el ʿaʾd (m)	موضوع العقد
cláusula (f)	band (m)	بند
partes (f pl)	aṭrāf (pl)	أطراف
domicilio (m) legal	ʿenwān qanūny (m)	عنوان قانوني
violar el contrato	χālef el ʿaʾd	خالف العقد
obligación (f)	eltezām (m)	إلتزام
responsabilidad (f)	masʾoliya (f)	مسؤوليّة
fuerza mayor (f)	ʾowwa qāhera (m)	قوّة قاهرة
disputa (f)	χelāf (m)	خلاف
penalidades (f pl)	ʿoqobāt (pl)	عقوبات

108. Importación y exportación

importación (f)	esterād (m)	إستيراد
importador (m)	mostawred (m)	مستورّد
importar (vt)	estawrad	إستورّد
de importación (adj)	wāred	وارد
exportación (f)	taṣdīr (m)	تصدير
exportador (m)	moṣadder (m)	مصدّر
exportar (vt)	ṣaddar	صدّر
de exportación (adj)	sādir	صادر
mercancía (f)	baḍā'e' (pl)	بضائع
lote (m) de mercancías	ʃoḥna (f)	شحنة
peso (m)	wazn (m)	وزن
volumen (m)	ḥagm (m)	حجم
metro (m) cúbico	metr moka''ab (m)	متر مكعّب
productor (m)	el ʃerka el moṣanne'a (f)	الشركة المصنّعة
compañía (f) de transporte	ʃerket na'l (f)	شركة نقل
contenedor (m)	ḥāweya (f)	حاوية
frontera (f)	ḥadd (m)	حدّ
aduana (f)	gamārek (pl)	جمارك
derechos (m pl) arancelarios	rasm gomroky (m)	رسم جمركي
aduanero (m)	mowazzaf el gamārek (m)	موظّف الجمارك
contrabandismo (m)	tahrīb (m)	تهريب
contrabando (m)	beḍā'a moharraba (pl)	بضاعة مهربة

109. Las finanzas

acción (f)	sahm (m)	سهم
bono (m), obligación (f)	sanad (m)	سند
letra (f) de cambio	kembyāla (f)	كمبيالة
bolsa (f)	borṣa (f)	بورصة
cotización (f) de valores	se'r el sahm (m)	سعر السهم
abaratarse (vr)	reχeṣ	رخص
encarecerse (vr)	ʃely	غلي
parte (f)	naṣīb (m)	نصيب
interés (m) mayoritario	el magmū'a el mosayṭara (f)	المجموعة المسيطرة
inversiones (f pl)	estesmār (pl)	إستثمار
invertir (vi, vt)	estasmar	إستثمر
porcentaje (m)	bel me'a - bel miya	بالمئة
interés (m)	fayda (f)	فائدة
beneficio (m)	rebḥ (m)	ربح
beneficioso (adj)	morbeḥ	مربح
impuesto (m)	ḍarība (f)	ضريبة
divisa (f)	'omla (f)	عملة

nacional (adj)	waṭany	وطني
cambio (m)	taḥwīl (m)	تحويل
contable (m)	muḥāseb (m)	محاسب
contaduría (f)	maḥasba (f)	محاسبة
bancarrota (f)	eflās (m)	إفلاس
quiebra (f)	enheyār (m)	إنهيار
ruina (f)	eflās (m)	إفلاس
arruinarse (vr)	falles	فلّس
inflación (f)	taḍakχom māly (m)	تضخّم مالي
devaluación (f)	taχfīḍ qīmet ʿomla (m)	تخفيض قيمة عملة
capital (m)	ra'ʼs māl (m)	رأس مال
ingresos (m pl)	daχl (m)	دخل
volumen (m) de negocio	dawret ra'ʼs el māl (f)	دورة رأس المال
recursos (m pl)	mawāred (pl)	موارد
recursos (m pl) monetarios	el mawāred el naqdiya (pl)	الموارد النقديّة
gastos (m pl) accesorios	nafa'ʼāt ʿāmma (pl)	نفقات عامّة
reducir (vt)	χaffaḍ	خفّض

110. La mercadotecnia

mercadotecnia (f)	taswī' (m)	تسويق
mercado (m)	sū' (f)	سوق
segmento (m) del mercado	qaṭāʿ el sū' (m)	قطاع السوق
producto (m)	montag (m)	منتج
mercancía (f)	baḍā'eʿ (pl)	بضائع
marca (f)	mārka (f)	ماركة
marca (f) comercial	marka tegāriya (f)	ماركة تجاريّة
logotipo (m)	ʃeʿār (m)	شعار
logo (m)	ʃeʿār (m)	شعار
demanda (f)	ṭalab (m)	طلب
oferta (f)	mU'Iddāt (pl)	معدّات
necesidad (f)	ḥāga (f)	حاجة
consumidor (m)	mostahlek (m)	مستهلك
análisis (m)	taḥlīl (m)	تحليل
analizar (vt)	ḥallel	حلّل
posicionamiento (m)	waḍʿ (m)	وضع
posicionar (vt)	waḍaʿ	وضع
precio (m)	seʿr (m)	سعر
política (f) de precios	seyāset el asʿār (f)	سياسة الأسعار
formación (f) de precios	taʃkīl el asʿār (m)	تشكيل الأسعار

111. La publicidad

publicidad (f)	eʿlān (m)	إعلان
publicitar (vt)	aʿlan	أعلن

presupuesto (m)	mezaniya (f)	ميزانية
anuncio (m) publicitario	eʿlān (m)	إعلان
publicidad (f) televisiva	eʿlān fel televizīon (m)	إعلان في التليفزيون
publicidad (f) radiofónica	eʿlān fel radio (m)	إعلان في الراديو
publicidad (f) exterior	eʿlān zahery (m)	إعلان ظاهري
medios (m pl) de comunicación de masas	wasāʾel el eʿlām (pl)	وسائل الإعلام
periódico (m)	magalla dawriya (f)	مجلّة دوريّة
imagen (f)	imyʒ (m)	إيميج
consigna (f)	ʃeʿār (m)	شعار
divisa (f)	ʃeʿār (m)	شعار
campaña (f)	ḥamla (f)	حملة
campaña (f) publicitaria	ḥamla eʿlaniya (f)	حملة إعلانيّة
auditorio (m) objetivo	magmūʿa mostahdafa (f)	مجموعة مستهدفة
tarjeta (f) de visita	kart el ʿamal (m)	كارت العمل
prospecto (m)	manʃūr (m)	منشور
folleto (m)	naʃra (f)	نشرة
panfleto (m)	kotayeb (m)	كتيّب
boletín (m)	naʃra eχbariya (f)	نشرة إخبارية
letrero (m) (~ luminoso)	yafṭa, lāfeta (f)	لافتة, يافطة
pancarta (f)	boster (m)	بوستر
valla (f) publicitaria	lawḥet eʿlanāt (f)	لوحة إعلانات

112. La banca

banco (m)	bank (m)	بنك
sucursal (f)	farʿ (m)	فرع
consultor (m)	mowazzaf bank (m)	موظّف بنك
gerente (m)	modīr (m)	مدير
cuenta (f)	ḥesāb bank (m)	حساب بنك
numero (m) de la cuenta	raqam el ḥesāb (m)	رقم الحساب
cuenta (f) corriente	ḥesāb gāry (m)	حساب جاري
cuenta (f) de ahorros	ḥesāb tawfīr (m)	حساب توّفير
abrir una cuenta	fataḥ ḥesāb	فتح حساب
cerrar la cuenta	ʾafal ḥesāb	قفل حساب
ingresar en la cuenta	awdaʿ fel ḥesāb	أودع في الحساب
sacar de la cuenta	saḥab men el ḥesāb	سحب من الحساب
depósito (m)	wadeeʿa (f)	وديعة
hacer un depósito	awdaʿ	أودع
giro (m) bancario	ḥewāla maṣrefiya (f)	حوالة مصرفيّة
hacer un giro	ḥawwel	حوّل
suma (f)	mablaɣ (m)	مبلغ
¿Cuánto?	kām?	كام؟

firma (f) (nombre)	tawqee' (m)	توقيع
firmar (vt)	waqqa'	وقّع
tarjeta (f) de crédito	kredit kard (f)	كريدت كارد
código (m)	kōd (m)	كود
número (m) de tarjeta de crédito	raqam el kredit kard (m)	رقم الكريدت كارد
cajero (m) automático	makinet ṣarrāf 'āly (f)	ماكينة صرّاف آلي
cheque (m)	ʃīk (m)	شيك
sacar un cheque	katab ʃīk	كتب شيك
talonario (m)	daftar ʃikāt (m)	دفتر شيكات
crédito (m)	qarḍ (m)	قرض
pedir el crédito	'addem ṭalab 'ala qarḍ	قدّم طلب على قرض
obtener un crédito	ḥaṣal 'ala qarḍ	حصل على قرض
conceder un crédito	edda qarḍ	ادّى قرض
garantía (f)	ḍamān (m)	ضمان

113. El teléfono. Las conversaciones telefónicas

teléfono (m)	telefon (m)	تليفون
teléfono (m) móvil	mobile (m)	موبايل
contestador (m)	gehāz radd 'alal mokalmāt (m)	جهاز ردّ على المكالمات
llamar, telefonear	ettaṣal	إتّصل
llamada (f)	mokalma telefoniya (f)	مكالمة تليفونية
marcar un número	ettaṣal be raqam	إتّصل برقم
¿Sí?, ¿Dígame?	alo!	ألو!
preguntar (vt)	sa'al	سأل
responder (vi, vt)	radd	ردّ
oír (vt)	seme'	سمع
bien (adv)	kewayes	كويّس
mal (adv)	meʃ kowayīs	مش كويّس
ruidos (m pl)	taʃwīʃ (m)	تشويش
auricular (m)	sammā'a (f)	سمّاعة
descolgar (el teléfono)	rafa' el sammā'a	رفع السمّاعة
colgar el auricular	'afal el sammā'a	قفل السمّاعة
ocupado (adj)	maʃɣūl	مشغول
sonar (teléfono)	rann	رنّ
guía (f) de teléfonos	dalīl el telefone (m)	دليل التليفون
local (adj)	maḥalliya	ة محلّيّة
llamada (f) local	mokalma maḥalliya (f)	مكالمة محلّيّة
de larga distancia	bi'īd	بعيد
llamada (f) de larga distancia	mokalma bi'īda (f)	مكالمة بعيدة المدى
internacional (adj)	dowly	دولي
llamada (f) internacional	mokalma dowliya (f)	مكالمة دوليّة

114. El teléfono celular

teléfono (m) móvil	mobile (m)	موبايل
pantalla (f)	ʿarḍ (m)	عرض
botón (m)	zerr (m)	زر
tarjeta SIM (f)	sim kard (m)	سيم كارد
pila (f)	baṭṭariya (f)	بطّاريّة
descargarse (vr)	χelṣet	خلصت
cargador (m)	ʃāḥen (m)	شاحن
menú (m)	qā'ema (f)	قائمة
preferencias (f pl)	awḍāʿ (pl)	أوضاع
melodía (f)	naɣama (f)	نغمة
seleccionar (vt)	eχtār	إختار
calculadora (f)	'āla ḥasba (f)	آلة حاسبة
contestador (m)	barīd ṣawty (m)	بريد صوتي
despertador (m)	monabbeh (m)	منبّه
contactos (m pl)	gehāt el etteṣāl (pl)	جهات الإتّصال
mensaje (m) de texto	resāla 'aṣīra ɛsɛmɛs (f)	sms رسالة قصيرة
abonado (m)	moʃtarek (m)	مشترك

115. Los artículos de escritorio. La papelería

bolígrafo (m)	'alam gāf (m)	قلم جاف
pluma (f) estilográfica	'alam rīʃa (m)	قلم ريشة
lápiz (m)	'alam roṣāṣ (m)	قلم رصاص
marcador (m)	markar (m)	ماركر
rotulador (m)	'alam fulumaster (m)	قلم فلوماستر
bloc (m) de notas	mozakkera (f)	مذكّرة
agenda (f)	gadwal el aʿmāl (m)	جدول الأعمال
regla (f)	masṭara (f)	مسطرة
calculadora (f)	'āla ḥasba (f)	آلة حاسبة
goma (f) de borrar	astīka (f)	استيكة
chincheta (f)	dabbūs (m)	دبّوس
clip (m)	dabbūs wara' (m)	دبّوس ورق
cola (f), pegamento (m)	ṣamɣ (m)	صمغ
grapadora (f)	dabbāsa (f)	دبّاسة
perforador (m)	χarrāma (m)	خرّامة
sacapuntas (m)	barrāya (f)	برّاية

116. Diversos tipos de documentación

informe (m)	ta'rīr (m)	تقرير
acuerdo (m)	ettefā' (m)	إتّفاق

formulario (m) de solicitud	estemāret ṭalab (m)	إستمارة طلب
auténtico (adj)	aṣly	أصلي
tarjeta (f) de identificación	ʃāra (f)	شارة
tarjeta (f) de visita	kart el ʿamal (m)	كارت العمل
certificado (m)	ʃahāda (f)	شهادة
cheque (m) bancario	ʃīk (m)	شيك
cuenta (f) (restaurante)	ḥesāb (m)	حساب
constitución (f)	dostūr (m)	دستور
contrato (m)	ʿaʾd (m)	عقد
copia (f)	ṣūra (f)	صورة
ejemplar (m)	nosχa (f)	نسخة
declaración (f) de aduana	taṣrīḥ gomroky (m)	تصريح جمركي
documento (m)	wasīqa (f)	وثيقة
permiso (m) de conducir	roχṣet el qeyāda (f)	رخصة قيادة
anexo (m)	molḥaʾ (m)	ملحق
cuestionario (m)	estemāra (f)	استمارة
carnet (m) de identidad	beṭāʾet el hawiya (f)	بطاقة الهويّة
solicitud (f) de información	estefsār (m)	إستفسار
tarjeta (f) de invitación	beṭāʾet daʿwa (f)	بطاقة دعوة
factura (f)	fatūra (f)	فاتورة
ley (f)	qanūn (m)	قانون
carta (f)	resāla (f)	رسالة
hoja (f) membretada	tarwīsa (f)	ترويسة
lista (f) (de nombres, etc.)	qāʾema (f)	قائمة
manuscrito (m)	maχṭūṭa (f)	مخطوطة
boletín (m)	naʃra eχbariya (f)	نشرة إخبارية
nota (f) (mensaje)	nouta (f)	نوتة
pase (m) (permiso)	beṭāʾet morūr (f)	بطاقة مرور
pasaporte (m)	basbore (m)	باسبور
permiso (m)	roχṣa (f)	رخصة
curriculum vitae (m)	sīra zātiya (f)	سيرة ذاتيّة
pagaré (m)	mozakkeret deyn (f)	مذكّرة دين
recibo (m)	eṣāl (m)	إيصال
ticket (m) de compra	eṣāl (m)	إيصال
informe (m)	taʾrīr (m)	تقرير
presentar (identificación)	ʾaddem	قدّم
firmar (vt)	waqqaʿ	وقّع
firma (f) (nombre)	tawqeeʿ (m)	توقيع
sello (m)	χetm (m)	ختم
texto (m)	noṣṣ (m)	نصّ
billete (m)	tazkara (f)	تذكرة
tachar (vt)	ʃaṭab	شطب
rellenar (vt)	mala	ملأ
guía (f) de embarque	bolīṣet ʃaḥn (f)	بوليصة شحن
testamento (m)	waṣiya (f)	وصيّة

117. Tipos de negocios

agencia (f) de empleo	wekālet tawẓīf (f)	وكالة توّظيف
agencia (f) de información	wekāla eχbariya (f)	وكالة إخبارية
agencia (f) de publicidad	wekālet eʿlān (f)	وكالة إعلان
agencia (f) de seguridad	ʃerket amn (f)	شركة أمن
almacén (m)	mostawdaʿ (m)	مستوّدع
antigüedad (f)	toḥaf (pl)	تحف
asesoría (f) jurídica	χedamāt qanūniya (pl)	خدمات قانونيّة
servicios (m pl) de auditoría	χedamāt faḥṣ el ḥesābāt (pl)	خدمات فحص الحسابات
bar (m)	bār (m)	بار
bebidas (f pl) alcohólicas	maʃrūbāt koḥūliya (pl)	مشروبات كحوليّة
bolsa (f) de comercio	borṣa (f)	بورصة
casino (m)	kazino (m)	كازينو
centro (m) de negocios	markaz tegāry (m)	مركز تجاري
fábrica (f) de cerveza	maṣnaʿ bīra (m)	مصنع بيرة
cine (m) (iremos al ~)	sinema (f)	سينما
climatizadores (m pl)	takyīf (m)	تكييف
club (m) nocturno	malha leyly (m)	ملهى ليّلي
comercio (m)	tegāra (f)	تجارة
productos alimenticios	akl (m)	أكل
compañía (f) aérea	ʃerket ṭayarān (f)	شركة طيران
construcción (f)	benāʾ (m)	بناء
contabilidad (f)	χedamāt moḥasba (pl)	خدمات محاسبة
deporte (m)	reyāḍa (f)	رياضة
diseño (m)	taṣmīm (m)	تصميم
editorial (f)	dar el ṭebāʿa wel naʃr (f)	دار الطباعة والنشر
escuela (f) de negocios	kolliyet edāret el aʿmāl (f)	كليّة إدارة الأعمال
estomatología (f)	ʿeyādet asnān (f)	عيادة أسنان
farmacia (f)	ṣaydaliya (f)	صيدليّة
industria (f) farmacéutica	ṣaydala (f)	صيدلة
funeraria (f)	maktab motaʿahhed el dafn (m)	مكتب متعهّد الدفن
galería (f) de arte	maʿraḍ fanny (m)	معرض فنّي
helado (m)	ʾays krīm (m)	آيس كريم
hotel (m)	fondoʾ (m)	فندق
industria (f)	ṣenāʿa (f)	صناعة
industria (f) ligera	ṣenāʿa χafīfa (f)	صناعة خفيفة
inmueble (m)	ʿeqarāt (pl)	عقارات
internet (m), red (f)	internet (m)	إنترنت
inversiones (f pl)	estesmarāt (pl)	إستثمارات
joyería (f)	mogawharāt (pl)	مجوّهرات
joyero (m)	ṣāʾeɣ (m)	صائغ
lavandería (f)	maɣsala (f)	مغسلة
librería (f)	maḥal kotob (m)	محل كتب
medicina (f)	ṭebb (m)	طبّ

muebles (m pl)	asās (m)	أثاث
museo (m)	mat-ḥaf (m)	متحف
negocio (m) bancario	el qeṭāʿ el maṣrefy (m)	القطاع المصرفي
periódico (m)	garīda (f)	جريدة
petróleo (m)	nafṭ (m)	نفط
piscina (f)	ḥammām sebāḥa (m)	حمّام سباحة
poligrafía (f)	ṭebāʿa (f)	طباعة
publicidad (f)	eʿlān (m)	إعلان
radio (f)	radio (m)	راديو
recojo (m) de basura	gamaʿ el nefayāt (m)	جمع النفايات
restaurante (m)	maṭʿam (m)	مطعم
revista (f)	magalla (f)	مجلّة
ropa (f)	malābes (pl)	ملابس
salón (m) de belleza	ṣalone tagmīl (m)	صالون تجميل
seguro (m)	taʾmīn (m)	تأمين
servicio (m) de entrega	χedamāt el ʃaḥn (pl)	خدمات الشحن
servicios (m pl) financieros	χedamāt māliya (pl)	خدمات ماليّة
supermercado (m)	subermarket (m)	سوبرماركت
taller (m)	maḥal χeyāṭa (m)	محل خياطة
teatro (m)	masraḥ (m)	مسرح
televisión (f)	televizion (m)	تليفزيون
tienda (f)	maḥal (m)	محل
tintorería (f)	dray klīn (m)	دراي كلين
servicios de transporte	wasāʾel el naʾl (pl)	وسائل النقل
turismo (m)	safar (m)	سفر
venta (f) por catálogo	beyʿ be neẓām el barīd (m)	بيع بنظام البريد
veterinario (m)	doktore beṭary (m)	دكتور بيطري
consultoría (f)	esteʃāra (f)	إستشارة

El trabajo. Los negocios. Unidad 2

118. La exhibición. La feria comercial

exposición, feria (f)	maʿraḍ (m)	معرض
feria (f) comercial	maʿraḍ tegāry (m)	معرض تجاري
participación (f)	eʃterāk (m)	إشتراك
participar (vi)	ʃārek	شارك
participante (m)	moʃtarek (m)	مشترك
director (m)	modīr (m)	مدير
dirección (f)	maktab el monazzemīn (m)	مكتب المنظّمين
organizador (m)	monazzem (m)	منظّم
organizar (vt)	nazzam	نظّم
solicitud (f) de participación	estemāret el eʃterak (f)	إستمارة الإشتراك
rellenar (vt)	mala	ملأ
detalles (m pl)	tafaṣīl (pl)	تفاصيل
información (f)	esteʿlamāt (pl)	إستعلامات
precio (m)	seʿr (m)	سعر
incluso	bema feyh	بما فيه
incluir (vt)	taḍamman	تضمّن
pagar (vi, vt)	dafaʿ	دفع
cuota (f) de registro	rosūm el tasgīl (pl)	رسوم التسجيل
entrada (f)	madχal (m)	مدخل
pabellón (m)	genāḥ (m)	جناح
registrar (vt)	saggel	سجّل
tarjeta (f) de identificación	ʃāra (f)	شارة
stand (m) de feria	koʃk (m)	كشك
reservar (vt)	ḥagaz	حجز
vitrina (f)	vatrīna (f)	فترينة
lámpara (f)	kasʃāf el nūr (m)	كشّاف النور
diseño (m)	taṣmīm (m)	تصميم
poner (colocar)	ḥaṭṭ	حطّ
distribuidor (m)	mowazzeʿ (m)	موزّع
proveedor (m)	mowarred (m)	مورّد
país (m)	balad (m)	بلد
extranjero (adj)	agnaby	أجنبي
producto (m)	montag (m)	منتج
asociación (f)	gamʿiya (f)	جمعيّة
sala (f) de conferencias	qāʿet el moʿtamarāt (f)	قاعة المؤتمرات
congreso (m)	moʾtamar (m)	مؤتمر

concurso (m)	mosab'a (f)	مسابقة
visitante (m)	zā'er (m)	زائر
visitar (vt)	ḥaḍar	حضر
cliente (m)	zobūn (m)	زبون

119. Medios de comunicación de masas

periódico (m)	garīda (f)	جريدة
revista (f)	magalla (f)	مجلّة
prensa (f)	ṣaḥāfa (f)	صحافة
radio (f)	radio (m)	راديو
estación (f) de radio	maḥaṭṭet radio (f)	محطّة راديو
televisión (f)	televizion (m)	تليفزيون
presentador (m)	mo'addem (m)	مقدّم
presentador (m) de noticias	mozee' (m)	مذيع
comentarista (m)	mo'alleq (m)	معلّق
periodista (m)	ṣaḥafy (m)	صحفي
corresponsal (m)	morāsel (m)	مراسل
corresponsal (m) fotográfico	moṣawwer ṣaḥafy (m)	مصوّر صحفي
reportero (m)	ṣaḥafy (m)	صحفي
redactor (m)	moḥarrer (m)	محرّر
redactor jefe (m)	ra'īs taḥrīr (m)	رئيس تحرير
suscribirse (vr)	eʃtarak	إشترك
suscripción (f)	eʃterāk (m)	إشتراك
suscriptor (m)	moʃtarek (m)	مشترك
leer (vi, vt)	'ara	قرأ
lector (m)	qāre' (m)	قارئ
tirada (f)	tadāwol (m)	تداول
mensual (adj)	ʃahry	شهري
semanal (adj)	osbū'y	أسبوعي
número (m)	'adad (m)	عدد
nuevo (~ número)	gedīd	جديد
titular (m)	'enwān (m)	عنوان
noticia (f)	maqāla saɣīra (f)	مقالة قصيرة
columna (f)	'amūd (m)	عمود
artículo (m)	maqāla (f)	مقالة
página (f)	ṣafḥa (f)	صفحة
reportaje (m)	rebortāʒ (m)	ريبورتاج
evento (m)	ḥadass (m)	حدث
sensación (f)	ḍagga (f)	ضجّة
escándalo (m)	feḍīḥa (f)	فضيحة
escandaloso (adj)	fāḍeḥ	فاضح
gran (~ escándalo)	ʃahīr	شهير
emisión (f)	barnāmeg (m)	برنامج
entrevista (f)	leqā' ṣaḥafy (m)	لقاء صحفي
transmisión (f) en vivo	ezā'a mobāʃera (f)	إذاعة مباشرة
canal (m)	qanah (f)	قناة

120. La agricultura

agricultura (f)	zerāʿa (f)	زراعة
campesino (m)	fallāḥ (m)	فلاّح
campesina (f)	fallāḥa (f)	فلاّحة
granjero (m)	mozāreʿ (m)	مزارع
tractor (m)	garrār (m)	جرّار
cosechadora (f)	ḥaṣṣāda (f)	حصّادة
arado (m)	meḥrās (m)	محراث
arar (vi, vt)	ḥaras	حرث
labrado (m)	ḥaql maḥrūθ (m)	حقل محروث
surco (m)	talem (m)	تلم
sembrar (vi, vt)	bezr	بذر
sembradora (f)	bazzara (f)	بذّارة
siembra (f)	zarʿ (m)	زرع
guadaña (f)	meḥasʃ (m)	محشّ
segar (vi, vt)	ḥasʃ	حشّ
pala (f)	karīk (m)	كريك
layar (vt)	ḥaras	حرث
azada (f)	magrafa (f)	مجرفة
sachar, escardar	estʾṣal nabatāt	إستأصل نباتات
mala hierba (f)	nabāt ṭafayly (m)	نبات طفيّلي
regadera (f)	raʃāʃa (f)	رشّاشة
regar (plantas)	saʾa	سقى
riego (m)	saʾy (m)	سقي
horquilla (f)	mazrāh (f)	مذراة
rastrillo (m)	madamma (f)	مدمّة
fertilizante (m)	semād (m)	سماد
abonar (vt)	sammed	سمّد
estiércol (m)	semād (m)	سماد
campo (m)	ḥaql (m)	حقل
prado (m)	marag (m)	مرج
huerta (f)	bostān χoḍār (m)	بستان خضار
jardín (m)	bostān (m)	بستان
pacer (vt)	raʿa	رعى
pastor (m)	rāʿy (m)	راعي
pastadero (m)	marʿa (m)	مرعى
ganadería (f)	tarbeya el mawāʃy (f)	تربية المواشي
cría (f) de ovejas	tarbeya aɣnām (f)	تربية أغنام
plantación (f)	mazraʿa (f)	مزرعة
hilera (f) (~ de cebollas)	ḥoḍe (m)	حوض
invernadero (m)	dafīʾa (f)	دفيئة

sequía (f)	gafāf (m)	جفاف
seco, árido (adj)	gāf	جاف
grano (m)	ḥobūb (pl)	حبوب
cereales (m pl)	maḥaṣīl el ḥubūb (pl)	محاصيل الحبوب
recolectar (vt)	ḥaṣad	حصد
molinero (m)	ṭaḥḥān (m)	طحّان
molino (m)	ṭaḥūna (f)	طاحونة
moler (vt)	ṭaḥn el ḥobūb	طحن الحبوب
harina (f)	de'ī' (m)	دقيق
paja (f)	'aṣʃ (m)	قشّ

121. La construcción. El proceso de construcción

obra (f)	arḍ benā' (f)	أرض بناء
construir (vt)	bana	بنى
albañil (m)	'āmel benā' (m)	عامل بناء
proyecto (m)	maʃrū' (m)	مشروع
arquitecto (m)	mohandes me'māry (m)	مهندس معماري
obrero (m)	'āmel (m)	عامل
cimientos (m pl)	asās (m)	أساس
techo (m)	sa'f (m)	سقف
pila (f) de cimentación	kawmet el asās (f)	كومة الأساس
muro (m)	ḥeyṭa (f)	حيطة
armadura (f)	ḥadīd taslīḥ (m)	حديد تسليح
andamio (m)	sa''āla (f)	سقّالة
hormigón (m)	χarasāna (f)	خرسانة
granito (m)	granīt (m)	جرانيت
piedra (f)	ḥagar (m)	حجر
ladrillo (m)	ṭūb (m)	طوب
arena (f)	raml (m)	رمل
cemento (m)	asmant (m)	إسمنت
estuco (m)	ṭalā' gaṣṣ (m)	طلاء جصّ
estucar (vt)	ṭala bel gaṣṣ	طلى بالجصّ
pintura (f)	dehān (m)	دهان
pintar (las paredes)	dahhen	دهّن
barril (m)	barmīl (m)	برميل
grúa (f)	rāfe'a (f)	رافعة
levantar (vt)	rafa'	رفع
bajar (vt)	nazzel	نزّل
bulldózer (m)	bulldozer (m)	بولدوزر
excavadora (f)	ḥaffāra (f)	حفّارة
cuchara (f)	magrafa (f)	مجرفة
cavar (vt)	ḥafar	حفر
casco (m)	χawza (f)	خوذة

122. La ciencia. La investigación. Los científicos

ciencia (f)	ʿelm (m)	علم
científico (adj)	ʿelmy	علمي
científico (m)	ʿālem (m)	عالم
teoría (f)	naẓariya (f)	نظريّة
axioma (m)	badīhiya (f)	بديهيّة
análisis (m)	taḥlīl (m)	تحليل
analizar (vt)	ḥallel	حلّل
argumento (m)	borhān (m)	برهان
sustancia (f) (materia)	madda (f)	مادّة
hipótesis (f)	faraḍiya (f)	فرضيّة
dilema (m)	moʿḍela (f)	معضلة
tesis (f) de grado	resāla ʿelmiya (f)	رسالة علميّة
dogma (m)	ʿaqīda (f)	عقيدة
doctrina (f)	mazhab (m)	مذهب
investigación (f)	baḥs (m)	بحث
investigar (vt)	baḥs	بحث
prueba (f)	eχtebārāt (pl)	إختبارات
laboratorio (m)	moχtabar (m)	مختبر
método (m)	manhag (m)	منهج
molécula (f)	gozayeʾ (m)	جزيء
seguimiento (m)	reqāba (f)	رقابة
descubrimiento (m)	ekteʃāf (m)	إكتشاف
postulado (m)	mosallama (f)	مسلّمة
principio (m)	mabdaʾ (m)	مبدأ
pronóstico (m)	tanabboʾ (m)	تنبّؤ
pronosticar (vt)	tanabbaʾ	تنبّأ
síntesis (f)	tarkīb (m)	تركيب
tendencia (f)	ettegāh (m)	إتّجاه
teorema (m)	naẓariya (f)	نظريّة
enseñanzas (f pl)	taʿalīm (pl)	تعاليم
hecho (m)	ḥaʾīʾa (f)	حقيقة
expedición (f)	beʿsa (f)	بعثة
experimento (m)	tagreba (f)	تجربة
académico (m)	akadīmy (m)	أكاديمي
bachiller (m)	bakaleryūs (m)	بكالوريوس
doctorado (m)	doktore (m)	دكتور
docente (m)	ostāz moʃārek (m)	أستاذ مشارك
Master (m) (~ en Letras)	maʒestīr (m)	ماجستير
profesor (m)	brofessor (m)	بروفيسور

Las profesiones y los oficios

123. La búsqueda de trabajo. El despido

trabajo (m)	ʻamal (m)	عمل
empleados (pl)	kawādir (pl)	كوادر
personal (m)	ṭāqem el ʻāmelīn (m)	طاقم العاملين
carrera (f)	mehna (f)	مهنة
perspectiva (f)	ʼāfāq (pl)	آفاق
maestría (f)	maharāt (pl)	مهارات
selección (f)	eχteyār (m)	إختيار
agencia (f) de empleo	wekālet tawẓīf (f)	وكالة توّظيف
curriculum vitae (m)	sīra zātiya (f)	سيرة ذاتيّة
entrevista (f)	moʼablet ʻamal (f)	مقابلة عمل
vacancia (f)	wazīfa χaleya (f)	وظيفة خالية
salario (m)	morattab (m)	مرتّب
salario (m) fijo	rāteb sābet (m)	راتب ثابت
remuneración (f)	ogra (f)	أجرة
puesto (m) (trabajo)	manṣeb (m)	منصب
deber (m)	wāgeb (m)	واجب
gama (f) de deberes	magmūʻa men el wāgebāt (f)	مجموعة من الواجبات
ocupado (adj)	maʃɣūl	مشغول
despedir (vt)	rafad	رفد
despido (m)	eqāla (m)	إقالة
desempleo (m)	baṭāla (f)	بطالة
desempleado (m)	ʻāṭel (m)	عاطل
jubilación (f)	maʻāʃ (m)	معاش
jubilarse	oḥīl ʻala el maʻāʃ	أحيل على المعاش

124. Los negociantes

director (m)	modīr (m)	مدير
gerente (m)	modīr (m)	مدير
jefe (m)	raʼīs (m)	رئيس
superior (m)	motafawweq (m)	متفوّق
superiores (m pl)	roʼasāʼ (pl)	رؤساء
presidente (m)	raʼīs (m)	رئيس
presidente (m) (de compañía)	raʼīs (m)	رئيس
adjunto (m)	nāʼeb (m)	نائب
asistente (m)	mosāʻed (m)	مساعد

secretario, -a (m, f)	sekerteyr (m)	سكرتير
secretario (m) particular	sekerteyr χāṣ (m)	سكرتير خاص
hombre (m) de negocios	ragol a'māl (m)	رجل أعمال
emprendedor (m)	rā'ed a'māl (m)	رائد أعمال
fundador (m)	mo'asses (m)	مؤسّس
fundar (vt)	asses	أسّس
institutor (m)	mo'asses (m)	مؤسّس
socio (m)	ʃerīk (m)	شريك
accionista (m)	mālek el as-hom (m)	مالك الأسهم
millonario (m)	millyonīr (m)	مليونير
multimillonario (m)	milliardīr (m)	ملياردير
propietario (m)	ṣāḥeb (m)	صاحب
terrateniente (m)	ṣāḥeb el arḍ (m)	صاحب الأرض
cliente (m)	'amīl (m)	عميل
cliente (m) habitual	'amīl dā'em (m)	عميل دائم
comprador (m)	moʃtary (m)	مشتري
visitante (m)	zā'er (m)	زائر
profesional (m)	moḥtaref (m)	محترف
experto (m)	χabīr (m)	خبير
especialista (m)	motaχaṣṣeṣ (m)	متخصّص
banquero (m)	ṣāḥeb maṣraf (m)	صاحب مصرف
broker (m)	semsār (m)	سمسار
cajero (m)	'āmel kaʃier (m)	عامل كاشيير
contable (m)	muḥāseb (m)	محاسب
guardia (m) de seguridad	ḥāres amn (m)	حارس أمن
inversionista (m)	mostasmer (m)	مستثمر
deudor (m)	modīn (m)	مدين
acreedor (m)	dā'en (m)	دائن
prestatario (m)	moqtareḍ (m)	مقترض
importador (m)	mostawred (m)	مستورّد
exportador (m)	moṣadder (m)	مصدّر
productor (m)	el ʃerka el moṣanne'a (f)	الشركة المصنّعة
distribuidor (m)	mowazze' (m)	موزّع
intermediario (m)	wasīṭ (m)	وسيط
asesor (m) (~ fiscal)	mostaʃār (m)	مستشار
representante (m)	mandūb mabi'āt (m)	مندوب مبيعات
agente (m)	wakīl (m)	وكيل
agente (m) de seguros	wakīl el ta'mīn (m)	وكيل التأمين

125. Los trabajos de servicio

cocinero (m)	ṭabbāχ (m)	طبّاخ
jefe (m) de cocina	el ʃeyf (m)	الشيف

panadero (m)	xabbāz (m)	خبّاز
barman (m)	bārman (m)	بارمان
camarero (m)	garsone (m)	جرسون
camarera (f)	garsona (f)	جرسونة
abogado (m)	muḥāmy (m)	محامي
jurista (m)	muḥāmy xabīr qanūny (m)	محامي خبير قانوني
notario (m)	mowassac (m)	موثّق
electricista (m)	kahrabā'y (m)	كهربائي
fontanero (m)	samkary (m)	سمكري
carpintero (m)	naggār (m)	نجّار
masajista (m)	modallek (m)	مدلّك
masajista (f)	modalleka (f)	مدلّكة
médico (m)	doktore (m)	دكتور
taxista (m)	sawwā' taksi (m)	سوّاق تاكسي
chofer (m)	sawwā' (m)	سوّاق
repartidor (m)	rāgel el delivery (m)	راجل الديلفري
camarera (f)	'āmela tandīf ɣoraf (f)	عاملة تنظيف غرف
guardia (m) de seguridad	ḥāres amn (m)	حارس أمن
azafata (f)	moḍīfet ṭayarān (f)	مضيفة طيران
profesor (m) (~ de baile, etc.)	modarres madrasa (m)	مدرّس مدرسة
bibliotecario (m)	amīn maktaba (m)	أمين مكتبة
traductor (m)	motargem (m)	مترجم
intérprete (m)	motargem fawwry (m)	مترجم فوّري
guía (m)	morʃed (m)	مرشد
peluquero (m)	ḥallā' (m)	حلّاق
cartero (m)	sā'y el barīd (m)	ساعي البريد
vendedor (m)	bayā' (m)	بيّاع
jardinero (m)	bostāny (m)	بستاني
servidor (m)	xādema (m)	خادمة
criada (f)	xadema (f)	خادمة
mujer (f) de la limpieza	'āmela tandīf (f)	عاملة تنظيف

126. La profesión militar y los rangos

soldado (m) raso	gondy (m)	جنّدي
sargento (m)	raqīb tāny (m)	رقيب تاني
teniente (m)	molāzem tāny (m)	ملازم تاني
capitán (m)	naqīb (m)	نقيب
mayor (m)	rā'ed (m)	رائد
coronel (m)	'aqīd (m)	عقيد
general (m)	ʒenerāl (m)	جنرال
mariscal (m)	marʃāl (m)	مارشال
almirante (m)	amerāl (m)	أميرال
militar (m)	'askary (m)	عسكري
soldado (m)	gondy (m)	جنّدي

oficial (m)	ḍābeṭ (m)	ضابط
comandante (m)	qā'ed (m)	قائد
guardafronteras (m)	ḥaras ḥodūd (m)	حرس حدود
radio-operador (m)	'āmel lāselky (m)	عامل لاسلكي
explorador (m)	rā'ed mostakʃef (m)	رائد مستكشف
zapador (m)	mohandes 'askary (m)	مهندس عسكري
tirador (m)	rāmy (m)	رامي
navegador (m)	mallāḥ (m)	ملّاح

127. Los oficiales. Los sacerdotes

rey (m)	malek (m)	ملك
reina (f)	maleka (f)	ملكة
príncipe (m)	amīr (m)	أمير
princesa (f)	amīra (f)	أميرة
zar (m)	qayṣar (m)	قيصر
zarina (f)	qayṣara (f)	قيصرة
presidente (m)	ra'īs (m)	رئيس
ministro (m)	wazīr (m)	وزير
primer ministro (m)	ra'īs wozarā' (m)	رئيس وزراء
senador (m)	'oḍw magles el ʃoyūχ (m)	عضو مجلس الشيوخ
diplomático (m)	deblomāsy (m)	دبلوماسي
cónsul (m)	qonṣol (m)	قنصل
embajador (m)	safīr (m)	سفير
consejero (m)	mostaʃār (m)	مستشار
funcionario (m)	mowazzaf (m)	موظّف
prefecto (m)	ra'īs edāret el ḥayī (m)	رئيس إدارة الحي
alcalde (m)	ra'īs el baladiya (m)	رئيس البلديّة
juez (m)	qāḍy (m)	قاضي
fiscal (m)	el na'eb el 'ām (m)	النائب العام
misionero (m)	mobasʃer (m)	مبشّر
monje (m)	rāheb (m)	راهب
abad (m)	ra'īs el deyr (m)	رئيس الدير
rabino (m)	ḥaχām (m)	حاخام
visir (m)	wazīr (m)	وزير
sha (m)	ʃāh (m)	شاه
jeque (m)	ʃɛyχ (m)	شيخ

128. Las profesiones agrícolas

apicultor (m)	naḥḥāl (m)	نحّال
pastor (m)	rā'y (m)	راعي
agrónomo (m)	mohandes zerā'y (m)	مهندس زراعي

ganadero (m)	morabby el mawāʃy (m)	مربّي المواشي
veterinario (m)	doktore beṭary (m)	دكتور بيطري
granjero (m)	mozāreʿ (m)	مزارع
vinicultor (m)	ṣāneʿ el χamr (m)	صانع الخمر
zoólogo (m)	χabīr fe ʿelm el ḥayawān (m)	خبير في علم الحيوان
vaquero (m)	rāʿy el baʾar (m)	راعي البقر

129. Las profesiones artísticas

actor (m)	momassel (m)	ممثّل
actriz (f)	momassela (f)	ممثّلة
cantante (m)	moṭreb (m)	مطرب
cantante (f)	moṭreba (f)	مطربة
bailarín (m)	rāqeṣ (m)	راقص
bailarina (f)	raʾāṣa (f)	راقصة
artista (m)	fannān (m)	فنّان
artista (f)	fannāna (f)	فنّانة
músico (m)	ʿāzef (m)	عازف
pianista (m)	ʿāzef biano (m)	عازف بيانو
guitarrista (m)	ʿāzef guitar (m)	عازف جيتار
director (m) de orquesta	qāʾed orkestra (m)	قائد أوركسترا
compositor (m)	molaḥḥen (m)	ملحّن
empresario (m)	modīr ferʾa (m)	مدير فرقة
director (m) de cine	moχreg aflām (m)	مخرج أفلام
productor (m)	monteg (m)	منتج
guionista (m)	kāteb senario (m)	كاتب سيناريو
crítico (m)	nāqed (m)	ناقد
escritor (m)	kāteb (m)	كاتب
poeta (m)	ʃāʿer (m)	شاعر
escultor (m)	naḥḥāt (m)	نحّات
pintor (m)	rassām (m)	رسّام
malabarista (m)	bahlawān (m)	بهلوان
payaso (m)	aragoze (m)	أراجوز
acróbata (m)	bahlawān (m)	بهلوان
ilusionista (m)	sāḥer (m)	ساحر

130. Profesiones diversas

médico (m)	doktore (m)	دكتور
enfermera (f)	momarreḍa (f)	ممرّضة
psiquiatra (m)	doktore nafsāny (m)	دكتور نفساني
dentista (m)	doktore asnān (m)	دكتور أسنان
cirujano (m)	garrāḥ (m)	جرّاح

astronauta (m)	rā'ed faḍā' (m)	رائد فضاء
astrónomo (m)	'ālem falak (m)	عالم فلك
piloto (m)	ṭayār (m)	طيّار
conductor (m) (chófer)	sawwā' (m)	سوّاق
maquinista (m)	sawwā' (m)	سوّاق
mecánico (m)	mikanīky (m)	ميكانيكي
minero (m)	'āmel mangam (m)	عامل منجم
obrero (m)	'āmel (m)	عامل
cerrajero (m)	'affāl (m)	قفّال
carpintero (m)	naggār (m)	نجّار
tornero (m)	χarrāṭ (m)	خرّاط
albañil (m)	'āmel benā' (m)	عامل بناء
soldador (m)	laḥḥām (m)	لحّام
profesor (m) (título)	brofessor (m)	بروفيسور
arquitecto (m)	mohandes me'māry (m)	مهندس معماري
historiador (m)	mo'arreχ (m)	مؤرّخ
científico (m)	'ālem (m)	عالم
físico (m)	fizyā'y (m)	فيزيائي
químico (m)	kemyā'y (m)	كيميائي
arqueólogo (m)	'ālem'āsār (m)	عالم آثار
geólogo (m)	ʒeoloʒy (m)	جيولوجي
investigador (m)	bāḥes (m)	باحث
niñera (f)	dāda (f)	دادة
pedagogo (m)	mo'allem (m)	معلّم
redactor (m)	moḥarrer (m)	محرّر
redactor jefe (m)	ra'īs taḥrīr (m)	رئيس تحرير
corresponsal (m)	morāsel (m)	مراسل
mecanógrafa (f)	kāteba 'ala el 'āla el kāteba (f)	كاتبة على الآلة الكاتبة
diseñador (m)	moṣammem (m)	مصمّم
especialista (m) en ordenadores	motaχaṣṣeṣ bel kombuter (m)	متخصّص بالكمبيوتر
programador (m)	mobarmeg (m)	مبرمج
ingeniero (m)	mohandes (m)	مهندس
marino (m)	baḥḥār (m)	بحّار
marinero (m)	baḥḥār (m)	بحّار
socorrista (m)	monqez (m)	منقذ
bombero (m)	rāgel el maṭāfy (m)	راجل المطافئ
policía (m)	ʃorṭy (m)	شرطي
vigilante (m) nocturno	ḥāres (m)	حارس
detective (m)	moḥaqqeq (m)	محقّق
aduanero (m)	mowazzaf el gamārek (m)	موظّف الجمارك
guardaespaldas (m)	ḥāres ʃaχṣy (m)	حارس شخصي
guardia (m) de prisiones	ḥāres segn (m)	حارس سجن
inspector (m)	mofatteʃ (m)	مفتّش
deportista (m)	reyāḍy (m)	رياضي
entrenador (m)	modarreb (m)	مدرّب

carnicero (m)	gazzār (m)	جزّار
zapatero (m)	eskāfy (m)	إسكافي
comerciante (m)	tāger (m)	تاجر
cargador (m)	ʃayāl (m)	شيّال
diseñador (m) de modas	moṣammem azyā' (m)	مصمّم أزياء
modelo (f)	modeyl (f)	موديل

131. Los trabajos. El estatus social

escolar (m)	talmīz (m)	تلميذ
estudiante (m)	ṭāleb (m)	طالب
filósofo (m)	faylasūf (m)	فيلسوف
economista (m)	eqtiṣādy (m)	إقتصادي
inventor (m)	moχtareʿ (m)	مخترع
desempleado (m)	ʿāṭel (m)	عاطل
jubilado (m)	motaqāʿed (m)	متقاعد
espía (m)	gasūs (m)	جاسوس
prisionero (m)	sagīn (m)	سجين
huelguista (m)	moḍrab (m)	مضرب
burócrata (m)	buroqrāṭy (m)	بيوروقراطي
viajero (m)	raḥḥāla (m)	رحّالة
homosexual (m)	ʃāz (m)	شاذ
hacker (m)	haker (m)	هاكر
hippie (m)	hippi (m)	هيبي
bandido (m)	qāṭeʿ ṭarī' (m)	قاطع طريق
sicario (m)	qātel ma'gūr (m)	قاتل مأجور
drogadicto (m)	modmen moχaddarāt (m)	مدمن مخدّرات
narcotraficante (m)	tāger moχaddarāt (m)	تاجر مخدّرات
prostituta (f)	mommos (f)	مومس
chulo (m), proxeneta (m)	qawwād (m)	قوّاد
brujo (m)	sāḥer (m)	ساحر
bruja (f)	sāḥera (f)	ساحرة
pirata (m)	'orṣān (m)	قرصان
esclavo (m)	ʿabd (m)	عبد
samurai (m)	samuray (m)	ساموراي
salvaje (m)	motawaḥḥeʃ (m)	متوحّش

Los deportes

132. Tipos de deportes. Deportistas

deportista (m)	reyāḍy (m)	رياضي
tipo (m) de deporte	nūʿ men el reyāḍa (m)	نوع من الرياضة
baloncesto (m)	koret el salla (f)	كرة السلّة
baloncestista (m)	lāʿeb korat el salla (m)	لاعب كرة السلّة
béisbol (m)	baseball (m)	بيسبول
beisbolista (m)	lāʿeb basebāl (m)	لاعب بيسبول
fútbol (m)	koret el qadam (f)	كرة القدم
futbolista (m)	lāʿeb korat qadam (m)	لاعب كرة القدم
portero (m)	ḥāres el marma (m)	حارس المرمى
hockey (m)	hoky (m)	هوكي
jugador (m) de hockey	lāʿeb hoky (m)	لاعب هوكي
voleibol (m)	voliball (m)	فولي بول
voleibolista (m)	lāʿeb volly bal (m)	لاعب فولي بول
boxeo (m)	molakma (f)	ملاكمة
boxeador (m)	molākem (m)	ملاكم
lucha (f)	moṣarʿa (f)	مصارعة
luchador (m)	moṣāreʿ (m)	مصارع
kárate (m)	karate (m)	كاراتيه
karateka (m)	lāʿeb karateyh (m)	لاعب كاراتيه
judo (m)	ʒudo (m)	جودو
judoka (m)	lāʿeb ʒudo (m)	لاعب جودو
tenis (m)	tennis (m)	تنّس
tenista (m)	lāʿeb tennis (m)	لاعب تنس
natación (f)	sebāḥa (f)	سباحة
nadador (m)	sabbāḥ (m)	سبّاح
esgrima (f)	mobarza (f)	مبارزة
esgrimidor (m)	mobārez (m)	مبارز
ajedrez (m)	ʃaṭarang (m)	شطرنج
ajedrecista (m)	lāʿeb ʃaṭarang (m)	لاعب شطرنج
alpinismo (m)	tasalloq el gebāl (m)	تسلّق الجبال
alpinista (m)	motasalleq el gebāl (m)	متسلّق الجبال
carrera (f)	garyī (m)	جريّ

corredor (m)	ʿaddāʾ (m)	عدّاء
atletismo (m)	alʿāb el qowa (pl)	ألعاب القوى
atleta (m)	lāʿeb reyāḍy (m)	لاعب رياضي
deporte (m) hípico	reyāḍa el forūsiya (f)	رياضة الفروسيّة
jinete (m)	fāres (m)	فارس
patinaje (m) artístico	tazallog fanny ʿalal galīd (m)	تزلّج فنّي على الجليد
patinador (m)	motazalleg rāqeṣ (m)	متزلّج راقص
patinadora (f)	motazallega rāqeṣa (f)	متزلّجة راقصة
levantamiento (m) de pesas	rafʿ el asqāl (m)	رفع الأثقال
levantador (m) de pesas	rāfeʿ el asqāl (m)	رافع الأثقال
carreras (f pl) de coches	sebāʾ el sayarāt (m)	سباق السيارات
piloto (m) de carreras	sawwāʾ sebāʾ (m)	سائق سباق
ciclismo (m)	rokūb el darragāt (m)	ركوب الدرّاجات
ciclista (m)	lāʿeb el darrāga (m)	لاعب الدرّاجة
salto (m) de longitud	el qafz el ʿāly (m)	القفز العالي
salto (m) con pértiga	el qafz bel ʿaṣa (m)	القفز بالعصا
saltador (m)	qāfez (m)	قافز

133. Tipos de deportes. Miscelánea

fútbol (m) americano	koret el qadam (f)	كرة القدم
bádminton (m)	el rīʃa (m)	الريشة
biatlón (m)	el biatlon (m)	البياتلون
billar (m)	bilyardo (m)	بلياردو
bobsleigh (m)	zalāga gamaʿiya (f)	زلاجة جماعية
culturismo (m)	body building (m)	بادي بيلدنج
waterpolo (m)	koret el maya (f)	كرة الميّة
balonmano (m)	koret el yad (f)	كرة اليد
golf (m)	golf (m)	جولف
remo (m)	tagdīf (m)	تجديف
buceo (m)	ɣoṣe (m)	غوص
esquí (m) de fondo	reyāḍa el ski (f)	رياضة الإسكي
tenis (m) de mesa	koret el ṭawla (f)	كرة الطاولة
vela (f)	reyāḍa ebḥār el marākeb (f)	رياضة إبحار المراكب
rally (m)	sebāʾ el sayarāt (m)	سباق السيارات
rugby (m)	rugby (m)	رجبي
snowboarding (m)	el tazallog ʿlal galīd (m)	التزلّج على الجليد
tiro (m) con arco	remāya (f)	رماية

134. El gimnasio

barra (f) de pesas	bār ḥadīd (m)	بار حديد
pesas (f pl)	dumbbells (m)	دمبلز

aparato (m) de ejercicios	gehāz tadrīb (m)	جهاز تدريب
bicicleta (f) estática	ʿagalet tadrīb (f)	عجلة تدريب
cinta (f) de correr	trīdmil (f)	تريد ميل
barra (f) fija	ʿoʾla (f)	عقلة
barras (f pl) paralelas	el motawaziyīn (pl)	المتوازيين
potro (m)	manaṣṣet el qafz (f)	منصّة القفز
colchoneta (f)	ḥaṣīra (f)	حصيرة
comba (f)	ḥabl el naṭṭ (m)	حبل النطّ
aeróbica (f)	aerobiks (m)	ايروبيكس
yoga (m)	yoga (f)	يوجا

135. El hóckey

hockey (m)	hoky (m)	هوكي
jugador (m) de hockey	lāʿeb hoky (m)	لاعب هوكي
jugar al hockey	leʿeb el hoky	لعب الهوكي
hielo (m)	galīd (m)	جليد
disco (m)	ʾorṣ el hoky (m)	قرص الهوكي
palo (m) de hockey	maḍrab el hoky (m)	مضرب الهوكي
patines (m pl)	zallagāt (pl)	زلّاجات
muro (m)	ḥalabet el hokky (f)	حلبة الهوكي
tiro (m)	ramya (f)	رمية
portero (m)	ḥāres el marma (m)	حارس المرمى
gol (m)	hadaf (m)	هدف
marcar un gol	gāb hadaf	جاب هدف
periodo (m)	ʃoṭe (m)	شوط
segundo periodo (m)	el ʃoṭe el tāni (m)	الشوط التاني
banquillo (m) de reserva	dekket el eḥṭiāṭy (f)	دكّة الإحتياطي

136. El fútbol

fútbol (m)	koret el qadam (f)	كرة القدم
futbolista (m)	lāʿeb korat qadam (m)	لاعب كرة القدم
jugar al fútbol	leʿeb korret el qadam	لعب كرة القدم
liga (f) superior	el dawry el kebīr (m)	الدوّري الكبير
club (m) de fútbol	nādy koret el qadam (m)	نادي كرة القدم
entrenador (m)	modarreb (m)	مدرّب
propietario (m)	ṣāḥeb (m)	صاحب
equipo (m)	farīʾ (m)	فريق
capitán (m) del equipo	kabten el farīʾ (m)	كابتن الفريق
jugador (m)	lāʿeb (m)	لاعب
reserva (m)	lāʿeb eḥteyāṭy (m)	لاعب إحتياطي
delantero (m)	lāʿeb hogūm (m)	لاعب هجوم
delantero (m) centro	wasaṭ el hogūm (m)	وسط الهجوم

goleador (m)	haddāf (m)	هدّاف
defensa (m)	modāfeʿ (m)	مدافع
medio (m)	lāʿeb χaṭṭ wasaṭ (m)	لاعب خطّ وسط
match (m)	mobarā (f)	مباراة
encontrarse (vr)	ʾābel	قابل
final (f)	mobarāh nehaʾiya (f)	مباراة نهائيّة
semifinal (f)	el dore el neṣf el nehāʾy (m)	الدور النصف النهائي
campeonato (m)	boṭūla (f)	بطولة
tiempo (m)	ʃoṭe (m)	شوط
primer tiempo (m)	el ʃoṭe el awwal (m)	الشوط الأوّل
descanso (m)	beyn el ʃoṭeyn	بين الشوطين
puerta (f)	marma (m)	مرمى
portero (m)	ḥāres el marma (m)	حارس المرمى
poste (m)	ʿārḍa (f)	عارضة
larguero (m)	ʿārḍa (f)	عارضة
red (f)	ʃabaka (f)	شبكة
recibir un gol	samaḥ be eṣābet el hadaf	سمح بإصابة الهدف
balón (m)	kora (f)	كرة
pase (m)	tamrīra (f)	تمريرة
tiro (m)	ḍarba (f)	ضربة
lanzar un tiro	ʃāt	شات
tiro (m) de castigo	ḍarba ḥorra (f)	ضربة حرّة
saque (m) de esquina	ḍarba rokniya (f)	ضربة ركنيّة
ataque (m)	hogūm (m)	هجوم
contraataque (m)	hagma moḍāda (f)	هجمة مضادّة
combinación (f)	tarkīb (m)	تركيب
árbitro (m)	ḥakam (m)	حكم
silbar (vi)	ṣaffar	صفّر
silbato (m)	ṣoffāra (f)	صفّارة
infracción (f)	moχalfa (f)	مخالفة
cometer una infracción	χālef	خالف
expulsar del campo	ṭarad men el malʿab	طرد من الملعب
tarjeta (f) amarilla	el kart el aṣfar (m)	الكارت الأصفر
tarjeta (f) roja	el kart el aḥmar (m)	الكارت الأحمر
descalificación (f)	ḥermān (m)	حرمان
descalificar (vt)	ḥaram	حرم
penalti (m)	ḍarbet gazāʾ (f)	ضربة جزاء
barrera (f)	ḥāʾeṭ (m)	حائط
meter un gol	gāb hadaf	جاب هدف
gol (m)	hadaf (m)	هدف
marcar un gol	gāb hadaf	جاب هدف
reemplazo (m)	tabdīl (m)	تبديل
reemplazar (vt)	baddal	بدّل
reglas (f pl)	qawāʿed (pl)	قواعد
táctica (f)	taktīk (m)	تكتيك
estadio (m)	malʿab (m)	ملعب
gradería (f)	modarrag (m)	مدرّج

hincha (m)	moʃaggeʿ (m)	مشجّع
gritar (vi)	ṣarraχ	صرّخ
tablero (m)	lawḥet el natīga (f)	لوحة النتيجة
tanteo (m)	natīga (f)	نتيجة
derrota (f)	hazīma (f)	هزيمة
perder (vi)	χeser	خسر
empate (m)	taʿādol (m)	تعادل
empatar (vi)	taʿādal	تعادل
victoria (f)	foze (m)	فوز
ganar (vi)	fāz	فاز
campeón (m)	baṭal (m)	بطل
mejor (adj)	aḥsan	أحسن
felicitar (vt)	hanna	هنّأ
comentarista (m)	moʿalleq (m)	معلّق
comentar (vt)	ʿallaʾ	علّق
transmisión (f)	ezāʿa (f)	إذاعة

137. El esquí

esquís (m pl)	zallagāt (pl)	زلّاجات
esquiar (vi)	tazallag	تزلّج
estación (f) de esquí	montagaʿ gabaly lel tazaḥloq (m)	منتجع جبلي للتزلج
telesquí (m)	meṣʿad (m)	مصعد
bastones (m pl)	ʿeṣyān el tazallog (pl)	عصيان التزلّج
cuesta (f)	monḥadar (m)	منحدر
eslalon (m)	el tazallog el motaʿarreg (m)	التزلّج المتعرّج

138. El tenis. El golf

golf (m)	golf (m)	جولف
club (m) de golf	nādy golf (m)	نادي جولف
jugador (m) de golf	lāʿeb golf (m)	لاعب جولف
hoyo (m)	tagwīf (m)	تجويف
palo (m)	maḍrab (m)	مضرب
carro (m) de golf	ʿaraba lel golf (f)	عربة للجولف
tenis (m)	tennis (m)	تنسّ
cancha (f) de tenis	malʿab tennis (m)	ملعب تنسّ
saque (m)	monawla (f)	مناولة
sacar (servir)	nāwel	ناول
raqueta (f)	maḍrab (m)	مضرب
red (f)	ʃabaka (f)	شبكة
pelota (f)	kora (f)	كرة

139. El ajedrez

ajedrez (m)	ʃaṭarang (m)	شطرنج
piezas (f pl)	aḥgār el ʃaṭarang (pl)	أحجار الشطرنج
ajedrecista (m)	lā'eb ʃaṭarang (m)	لاعب شطرنج
tablero (m) de ajedrez	lawḥet el ʃaṭarang (f)	لوحة الشطرنج
pieza (f)	ḥagar (m)	حجر
blancas (f pl)	aḥgār bayḍā' (pl)	أحجار بيضاء
negras (f pl)	aḥgār sawdā' (pl)	أحجار سوداء
peón (m)	bayda' (m)	بيدق
alfil (m)	fīl (m)	فيل
caballo (m)	ḥoṣān (m)	حصان
torre (f)	rakχ (m)	رخّ
reina (f)	el maleka (f)	الملكة
rey (m)	el malek (m)	الملك
jugada (f)	χaṭwa (f)	خطوة
jugar (mover una pieza)	ḥarrak	حرّك
sacrificar (vt)	ḍaḥḥa	ضحّى
enroque (m)	χaṭwa el raχ wel ʃah (f)	خطوة الرخ والشاه
jaque (m)	kesʃ	كشّ
mate (m)	kesʃ malek	كشّ ملك
torneo (m) de ajedrez	boṭūlet ʃaṭarang (f)	بطولة شطرنج
gran maestro (m)	grand master (m)	جراند ماستر
combinación (f)	tarkīb (m)	تركيب
partida (f)	dore (m)	دور
damas (f pl)	dama (f)	داما

140. El boxeo

boxeo (m)	molakma (f)	ملاكمة
combate (m) (~ de boxeo)	molakma (f)	ملاكمة
pelea (f) de boxeo	mobarāt molakma (f)	مباراة ملاكمة
asalto (m)	gawla (f)	جولة
cuadrilátero (m)	ḥalaba (f)	حلبة
campana (f)	naqūs (m)	ناقوس
golpe (m)	ḍarba (f)	ضربة
knockdown (m)	ḍarba ḥasema (f)	ضربة حاسمة
nocaut (m)	ḍarba 'āḍya (f)	ضربة قاضية
noquear (vt)	ḍarab ḍarba qāḍiya	ضرب ضربة قاضية
guante (m) de boxeo	qoffāz el molakma (m)	قفّاز الملاكمة
árbitro (m)	ḥakam (m)	حكم
peso (m) ligero	el wazn el χafīf (m)	الوزن الخفيف
peso (m) medio	el wazn el motawasseṭ (m)	الوزن المتوسط
peso (m) pesado	el wazn el te'īl (m)	الوزن الثقيل

141. Los deportes. Miscelánea

Juegos (m pl) Olímpicos	al'āb olombiya (pl)	ألعاب أولمبيّة
vencedor (m)	fā'ez (m)	فائز
vencer (vi)	fāz	فاز
ganar (vi)	fāz	فاز
líder (m)	za'īm (m)	زعيم
liderar (vt)	ta'addam	تقدّم
primer puesto (m)	el martaba el ūla (f)	المرتبة الأولى
segundo puesto (m)	el martaba el tanya (f)	المرتبة الثانية
tercer puesto (m)	el martaba el talta (f)	المرتبة الثالثة
medalla (f)	medalya (f)	ميدالية
trofeo (m)	ka's (f)	كأس
copa (f) (trofeo)	ka's (f)	كأس
premio (m)	gayza (f)	جائزة
premio (m) principal	akbar gayza (f)	أكبر جائزة
record (m)	raqam qeyāsy (m)	رقم قياسي
establecer un record	fāz be raqam qeyāsy	فاز برقم قياسي
final (m)	mobarāh neha'iya (f)	مباراة نهائيّة
de final (adj)	nehā'y	نهائي
campeón (m)	baṭal (m)	بطل
campeonato (m)	boṭūla (f)	بطولة
estadio (m)	mal'ab (m)	ملعب
gradería (f)	modarrag (m)	مدرّج
hincha (m)	moʃagge' (m)	مشجّع
adversario (m)	'adeww (m)	عدو
arrancadero (m)	xaṭṭ el bedāya (m)	خطّ البداية
línea (f) de meta	xaṭṭ el nehāya (m)	خطّ النهاية
derrota (f)	hazīma (f)	هزيمة
perder (vi)	xeser	خسر
árbitro (m)	ḥakam (m)	حكم
jurado (m)	hay'et el ḥokm (f)	هيئة الحكم
cuenta (f)	natīga (f)	نتيجة
empate (m)	ta'ādol (m)	تعادل
empatar (vi)	ta'ādal	تعادل
punto (m)	no'ṭa (f)	نقطة
resultado (m)	natīga neha'iya (f)	نتيجة نهائية
tiempo (m)	ʃoṭe (m)	شوط
descanso (m)	beyn el ʃoṭeyn	بين الشوطين
droga (f), doping (m)	monasʃeṭāt (pl)	منشّطات
penalizar (vt)	'āqab	عاقب
descalificar (vt)	ḥaram	حرم
aparato (m)	adah (f)	أداة
jabalina (f)	remḥ (m)	رمح

peso (m) (lanzamiento de ~)	kora maʿdaniya (f)	كرة معدنية
bola (f) (billar, etc.)	kora (f)	كرة
objetivo (m)	hadaf (m)	هدف
blanco (m)	hadaf (m)	هدف
tirar (vi)	ḍarab bel nār	ضرب بالنار
preciso (~ disparo)	maḍbūṭ	مضبوط
entrenador (m)	modarreb (m)	مدرّب
entrenar (vt)	darrab	درّب
entrenarse (vr)	etdarrab	إتدرّب
entrenamiento (m)	tadrīb (m)	تدريب
gimnasio (m)	gīm (m)	جيم
ejercicio (m)	tamrīn (m)	تمرين
calentamiento (m)	tasχīn (m)	تسخين

La educación

142. La escuela

escuela (f)	madrasa (f)	مدرسة
director (m) de escuela	modīr el madrasa (m)	مدير المدرسة
alumno (m)	talmīz (m)	تلميذ
alumna (f)	telmīza (f)	تلميذة
escolar (m)	talmīz (m)	تلميذ
escolar (f)	telmīza (f)	تلميذة
enseñar (vt)	ʿallem	علّم
aprender (ingles, etc.)	taʿallam	تعلّم
aprender de memoria	ḥafaẓ	حفظ
aprender (a leer, etc.)	taʿallam	تعلّم
estar en la escuela	daras	درس
ir a la escuela	rāḥ el madrasa	راح المدرسة
alfabeto (m)	abgadiya (f)	أبجدية
materia (f)	madda (f)	مادّة
aula (f)	faṣl (m)	فصل
lección (f)	dars (m)	درس
recreo (m)	estrāḥa (f)	إستراحة
campana (f)	garas el madrasa (m)	جرس المدرسة
pupitre (m)	disk el madrasa (m)	ديسك المدرسة
pizarra (f)	sabbūra (f)	سبّورة
nota (f)	daraga (f)	درجة
buena nota (f)	daraga kewayesa (f)	درجة كويسة
mala nota (f)	daraga meʃ kewayesa (f)	درجة مش كويسة
poner una nota	edda daraga	إدّى درجة
falta (f)	χaṭaʾ (m)	خطأ
hacer faltas	aχṭaʾ	أخطأ
corregir (un error)	ṣaḥḥaḥ	صحّح
chuleta (f)	berʃām (m)	برشام
deberes (m pl) de casa	wāgeb (m)	واجب
ejercicio (m)	tamrīn (m)	تمرين
estar presente	ḥaḍar	حضر
estar ausente	ɣāb	غاب
faltar a las clases	taɣeyyab ʿan el madrasa	تغيّب عن المدرسة
castigar (vt)	ʿāqab	عاقب
castigo (m)	ʿeqāb (m)	عقاب
conducta (f)	solūk (m)	سلوك

libreta (f) de notas	el taqrīr el madrasy (m)	التقرير المدرسي
lápiz (m)	'alam roṣāṣ (m)	قلم رصاص
goma (f) de borrar	astīka (f)	استيكة
tiza (f)	ṭabaʃīr (m)	طباشير
cartuchera (f)	ma'lama (f)	مقلمة
mochila (f)	ʃanṭet el madrasa (f)	شنطة المدرسة
bolígrafo (m)	'alam (m)	قلم
cuaderno (m)	daftar (m)	دفتر
manual (m)	ketāb ta'līm (m)	كتاب تعليم
compás (m)	bargal (m)	برجل
trazar (vi, vt)	rasam rasm teqany	رسم رسم تقني
dibujo (m) técnico	rasm teqany (m)	رسم تقني
poema (m), poesía (f)	'aṣīda (f)	قصيدة
de memoria (adv)	'an ẓahr qalb	عن ظهر قلب
aprender de memoria	ḥafaẓ	حفظ
vacaciones (f pl)	agāza (f)	أجازة
estar de vacaciones	'ando agāza	عنده أجازة
pasar las vacaciones	'aḍa el agāza	قضى الأجازة
prueba (f) escrita	emteḥān (m)	إمتحان
composición (f)	enʃā' (m)	إنشاء
dictado (m)	emlā' (m)	إملاء
examen (m)	emteḥān (m)	إمتحان
hacer un examen	'amal emteḥān	عمل إمتحان
experimento (m)	tagreba (f)	تجربة

143. Los institutos. La Universidad

academia (f)	akademiya (f)	أكاديميّة
universidad (f)	gam'a (f)	جامعة
facultad (f)	kolliya (f)	كلّيّة
estudiante (m)	ṭāleb (m)	طالب
estudiante (f)	ṭāleba (f)	طالبة
profesor (m)	muḥāḍer (m)	محاضر
aula (f)	modarrag (m)	مدرّج
graduado (m)	motaχarreg (m)	متخرج
diploma (m)	dibloma (f)	دبلومة
tesis (f) de grado	resāla 'elmiya (f)	رسالة علميّة
estudio (m)	derāsa (f)	دراسة
laboratorio (m)	moχtabar (m)	مختبر
clase (f)	moḥaḍra (f)	محاضرة
compañero (m) de curso	zamīl fel ṣaff (m)	زميل في الصفّ
beca (f)	menḥa derāsiya (f)	منحة دراسيّة
grado (m) académico	daraga 'elmiya (f)	درجة علميّة

144. Las ciencias. Las disciplinas

matemáticas (f pl)	reyāḍīāt (pl)	رياضّيات
álgebra (f)	el gabr (m)	الجبر
geometría (f)	handasa (f)	هندسة
astronomía (f)	'elm el falak (m)	علم الفلك
biología (f)	al aḥya' (m)	الأحياء
geografía (f)	goɣrafia (f)	جغرافيا
geología (f)	ʒeoloʒia (f)	جيولوجيا
historia (f)	tarīχ (m)	تاريخ
medicina (f)	ṭebb (m)	طبّ
pedagogía (f)	tarbeya (f)	تربية
derecho (m)	qanūn (m)	قانون
física (f)	fezya' (f)	فيزياء
química (f)	kemya' (f)	كيمياء
filosofía (f)	falsafa (f)	فلسفة
psicología (f)	'elm el nafs (m)	علم النفس

145. Los sistemas de escritura. La ortografía

gramática (f)	el naḥw wel ṣarf (m)	النحو والصرف
vocabulario (m)	mofradāt el loɣa (pl)	مفردات اللغة
fonética (f)	ṣawtīāt (pl)	صوتيات
sustantivo (m)	esm (m)	اسم
adjetivo (m)	ṣefa (f)	صفة
verbo (m)	fe'l (m)	فعل
adverbio (m)	ẓarf (m)	ظرف
pronombre (m)	ḍamīr (m)	ضمير
interjección (f)	oslūb el ta'aggob (m)	أسلوب التعجّب
preposición (f)	ḥarf el garr (m)	حرف الجرّ
raíz (f), radical (m)	gezr el kelma (m)	جذر الكلمة
desinencia (f)	nehāya (f)	نهاية
prefijo (m)	sabaeqa (f)	سابقة
sílaba (f)	maqṭa' lafzy (m)	مقطع لفظي
sufijo (m)	lāḥeqa (f)	لاحقة
acento (m)	nabra (f)	نبرة
apóstrofo (m)	'alāmet ḥazf (f)	علامة حذف
punto (m)	no'ṭa (f)	نقطة
coma (m)	faṣla (f)	فاصلة
punto y coma	no'ṭa w faṣla (f)	نقطة وفاصلة
dos puntos (m pl)	no'ṭeteyn (pl)	نقطتين
puntos (m pl) suspensivos	talat no'aṭ (pl)	ثلاث نقط
signo (m) de interrogación	'alāmet estefhām (f)	علامة إستفهام
signo (m) de admiración	'alāmet ta'aggob (f)	علامة تعجّب

comillas (f pl)	ʿalamāt el eqtebās (pl)	علامات الإقتباس
entre comillas	beyn ʿalamaty el eqtebās	بين علامتي الاقتباس
paréntesis (m)	qoseyn (du)	قوسين
entre paréntesis	beyn el qoseyn	بين القوسين
guión (m)	ʿalāmet waṣl (f)	علامة وصل
raya (f)	ʃorṭa (f)	شرطة
blanco (m)	farāɣ (m)	فراغ
letra (f)	ḥarf (m)	حرف
letra (f) mayúscula	ḥarf kebīr (m)	حرف كبير
vocal (f)	ḥarf ṣauty (m)	حرف صوتي
consonante (m)	ḥarf sāken (m)	حرف ساكن
oración (f)	gomla (f)	جملة
sujeto (m)	fāʿel (m)	فاعل
predicado (m)	mosnad (m)	مسند
línea (f)	saṭr (m)	سطر
en una nueva línea	men bedāyet el saṭr	من بداية السطر
párrafo (m)	faqra (f)	فقرة
palabra (f)	kelma (f)	كلمة
combinación (f) de palabras	magmūʿa men el kelamāt (pl)	مجموعة من الكلمات
expresión (f)	moṣṭalaḥ (m)	مصطلح
sinónimo (m)	morādef (m)	مرادف
antónimo (m)	motaḍād loɣawy (m)	متضاد لغوي
regla (f)	qaʿeda (f)	قاعدة
excepción (f)	estesnāʾ (m)	إستثناء
correcto (adj)	ṣaḥīḥ	صحيح
conjugación (f)	ṣarf (m)	صرف
declinación (f)	taṣrīf el asmāʾ (m)	تصريف الأسماء
caso (m)	ḥāla esmiya (f)	حالة أسمية
pregunta (f)	soʾāl (m)	سؤال
subrayar (vt)	ḥaṭṭ xaṭṭ taḥt	حطّ خطّ تحت
línea (f) de puntos	xaṭṭ menaʾʾaṭ (m)	خطّ منقّط

146. Los idiomas extranjeros

lengua (f)	loɣa (f)	لغة
extranjero (adj)	agnaby	أجنبيّ
lengua (f) extranjera	loɣa agnabiya (f)	لغة أجنبية
estudiar (vt)	daras	درس
aprender (ingles, etc.)	taʿallam	تعلّم
leer (vi, vt)	ʾara	قرأ
hablar (vi, vt)	kallem	كلّم
comprender (vt)	fehem	فهم
escribir (vt)	katab	كتب
rápidamente (adv)	bosorʿa	بسرعة
lentamente (adv)	bo boṭʾ	ببطء

con fluidez (adv)	beṭalāqa	بطلاقة
reglas (f pl)	qawā'ed (pl)	قواعد
gramática (f)	el naḥw wel ṣarf (m)	النحو والصرف
vocabulario (m)	mofradāt el loɣa (pl)	مفردات اللغة
fonética (f)	ṣawtīāt (pl)	صوتيات
manual (m)	ketāb ta'līm (m)	كتاب تعليم
diccionario (m)	qamūs (m)	قاموس
manual (m) autodidáctico	ketāb ta'līm zāty (m)	كتاب تعليم ذاتي
guía (f) de conversación	ketāb lel 'ebarāt el ʃā'e'a (m)	كتاب للعبارت الشائعة
casete (m)	kasett (m)	كاسيت
videocasete (f)	ʃerīṭ video (m)	شريط فيديو
disco compacto, CD (m)	sidī (m)	سي دي
DVD (m)	dividī (m)	دي في دي
alfabeto (m)	abgadiya (f)	أبجدية
deletrear (vt)	tahagga	تهجّى
pronunciación (f)	noṭ' (m)	نطق
acento (m)	lahga (f)	لهجة
con acento	be lahga	بـ لهجة
sin acento	men ɣeyr lahga	من غير لهجة
palabra (f)	kelma (f)	كلمة
significado (m)	ma'na (m)	معنى
cursos (m pl)	dawra (f)	دورة
inscribirse (vr)	saggel esmo	سجّل إسمه
profesor (m) (~ de inglés)	modarres (m)	مدرّس
traducción (f) (proceso)	targama (f)	ترجمة
traducción (f) (texto)	targama (f)	ترجمة
traductor (m)	motargem (m)	مترجم
intérprete (m)	motargem fawwry (m)	مترجم فوّري
políglota (m)	'alīm be'eddet loɣāt (m)	عليم بعدّة لغات
memoria (f)	zākera (f)	ذاكرة

147. Los personajes de los cuentos de hadas

Papá Noel (m)	baba neweyl (m)	بابا نويل
Cenicienta (f)	sindrīla	سيندريلا
sirena (f)	'arūset el baḥr (f)	عروسة البحر
Neptuno (m)	nibtūn (m)	نبتون
mago (m)	sāḥer (m)	ساحر
maga (f)	genniya (f)	جنّيّة
mágico (adj)	seḥry	سحري
varita (f) mágica	el 'aṣāya el seḥriya (f)	العصاية السحرية
cuento (m) de hadas	ḥekāya xayaliya (f)	حكاية خيالية
milagro (m)	mo'geza (f)	معجزة
enano (m)	qazam (m)	قزم

transformarse en ...	taḥawwal ela ...	تحوّل إلى...
espíritu (m) (fantasma)	ʃabaḥ (m)	شبح
fantasma (m)	ʃabaḥ (m)	شبح
monstruo (m)	waḥʃ (m)	وحش
dragón (m)	tennīn (m)	تنّين
gigante (m)	ʻemlāq (m)	عملاق

148. Los signos de zodiaco

Aries (m)	borg el ḥaml (m)	برج الحمل
Tauro (m)	borg el sore (m)	برج الثور
Géminis (m pl)	borg el gawzāʼ (m)	برج الجوزاء
Cáncer (m)	borg el saraṭān (m)	برج السرطان
Leo (m)	borg el asad (m)	برج الأسد
Virgo (m)	borg el ʻazrāʼ (m)	برج العذراء
Libra (f)	borg el mezān (m)	برج الميزان
Escorpio (m)	borg el ʻaʼraɔ (m)	برج العقرب
Sagitario (m)	borg el qose (m)	برج القوس
Capricornio (m)	borg el gady (m)	برج الجدي
Acuario (m)	borg el dalw (m)	برج الدلو
Piscis (m pl)	borg el ḥūt (m)	برج الحوت
carácter (m)	ʃaχṣiya (f)	شخصية
rasgos (m pl) de carácter	el ṣefāt el ʃaχṣiya (pl)	الصفات الشخصية
conducta (f)	solūk (m)	سلوك
decir la buenaventura	ʼara el ṭāleʻ	قرأ الطالع
adivinadora (f)	ʻarrāfa (f)	عرّافة
horóscopo (m)	tawaqqoʻāt el abrāg (pl)	توقّعات الأبراج

El arte

149. El teatro

teatro (m)	masraḥ (m)	مسرح
ópera (f)	obra (f)	أوبرا
opereta (f)	obrette (f)	أوبريت
ballet (m)	baleyh (m)	باليه
cartelera (f)	molṣaq (m)	ملصق
compañía (f) de teatro	fer'a (f)	فرقة
gira (f) artística	gawlet fananīn (f)	جولة فنّانين
hacer una gira artística	tagawwal	تجوّل
ensayar (vi, vt)	'amal brova	عمل بروفة
ensayo (m)	brova (f)	بروفة
repertorio (m)	barnāmeg el masraḥ (m)	برنامج المسرح
representación (f)	adā' (m)	أداء
espectáculo (m)	'arḍ masraḥy (m)	عرض مسرحي
pieza (f) de teatro	masraḥiya (f)	مسرحيّة
billet (m)	tazkara (f)	تذكرة
taquilla (f)	ʃebbāk el tazāker (m)	شبّاك التذاكر
vestíbulo (m)	ṣāla (f)	صالة
guardarropa (f)	ɣorfet īdā' el ma'āṭef (f)	غرفة إيداع المعاطف
ficha (f) de guardarropa	beṭā'et edā' el ma'aṭef (f)	بطاقة إيداع المعاطف
gemelos (m pl)	naḍḍāra mo'aẓẓema lel obera (f)	نظارة معظمة للأوبرا
acomodador (m)	ḥāgeb el sinema (m)	حاجب السينما
patio (m) de butacas	karāsy el orkestra (pl)	كراسي الأوركسترا
balconcillo (m)	balakona (f)	بلكونة
entresuelo (m)	ʃorfa (f)	شرفة
palco (m)	log (m)	لوج
fila (f)	ṣaff (m)	صفّ
asiento (m)	meq'ad (m)	مقعد
público (m)	gomhūr (m)	جمهور
espectador (m)	moʃāhed (m)	مشاهد
aplaudir (vi, vt)	ṣaffa'	صفّق
aplausos (m pl)	taṣfī' (m)	تصفيق
ovación (f)	taṣfī' ḥār (m)	تصفيق حار
escenario (m)	χaʃabet el masraḥ (f)	خشبة المسرح
telón (m)	setāra (f)	ستارة
decoración (f)	dekor (m)	ديكور
bastidores (m pl)	kawalīs (pl)	كواليس
escena (f)	maʃ-had (m)	مشهد
acto (m)	faṣl (m)	فصل
entreacto (m)	estrāḥa (f)	استراحة

150. El cine

actor (m)	momassel (m)	ممثّل
actriz (f)	momassela (f)	ممثّلة
cine (m) (industria)	el aflām (m)	الأفلام
película (f)	film (m)	فيلم
episodio (m)	goz' (m)	جزء
película (f) policíaca	film bolīsy (m)	فيلم بوليسي
película (f) de acción	film akʃen (m)	فيلم أكشن
película (f) de aventura	film moɣamarāt (m)	فيلم مغامرات
película (f) de ciencia ficción	film χayāl 'elmy (m)	فيلم خيال علمي
película (f) de horror	film ro'b (m)	فيلم رعب
película (f) cómica	film komedia (f)	فيلم كوميديا
melodrama (m)	melodrama (m)	ميلودراما
drama (m)	drama (f)	دراما
película (f) de ficción	film χayāly (m)	فيلم خيالي
documental (m)	film wasā'eqy (m)	فيلم وثائقي
dibujos (m pl) animados	kartōn (m)	كرتون
cine (m) mudo	sinema ṣāmeta (f)	سينما صامتة
papel (m)	dore (m)	دور
papel (m) principal	dore ra'īsy (m)	دور رئيسي
interpretar (vt)	massel	مثّل
estrella (f) de cine	negm senamā'y (m)	نجم سينمائي
conocido (adj)	ma'rūf	معروف
famoso (adj)	maʃ-hūr	مشهور
popular (adj)	maḥbūb	محبوب
guión (m) de cine	senario (m)	سيناريو
guionista (m)	kāteb senario (m)	كاتب سيناريو
director (m) de cine	moχreg (m)	مخرج
productor (m)	monteg (m)	منتج
asistente (m)	mosā'ed (m)	مساعد
operador (m) de cámara	moṣawwer (m)	مصوّر
doble (m) de riesgo	mo'addy maʃāhed χaṭīra (m)	مؤدي مشاهد خطيرة
doble (m)	momassel badīl (m)	ممثّل بديل
filmar una película	ṣawwar film	صوّر فيلم
audición (f)	tagreba adā' (f)	تجربة أداء
rodaje (m)	taṣwīr (m)	تصوير
equipo (m) de rodaje	ṭāqem el film (m)	طاقم الفيلم
plató (m) de rodaje	mante'et taṣwīr (f)	منطقة التصوير
cámara (f)	kamera (f)	كاميرا
cine (m) (iremos al ~)	sinema (f)	سينما
pantalla (f)	ʃāʃa (f)	شاشة
mostrar la película	'araḍ film	عرض فيلم
pista (f) sonora	mosīqa taṣweriya (f)	موسيقي تصويرية
efectos (m pl) especiales	mo'asserāt χāṣa (pl)	مؤثّرات خاصّة

subtítulos (m pl)	targamet el ḥewār (f)	ترجمة الحوار
créditos (m pl)	ʃāret el nehāya (f)	شارة النهاية
traducción (f)	targama (f)	ترجمة

151. La pintura

arte (m)	fann (m)	فنّ
bellas artes (f pl)	fonūn gamīla (pl)	فنون جميلة
galería (f) de arte	maʿraḍ fonūn (m)	معرض فنون
exposición (f) de arte	maʿraḍ fanny (m)	معرض فنّي
pintura (f) (tipo de arte)	lawḥa (f)	لوحة
gráfica (f)	fann taṣwīry (m)	فن تصويري
abstraccionismo (m)	fann tagrīdy (m)	فنّ تجريدي
impresionismo (m)	el enṭebāʿiya (f)	الإنطباعيّة
pintura (f) (cuadro)	lawḥa (f)	لوحة
dibujo (m)	rasm (m)	رسم
pancarta (f)	boster (m)	بوستر
ilustración (f)	rasm tawḍīḥy (m)	رسم توضيحي
miniatura (f)	ṣūra moṣaɣɣara (f)	صورة مصغّرة
copia (f)	nosχa (f)	نسخة
reproducción (f)	nosχa ṭebʾ el aṣl (f)	نسخة طبق الأصل
mosaico (m)	fosayfesāʾ (f)	فسيفساء
vitral (m)	ʃebbāk ʾezāz mlawwen (m)	شبّاك قزاز ملوّن
fresco (m)	taṣwīr gaṣṣy (m)	تصوير جصي
grabado (m)	naʾʃ (m)	نقش
busto (m)	temsāl neṣfy (m)	تمثال نصفي
escultura (f)	naḥt (m)	نحت
estatua (f)	temsāl (m)	تمثال
yeso (m)	gibss (m)	جيبس
en yeso (adj)	men el gebs	من الجيبس
retrato (m)	bortreyh (m)	بورتريه
autorretrato (m)	bortreyh ʃaχṣy (m)	بورتريه شخصي
paisaje (m)	lawḥet manzar ṭabeeʿy (f)	لوحة منظر طبيعي
naturaleza (f) muerta	ṭabeeʿa ṣāmeta (f)	طبيعة صامتة
caricatura (f)	ṣūra karikatoriya (f)	صورة كاريكاتورية
boceto (m)	rasm tamhīdy (m)	رسم تمهيدي
pintura (f) (material)	lone (m)	لون
acuarela (f)	alwān maya (m)	ألوان ميّة
óleo (m)	zeyt (m)	زيت
lápiz (m)	ʾalam roṣāṣ (m)	قلم رصاص
tinta (f) china	ḥebr hendy (m)	حبر هندي
carboncillo (m)	faḥm (m)	فحم
dibujar (vi, vt)	rasam	رسم
pintar (vi, vt)	rasam	رسم
posar (vi)	ʾaʿad	قعد
modelo (m)	modeyl ḥayī amām el rassām (m)	موديل حيّ أمام الرسّام

modelo (f)	modeyl ḥayī amām el rassām (m)	موديل حيّ أمام الرسّام
pintor (m)	rassām (m)	رسّام
obra (f) de arte	'amal fanny (m)	عمل فنّي
obra (f) maestra	toḥfa faniya (f)	تحفة فنية
estudio (m) (de un artista)	warʃa (f)	ورشة
lienzo (m)	kanava (f)	كانفا
caballete (m)	masnad el loḥe (m)	مسند اللوح
paleta (f)	lawḥet el alwān (f)	لوحة الألوان
marco (m)	eṭār (m)	إطار
restauración (f)	tarmīm (m)	ترميم
restaurar (vt)	rammem	رمّم

152. La literatura y la poesía

literatura (f)	adab (m)	أدب
autor (m) (escritor)	mo'allef (m)	مؤلّف
seudónimo (m)	esm mosta'ār (m)	اسم مستعار
libro (m)	ketāb (m)	كتاب
tomo (m)	mogallad (m)	مجلّد
tabla (f) de contenidos	gadwal el moḥtawayāt (m)	جدوّل المحتويات
página (f)	ṣafḥa (f)	صفحة
héroe (m) principal	el ʃaχṣiya el ra'esiya (f)	الشخصية الرئيسية
autógrafo (m)	tawqee' el mo'allef (m)	توقيع المؤلّف
relato (m) corto	qeṣṣa 'aṣīra (f)	قصّة قصيرة
cuento (m)	'oṣṣa (f)	قصّة
novela (f)	rewāya (f)	رواية
obra (f) literaria	mo'allef (m)	مؤلّف
fábula (f)	ḥekāya (f)	حكاية
novela (f) policíaca	rewāya bolesiya (f)	رواية بوليسية
verso (m)	'aṣīda (f)	قصيدة
poesía (f)	ʃe'r (m)	شعر
poema (m)	'aṣīda (f)	قصيدة
poeta (m)	ʃā'er (m)	شاعر
bellas letras (f pl)	χayāl (m)	خيال
ciencia ficción (f)	χayāl 'elmy (m)	خيال علمي
aventuras (f pl)	adab el moɣamrāt (m)	أدب المغامرات
literatura (f) didáctica	adab tarbawy (m)	أدب تربوّي
literatura (f) infantil	adab el aṭfāl (m)	أدب الأطفال

153. El circo

circo (m)	serk (m)	سيرك
circo (m) ambulante	serk motana''el (m)	سيرك متنقّل
programa (m)	barnāmeg (m)	برنامج
representación (f)	adā' (m)	أداء

número (m)	ʿarḍ (m)	عرض
arena (f)	ḥalabet el serk (f)	حلبة السيرك
pantomima (f)	momassel īmāʾy (m)	ممثّل إيمائي
payaso (m)	aragoze (m)	أراجوز
acróbata (m)	bahlawān (m)	بهلوان
acrobacia (f)	alʿab bahlawaniya (f)	ألعاب بهلوانية
gimnasta (m)	lāʿeb gombāz (m)	لاعب جمباز
gimnasia (f) acrobática	gombāz (m)	جمباز
salto (m)	ḥarakāt ʃa'laba (pl)	حركات شقلبة
forzudo (m)	el ragl el qawy (m)	الرجل القوي
domador (m)	morawweḍ (m)	مروّض
caballista (m)	fāres (m)	فارس
asistente (m)	mosāʿed (m)	مساعد
truco (m)	ḥeyla (f)	حيلة
truco (m) de magia	χedʿa seḥriya (f)	خدعة سحرية
ilusionista (m)	sāḥer (m)	ساحر
malabarista (m)	bahlawān (m)	بهلوان
malabarear (vt)	leʿeb be korāt ʿadīda	لعب بكرات عديدة
amaestrador (m)	modarreb ḥayawanāt (m)	مدرّب حيوانات
amaestramiento (m)	tadrīb el ḥayawanāt (m)	تدريب الحيوانات
amaestrar (vt)	darrab	درّب

154. La música. La música popular

música (f)	mosīqa (f)	موسيقى
músico (m)	ʿāzef (m)	عازف
instrumento (m) musical	ʾāla moseqiya (f)	آلة موسيقيّة
tocar ...	ʿazaf ...	عزف...
guitarra (f)	guitar (m)	جيتار
violín (m)	kamān (m)	كمان
violonchelo (m)	el tʃello (m)	التشيلو
contrabajo (m)	kamān kebīr (m)	كمان كبير
arpa (f)	qesār (m)	قيثار
piano (m)	biano (m)	بيانو
piano (m) de cola	biano kebīr (m)	بيانو كبير
órgano (m)	arɣan (m)	أرغن
instrumentos (m pl) de viento	ʾālāt el nafχ (pl)	آلات النفخ
oboe (m)	mezmār (m)	مزمار
saxofón (m)	saksofon (m)	ساكسوفون
clarinete (m)	klarinet (m)	كلارنيت
flauta (f)	flute (m)	فلوت
trompeta (f)	būʾ (m)	بوق
acordeón (m)	okordiōn (m)	أكورديون
tambor (m)	ṭabla (f)	طبلة
dúo (m)	sonāʾy (m)	ثنائي

trío (m)	solāsy (m)	ثلاثي
cuarteto (m)	robāʿy (m)	رباعي
coro (m)	korale (m)	كورال
orquesta (f)	orkestra (f)	أوركسترا
música (f) pop	mosīqa el bob (f)	موسيقى البوب
música (f) rock	mosīqa el rok (f)	موسيقى الروك
grupo (m) de rock	ferʾet el rokk (f)	فرقة الروك
jazz (m)	ʒāzz (m)	جاز
ídolo (m)	maʿbūd (m)	معبود
admirador (m)	moʿgab (m)	معجب
concierto (m)	ḥafla mūsiqiya (f)	حفلة موسيقيّة
sinfonía (f)	semfoniya (f)	سمفونيّة
composición (f)	ʾeṭʿa mosiqiya (f)	قطعة موسيقيّة
escribir (vt)	allaf	ألّف
canto (m)	ɣenāʾ (m)	غناء
canción (f)	oɣniya (f)	أغنيّة
melodía (f)	laḥn (m)	لحن
ritmo (m)	eqāʿ (m)	إيقاع
blues (m)	mosīqa el blues (f)	موسيقى البلوز
notas (f pl)	notāt (pl)	نوتات
batuta (f)	ʿaṣa el maystro (m)	عصا المايسترو
arco (m)	qose (m)	قوس
cuerda (f)	watar (m)	وتر
estuche (m)	ʃanṭa (f)	شنطة

El descanso. El entretenimiento. El viaje

155. Las vacaciones. El viaje

turismo (m)	seyāḥa (f)	سياحة
turista (m)	sā'eḥ (m)	سائح
viaje (m)	reḥla (f)	رحلة
aventura (f)	moɣamra (f)	مغامرة
viaje (m) (p.ej. ~ en coche)	reḥla (f)	رحلة
vacaciones (f pl)	agāza (f)	أجازة
estar de vacaciones	kān fi agāza	كان في أجازة
descanso (m)	estrāḥa (f)	إستراحة
tren (m)	qeṭār, 'aṭṭr (m)	قطار
en tren	bel qeṭār - bel aṭṭr	بالقطار
avión (m)	ṭayāra (f)	طيّارة
en avión	bel ṭayāra	بالطيّارة
en coche	bel sayāra	بالسيّارة
en barco	bel safīna	بالسفينة
equipaje (m)	el ʃonaṭ (pl)	الشنط
maleta (f)	ʃanṭa (f)	شنطة
carrito (m) de equipaje	'arabet ʃonaṭ (f)	عربة شنط
pasaporte (m)	basbore (m)	باسبور
visado (m)	ta'ʃīra (f)	تأشيرة
billete (m)	tazkara (f)	تذكرة
billete (m) de avión	tazkara ṭayarān (f)	تذكرة طيران
guía (f) (libro)	dalīl (m)	دليل
mapa (m)	xarīṭa (f)	خريطة
área (f) (~ rural)	mante'a (f)	منطقة
lugar (m)	makān (m)	مكان
exotismo (m)	ɣarāba (f)	غرابة
exótico (adj)	ɣarīb	غريب
asombroso (adj)	mod-heʃ	مدهش
grupo (m)	magmū'a (f)	مجموعة
excursión (f)	gawla (f)	جولة
guía (m) (persona)	morʃed (m)	مرشد

156. El hotel

hotel (m)	fondo' (m)	فندق
motel (m)	motel (m)	موتيل
de tres estrellas	talat nogūm	ثلاث نجوم

de cinco estrellas	xamas nogūm	خمس نجوم
hospedarse (vr)	nezel	نزل
habitación (f)	oḍa (f)	أوضة
habitación (f) individual	owḍa le ʃaxṣ wāḥed (f)	أوضة لشخص واحد
habitación (f) doble	oḍa le ʃaxṣeyn (f)	أوضة لشخصين
reservar una habitación	ḥagaz owḍa	حجز أوضة
media pensión (f)	wagbeteyn fel yome (du)	وجبتين في اليوم
pensión (f) completa	talat wagabāt fel yome	ثلاث وجبات في اليوم
con baño	bel banyo	بـ البانيو
con ducha	bel doʃ	بالدوش
televisión (f) satélite	televizion be qanawāt faḍā'iya (f)	تليفزيون بقنوات فضائية
climatizador (m)	takyīf (m)	تكييف
toalla (f)	fūṭa (f)	فوطة
llave (f)	meftāḥ (m)	مفتاح
administrador (m)	modīr (m)	مدير
camarera (f)	'āmela tandīf ɣoraf (f)	عاملة تنظيف غرف
maletero (m)	ʃayāl (m)	شيّال
portero (m)	bawwāb (m)	بوّاب
restaurante (m)	maṭ'am (m)	مطعم
bar (m)	bār (m)	بار
desayuno (m)	foṭūr (m)	فطور
cena (f)	'aʃā' (m)	عشاء
buffet (m) libre	bofeyh (m)	بوفيه
vestíbulo (m)	rad-ha (f)	ردهة
ascensor (m)	asanseyr (m)	اسانسير
NO MOLESTAR	nargu 'adam el ez'āg	نرجو عدم الإزعاج
PROHIBIDO FUMAR	mamnū' el tadxīn	ممنوع التدخين

157. Los libros. La lectura

libro (m)	ketāb (m)	كتاب
autor (m)	mo'allef (m)	مؤلّف
escritor (m)	kāteb (m)	كاتب
escribir (~ un libro)	allaf	ألّف
lector (m)	qāre' (m)	قارئ
leer (vi, vt)	'ara	قرأ
lectura (f)	qerā'a (f)	قراءة
en silencio	beṣamt	بصمت
en voz alta	beṣote 'āly	بصوت عالي
editar (vt)	naʃar	نشر
edición (f) (~ de libros)	naʃr (m)	نشر
editor (m)	nāʃer (m)	ناشر
editorial (f)	dar el ṭebā'a wel naʃr (f)	دار الطباعة والنشر

salir (libro)	ṣadar	صدر
salida (f) (de un libro)	ṣodūr (m)	صدور
tirada (f)	ʿadad el nosaχ (m)	عدد النسخ
librería (f)	maḥal kotob (m)	محل كتب
biblioteca (f)	maktaba (f)	مكتبة
cuento (m)	ʾoṣṣa (f)	قصّة
relato (m) corto	qeṣṣa ʾaṣīra (f)	قصّة قصيرة
novela (f)	rewāya (f)	رواية
novela (f) policíaca	rewāya bolesiya (f)	رواية بوليسية
memorias (f pl)	mozakkerāt (pl)	مذكّرات
leyenda (f)	osṭūra (f)	أسطورة
mito (m)	χorāfa (f)	خرافة
versos (m pl)	ʃeʿr (m)	شعر
autobiografía (f)	sīret ḥayah (f)	سيرة حياة
obras (f pl) escogidas	muχtarāt (pl)	مختارات
ciencia ficción (f)	χayāl ʿelmy (m)	خيال علمي
título (m)	ʿenwān (m)	عنوان
introducción (f)	moqaddema (f)	مقدّمة
portada (f)	ṣafḥet ʿenwān (f)	صفحة العنوان
capítulo (m)	faṣl (m)	فصل
extracto (m)	χolāṣa (f)	خلاصة
episodio (m)	maʃ-had (m)	مشهد
sujeto (m)	ḥabka (f)	حبّكة
contenido (m)	moḥtawayāt (pl)	محتويات
tabla (f) de contenidos	gadwal el moḥtawayāt (m)	جدوّل المحتويات
héroe (m) principal	el ʃaχṣiya el raʾesiya (f)	الشخصية الرئيسية
tomo (m)	mogallad (m)	مجلّد
cubierta (f)	ɣelāf (m)	غلاف
encuadernado (m)	taglīd (m)	تجليد
marcador (m) de libro	ʃerīʾṭ (m)	شريط
página (f)	ṣafḥa (f)	صفحة
hojear (vt)	ʾalleb el ṣafaḥāt	قلّب الصفحات
márgenes (m pl)	hāmeʃ (m)	هامش
anotación (f)	molaḥza (f)	ملاحظة
nota (f) a pie de página	molaḥza (f)	ملاحظة
texto (m)	noṣṣ (m)	نصّ
fuente (f)	nūʿ el χaṭṭ (m)	نوع الخطّ
errata (f)	χaṭaʾ maṭbaʿy (m)	خطأ مطبعيّ
traducción (f)	targama (f)	ترجمة
traducir (vt)	targem	ترجم
original (m)	aṣliya (f)	أصلية
famoso (adj)	maʃ-hūr	مشهور
desconocido (adj)	meʃ maʿrūf	مش معروف
interesante (adj)	moʃawweq	مشوّق

best-seller (m)	aktar mabeeʿan (m)	أكثر مبيعاً
diccionario (m)	qamūs (m)	قاموس
manual (m)	ketāb taʿlīm (m)	كتاب تعليم
enciclopedia (f)	ensayklopedia (f)	إنسيكلوبيديا

158. La caza. La pesca

caza (f)	ṣeyd (m)	صيد
cazar (vi, vt)	eṣṭād	إصطاد
cazador (m)	ṣayād (m)	صيّاد
tirar (vi)	ḍarab bel nār	ضرب بالنار
fusil (m)	bondoqiya (f)	بندقيّة
cartucho (m)	roṣāṣa (f)	رصاصة
perdigón (m)	ʿeyār (m)	عيار
cepo (m)	maṣyada (f)	مصيّدة
trampa (f)	fakχ (m)	فخّ
caer en el cepo	weʾeʿ fe fakχ	وقع في فخّ
poner un cepo	naṣb fakχ	نصب فخّ
cazador (m) furtivo	sāreʾ el ṣeyd (m)	سارق الصيد
caza (f) menor	ṣeyd (m)	صيد
perro (m) de caza	kalb ṣeyd (m)	كلب صيد
safari (m)	safāry (m)	سفاري
animal (m) disecado	ḥayawān moḥannaṭ (m)	حيوان محنّط
pescador (m)	ṣayād el samak (m)	صيّاد السمك
pesca (f)	ṣeyd el samak (m)	صيد السمك
pescar (vi)	eṣṭād samak	إصطاد سمك
caña (f) de pescar	ṣennāra (f)	صنّارة
sedal (m)	χeyṭ (m)	خيط
anzuelo (m)	ʃaṣ el garīma (m)	شص الصيد
flotador (m)	ʿawwāma (f)	عوّامة
cebo (m)	ṭaʿm (m)	طعم
lanzar el anzuelo	ṭaraḥ el ṣennāra	طرح الصنّارة
picar (vt)	ʿaḍḍ	عضّ
pesca (f) (lo pescado)	el samak el moṣṭād (m)	السمك المصطاد
agujero (m) en el hielo	fat-ḥa fel galīd (f)	فتحة في الجليد
red (f)	ʃabaket el ṣeyd (f)	شبكة الصيد
barca (f)	markeb (m)	مركب
pescar con la red	eṣṭād bel ʃabaka	إصطاد بالشبكة
tirar la red	rama ʃabaka	رمى شبكة
sacar la red	aχrag ʃabaka	أخرج شبكة
caer en la red	weʾeʿ fe ʃabaka	وقع في شبكة
ballenero (m) (persona)	ṣayād el ḥūt (m)	صيّاد الحوت
ballenero (m) (barco)	safīna ṣeyd ḥitān (f)	سفينة صيد الحيتان
arpón (m)	ḥerba (f)	حربة

159. Los juegos. El billar

billar (m)	bilyardo (m)	بلياردو
sala (f) de billar	qā'a bilyardo (m)	قاعة بلياردو
bola (f) de billar	kora (f)	كرة
entronerar la bola	dakχal kora	دخّل كرة
taco (m)	'aṣāyet bilyardo (f)	عصاية بلياردو
tronera (f)	geyb bilyardo (m)	جيب بلياردو

160. Los juegos. Las cartas

carta (f)	wara'a (f)	ورقة
cartas (f pl)	wara' (m)	ورق
baraja (f)	desta wara' 'enab (f)	دستة ورق اللعب
triunfo (m)	wara'a rābeḥa (f)	ورقة رابحة
cuadrados (m pl)	el dinary (m)	الديناري
picas (f pl)	el bastūny (m)	البستوني
corazones (m pl)	el koba (f)	الكوبة
tréboles (m pl)	el sebāty (m)	السباتي
as (m)	'āss (m)	آس
rey (m)	malek (m)	ملك
dama (f)	maleka (f)	ملكة
sota (f)	walad (m)	ولد
dar, distribuir (repartidor)	farra'	فرّق
barajar (vt) (mezclar las cartas)	χalaṭ	خلط
jugada (f) (turno)	dore (m)	دور
punto (m)	nu'ṭa (f)	نقطة
fullero (m)	moḥtāl fel 'omār (m)	محتال في القمار

161. El casino. La ruleta

casino (m)	kazino (m)	كازينو
ruleta (f)	rulett (m)	روليت
puesta (f)	rahān (m)	رهان
apostar (vt)	qāmar	قامر
rojo (m)	aḥmar (m)	أحمر
negro (m)	aswad (m)	أسود
apostar al rojo	rāhen 'ala el aḥmar	راهن على الأحمر
apostar al negro	rāhen 'ala el aswad	راهن على الأسود
crupier (m, f)	mowazzaf nādy el 'omār (m)	موظّف نادى القمار
girar la ruleta	dawwar el 'agala	دوّر العجلة
reglas (f pl) de juego	qawā'ed (pl)	قواعد
ficha (f)	fiʃa (f)	فيشة
ganar (vi, vt)	keseb	كسب

ganancia (f)	rebḥ (m)	ربح
perder (vi)	χeser	خسر
pérdida (f)	χesāra (f)	خسارة
jugador (m)	lāʿeb (m)	لاعب
black jack (m)	blɛkdʒɛk (m)	بلاك جاك
juego (m) de dados	leʿbet el nard (f)	لعبة النرد
dados (m pl)	zahr el nard (m)	زهر النرد
tragaperras (f)	ʾālet qomār (f)	آلة قمار

162. El descanso. Los juegos. Miscelánea

pasear (vi)	tamasʃa	تمشّي
paseo (m) (caminata)	tamʃeya (f)	تمشية
paseo (m) (en coche)	gawla bel sayāra (f)	جولة بالسيّارة
aventura (f)	moɣamra (f)	مغامرة
picnic (m)	nozha (f)	نزهة
juego (m)	leʿba (f)	لعبة
jugador (m)	lāʿeb (m)	لاعب
partido (m)	dore (m)	دور
coleccionista (m)	gāmeʿ (m)	جامع
coleccionar (vt)	gammaʿ	جمّع
colección (f)	magmūʿa (f)	مجموعة
crucigrama (m)	kalemāt motaqaṭʿa (pl)	كلمات متقاطعة
hipódromo (m)	ḥalabet el sebāʾ (f)	حلبة السباق
discoteca (f)	disko (m)	ديسكو
sauna (f)	sauna (f)	ساونا
lotería (f)	yanaṣīb (m)	يانصيب
marcha (f)	reḥlet taχyīm (f)	رحلة تخييم
campo (m)	moχayam (m)	مخيّم
campista (m)	moχayam (m)	مخيّم
tienda (f) de campaña	χeyma (f)	خيمة
brújula (f)	boṣla (f)	بوصلة
ver (la televisión)	ʃāhed	شاهد
telespectador (m)	moʃāhed (m)	مشاهد
programa (m) de televisión	barnāmeg televiziony (m)	برنامج تليفزيوني

163. La fotografía

cámara (f) fotográfica	kamera (f)	كاميرا
fotografía (f) (una foto)	ṣūra (f)	صورة
fotógrafo (m)	moṣawwer (m)	مصوّر
estudio (m) fotográfico	estudio taṣwīr (m)	إستوديو تصوير
álbum (m) de fotos	albūm el ṣewar (m)	ألبوم الصور
objetivo (m)	ʿadaset kamera (f)	عدسة الكاميرا

teleobjetivo (m)	ʿadasa teleskopiya (f)	عدسة تلسكوبيّة
filtro (m)	filter (m)	فلتر
lente (m)	ʿadasa (f)	عدسة
óptica (f)	baṣrīāt (pl)	بصريات
diafragma (m)	saddāda (f)	سدّادة
tiempo (m) de exposición	moddet el taʿarroḍ (f)	مدّة التعرض
visor (m)	el ʿeyn el faḥeṣa (f)	العين الفاحصة
cámara (f) digital	kamera diʒital (f)	كاميرا ديجيتال
trípode (m)	tribod (m)	ترايبود
flash (m)	flāʃ (m)	فلاش
fotografiar (vt)	ṣawwar	صوّر
hacer fotos	ṣawwar	صوّر
fotografiarse (vr)	etṣawwar	إتصوّر
foco (m)	tarkīz (m)	تركيز
enfocar (vt)	rakkez	ركّز
nítido (adj)	ḥādda	حادّة
nitidez (f)	ḥedda (m)	حدّة
contraste (m)	tabāyon (m)	تباين
de alto contraste (adj)	motabāyen	متباين
foto (f)	ṣūra (f)	صورة
negativo (m)	el nosχa el salba (f)	النسخة السالبة
película (f) fotográfica	film (m)	فيلم
fotograma (m)	eṭār (m)	إطار
imprimir (vt)	ṭabaʿ	طبع

164. La playa. La natación

playa (f)	ʃāṭeʾ (m)	شاطئ
arena (f)	raml (m)	رمل
desierto (playa ~a)	mahgūr	مهجور
bronceado (m)	esmerār el baʃra (m)	إسمرار البشرة
broncearse (vr)	etʃammes	إتشمّس
bronceado (adj)	asmar	أسمر
protector (m) solar	krīm wāqy men el ʃams (m)	كريم واقي من الشمس
bikini (m)	bikini (m)	بكيني
traje (m) de baño	mayo (m)	مايّوه
bañador (m)	mayo regāly (m)	مايّوه رجالي
piscina (f)	ḥammām sebāḥa (m)	حمّام سباحة
nadar (vi)	ʿām, sabaḥ	عام, سبح
ducha (f)	doʃ (m)	دوش
cambiarse (vr)	ɣayar lebso	غيّر لبسه
toalla (f)	fūṭa (f)	فوطة
barca (f)	markeb (m)	مركب
lancha (f) motora	lunʃ (m)	لنش

esquís (m pl) acuáticos	tazallog ʿalal mā' (m)	تزلّج على الماء
bicicleta (f) acuática	el baddāl (m)	البدّال
surf (m)	surfing (m)	سيرفينج
surfista (m)	rākeb el amwāg (m)	راكب الأمواج
equipo (m) de buceo	gehāz el tanaffos (m)	جهاز التنفّس
aletas (f pl)	zaʿānef el sebāḥa (pl)	زعانف السباحة
máscara (f) de buceo	kamāma (f)	كمامة
buceador (m)	ɣawwāṣ (m)	غوّاص
bucear (vi)	ɣāṣ	غاص
bajo el agua (adv)	taḥt el maya	تحت المايّة
sombrilla (f)	ʃamsiya (f)	شمسيّة
tumbona (f)	korsy blāʒ (m)	كرسي بلاج
gafas (f pl) de sol	naḍḍāret ʃams (f)	نضّارة شمس
colchoneta (f) inflable	martaba hawa'iya (f)	مرتبة هوائية
jugar (divertirse)	leʿeb	لعب
bañarse (vr)	sebeḥ	سبح
pelota (f) de playa	koret ʃaṭṭ (f)	كرة شطّ
inflar (vt)	nafaχ	نفخ
inflable (colchoneta ~)	qābel lel nafχ	قابل للنفخ
ola (f)	mouga (f)	موجة
boya (f)	ʃamandūra (f)	شمندورة
ahogarse (vr)	ɣere'	غرق
salvar (vt)	anqaz	أنقذ
chaleco (m) salvavidas	sotret nagah (f)	سترة نجاة
observar (vt)	rāqab	راقب
socorrista (m)	ḥāres ʃāṭe' (m)	حارس شاطئ

EL EQUIPO TÉCNICO. EL TRANSPORTE

El equipo técnico

165. El computador

ordenador (m)	kombuter (m)	كمبيوتر
ordenador (m) portátil	lab tob (m)	لابتوب
encender (vt)	fataḥ, ʃagɣal	فتح, شغّل
apagar (vt)	ṭaffa	طفّى
teclado (m)	lawḥet el mafatīḥ (f)	لوحة المفاتيح
tecla (f)	meftāḥ (m)	مفتاح
ratón (m)	maws (m)	ماوس
alfombrilla (f) para ratón	maws bād (m)	ماوس باد
botón (m)	zerr (m)	زرّ
cursor (m)	mo'asʃer (m)	مؤشّر
monitor (m)	ʃāʃa (f)	شاشة
pantalla (f)	ʃāʃa (f)	شاشة
disco (m) duro	hard disk (m)	هارد ديسك
volumen (m) de disco duro	se'et el hard disk (f)	سعة الهارد ديسك
memoria (f)	zākera (f)	ذاكرة
memoria (f) operativa	zākerat el woṣūl el 'aʃwā'y (f)	ذاكرة الوصول العشوائي
archivo, fichero (m)	malaff (m)	ملفّ
carpeta (f)	ḥāfeza (m)	حافظة
abrir (vt)	fataḥ	فتح
cerrar (vt)	'afal	قفل
guardar (un archivo)	ḥafaẓ	حفظ
borrar (vt)	masaḥ	مسح
copiar (vt)	nasaχ	نسخ
ordenar (vt) (~ de A a Z, etc.)	ṣannaf	صنّف
transferir (vt)	na'al	نقل
programa (m)	barnāmeg (m)	برنامج
software (m)	barmagīāt (pl)	برمجيّات
programador (m)	mobarmeg (m)	مبرمج
programar (vt)	barmag	برمج
hacker (m)	haker (m)	هاكر
contraseña (f)	kelmet el serr (f)	كلمة السرّ
virus (m)	virūs (m)	فيروس
detectar (vt)	la'a	لقى
octeto, byte (m)	byte (m)	بايت

megaocteto (m)	megabayt (m)	ميجا بايت
datos (m pl)	bayanāt (pl)	بيانات
base (f) de datos	qa'edet bayanāt (f)	قاعدة بيانات
cable (m)	kabl (m)	كابل
desconectar (vt)	faṣal	فصل
conectar (vt)	waṣṣal	وصّل

166. El internet. El correo electrónico

internet (m), red (f)	internet (m)	إنترنت
navegador (m)	motaṣaffeḥ (m)	متصفّح
buscador (m)	moḥarrek baḥs (m)	محرك بحث
proveedor (m)	ʃerket el internet (f)	شركة الإنترنت
webmaster (m)	modīr el mawqe' (m)	مدير الموقع
sitio (m) web	mawqe' elektrony (m)	موقع الكتروني
página (f) web	ṣafḥet web (f)	صفحة ويب
dirección (f)	'enwān (m)	عنوان
libro (m) de direcciones	daftar el 'anawīn (m)	دفتر العناوين
buzón (m)	ṣandū' el barīd (m)	صندوق البريد
correo (m)	barīd (m)	بريد
lleno (adj)	mumtali'	ممتلىء
mensaje (m)	resāla (f)	رسالة
correo (m) entrante	rasa'el wārda (pl)	رسائل واردة
correo (m) saliente	rasa'el ṣādra (pl)	رسائل صادرة
expedidor (m)	morsel (m)	مرسل
enviar (vt)	arsal	أرسل
envío (m)	ersāl (m)	إرسال
destinatario (m)	morsel elayh (m)	مرسل إليه
recibir (vt)	estalam	إستلم
correspondencia (f)	morasla (f)	مراسلة
escribirse con ...	tarāsal	تراسل
archivo, fichero (m)	malaff (m)	ملفّ
descargar (vt)	ḥammel	حمّل
crear (vt)	'amal	عمل
borrar (vt)	masaḥ	مسح
borrado (adj)	mamsūḥ	ممسوح
conexión (f) (ADSL, etc.)	etteṣāl (m)	إتّصال
velocidad (f)	sor'a (f)	سرعة
módem (m)	modem (m)	مودم
acceso (m)	woṣūl (m)	وصول
puerto (m)	maχrag (m)	مخرج
conexión (f) (establecer la ~)	etteṣāl (m)	إتّصال
conectarse a ...	yuwṣel	يوصل
seleccionar (vt)	eχtār	إختار
buscar (vt)	baḥs	بحث

167. La electricidad

electricidad (f)	kahraba' (m)	كهرباء
eléctrico (adj)	kahrabā'y	كهربائي
central (f) eléctrica	maḥaṭṭa kahraba'iya (f)	محطّة كهربائيّة
energía (f)	ṭāqa (f)	طاقة
energía (f) eléctrica	ṭāqa kahraba'iya (f)	طاقة كهربائيّة
bombilla (f)	lammba (f)	لمّبة
linterna (f)	kasʃāf el nūr (m)	كشّاف النور
farola (f)	'amūd el nūr (m)	عمود النور
luz (f)	nūr (m)	نور
encender (vt)	fataḥ, ʃagɣal	فتح, شغّل
apagar (vt)	ṭaffa	طفّى
apagar la luz	ṭaffa el nūr	طفّى النور
quemarse (vr)	etṭafa	إتّطفى
circuito (m) corto	dayra kahraba'iya 'aṣīra (f)	دائرة كهربائية قصيرة
ruptura (f)	selk ma'ṭū' (m)	سلك مقطوع
contacto (m)	talāmos (m)	تلامس
interruptor (m)	meftāḥ el nūr (m)	مفتاح النور
enchufe (m)	bareza el kaharaba' (f)	بريزة الكهرباء
clavija (f)	fīʃet el kahraba' (f)	فيشة الكهرباء
alargador (m)	selk tawṣīl (m)	سلك توصيل
fusible (m)	fetīl (m)	فتيل
cable, hilo (m)	selk (m)	سلك
instalación (f) eléctrica	aslāk (pl)	أسلاك
amperio (m)	ambere (m)	أمبير
amperaje (m)	ʃeddet el tayār (f)	شدّة التيّار
voltio (m)	volt (m)	فولت
voltaje (m)	el gohd el kaharab'y (m)	الجهد الكهربائي
aparato (m) eléctrico	gehāz kahrabā'y (m)	جهاز كهربائي
indicador (m)	mo'asʃer (m)	مؤشّر
electricista (m)	kahrabā'y (m)	كهربائي
soldar (vt)	laḥam	لحم
soldador (m)	adat laḥm (f)	إداة لحم
corriente (f)	tayār kahrabā'y (m)	تيّاركهربائي

168. Las herramientas

instrumento (m)	adah (f)	أداة
instrumentos (m pl)	adawāt (pl)	أدوات
maquinaria (f)	mo'eddāt (pl)	معدّات
martillo (m)	ʃakūʃ (m)	شاكوش
destornillador (m)	mefakk (m)	مفكّ
hacha (f)	fa's (m)	فأس

sierra (f)	monʃār (m)	منشار
serrar (vt)	naʃar	نشر
cepillo (m)	meshāg (m)	مسحاج
cepillar (vt)	saḥag	سحج
soldador (m)	adat laḥm (f)	إداة لحم
soldar (vt)	laḥam	لحم
lima (f)	mabrad (m)	مبرد
tenazas (f pl)	kamʃa (f)	كمشة
alicates (m pl)	zardiya (f)	زرديّة
escoplo (m)	ezmīl (m)	إزميل
broca (f)	mesqāb (m)	مثقاب
taladro (m)	drill kahrabā'y (m)	دريل كهربائي
taladrar (vi, vt)	ḥafar	حفر
cuchillo (m)	sekkīna (f)	سكّينة
navaja (f)	sekkīnet gīb (m)	سكّينة جيب
filo (m)	ʃafra (f)	شفرة
agudo (adj)	ḥād	حاد
embotado (adj)	telma	تلمة
embotarse (vr)	kānet telma	كانت تلمة
afilar (vt)	sann	سنّ
perno (m)	mesmār 'alawoze (m)	مسمار قلاووظ
tuerca (f)	ṣamūla (f)	صامولة
filete (m)	χaʃχana (f)	خشخنة
tornillo (m)	'alawūz (m)	قلاووظ
clavo (m)	mesmār (m)	مسمار
cabeza (f) del clavo	rās el mesmār (m)	رأس المسمار
regla (f)	masṭara (f)	مسطرة
cinta (f) métrica	ʃerī'ṭ el 'eyās (m)	شريط القياس
nivel (m) de burbuja	mizān el maya (m)	ميزان الميّة
lupa (f)	'adasa mokabbera (f)	عدسة مكبّرة
aparato (m) de medida	gehāz 'eyās (m)	جهاز قياس
medir (vt)	'ās	قاس
escala (f) (~ métrica)	me'yās (m)	مقياس
lectura (f)	qerā'a (f)	قراءة
compresor (m)	kombressor (m)	كومبرسور
microscopio (m)	mikroskob (m)	ميكروسكوب
bomba (f) (~ de agua)	ṭolommba (f)	طلمّبة
robot (m)	robot (m)	روبوت
láser (m)	laser (m)	ليزر
llave (f) de tuerca	meftāḥ rabṭ (m)	مفتاح ربط
cinta (f) adhesiva	laz' (m)	لزق
cola (f), pegamento (m)	ṣamɣ (m)	صمغ
papel (m) de lija	wara' ṣanfara (m)	ورق صنفرة
resorte (m)	sosta (f)	سوستة

imán (m)	meɣnaṭīs (m)	مغنطيس
guantes (m pl)	gwanty (m)	جوانتي
cuerda (f)	ḥabl (m)	حبل
cordón (m)	selk (m)	سلك
hilo (m) (~ eléctrico)	selk (m)	سلك
cable (m)	kabl (m)	كابل
almádana (f)	marzaba (f)	مرزبة
barra (f)	ʿatala (f)	عتلة
escalera (f) portátil	sellem (m)	سلّم
escalera (f) de tijera	sellem naʾāl (m)	سلّم نقال
atornillar (vt)	aḥkam el ʃadd	أحكم الشدّ
destornillar (vt)	fataḥ	فتح
apretar (vt)	kamaʃ	كمش
pegar (vt)	alṣaq	ألصق
cortar (vt)	ʾaṭaʿ	قطع
fallo (m)	ʿoṭl (m)	عطل
reparación (f)	taṣlīḥ (m)	تصليح
reparar (vt)	ṣallaḥ	صلّح
regular, ajustar (vt)	ḍabaṭ	ضبط
verificar (vt)	eχtabar	إختبر
control (m)	faḥṣ (m)	فحص
lectura (f) (~ del contador)	qerāʾa (f)	قراءة
fiable (máquina)	matīn	متين
complicado (adj)	morakkab	مركّب
oxidarse (vr)	ṣadaʾ	صدئ
oxidado (adj)	meṣaddy	مصدّي
óxido (m)	ṣadaʾ (m)	صدأ

El transporte

169. El avión

avión (m)	ṭayāra (f)	طيّارة
billete (m) de avión	tazkara ṭayarān (f)	تذكرة طيران
compañía (f) aérea	ʃerket ṭayarān (f)	شركة طيران
aeropuerto (m)	maṭār (m)	مطار
supersónico (adj)	χāreq lel ṣote	خارق للصوت
comandante (m)	kabten (m)	كابتن
tripulación (f)	ṭa'm (m)	طقم
piloto (m)	ṭayār (m)	طيّار
azafata (f)	moḍīfet ṭayarān (f)	مضيفة طيران
navegador (m)	mallāḥ (m)	ملاّح
alas (f pl)	agneḥa (p)	أجنحة
cola (f)	deyl (m)	ذيل
cabina (f)	kabīna (f)	كابينة
motor (m)	motore (m)	موتور
tren (m) de aterrizaje	ʿagalāt el hobūṭ (pl)	عجلات الهبوط
turbina (f)	torbīna (f)	توربينة
hélice (f)	marwaḥa (f)	مروّحة
caja (f) negra	mosaggel el ṭayarān (m)	مسجّل الطيران
timón (m)	moqawwed el ṭayāra (m)	مقوّد الطيّارة
combustible (m)	woqūd (m)	وقود
instructivo (m) de seguridad	beṭā'et el salāma (f)	بطاقة السلامة
respirador (m) de oxígeno	mask el oksyʒīn (m)	ماسك الاوكسيجين
uniforme (m)	zayī muwaḥḥad (m)	زيّ موحّد
chaleco (m) salvavidas	sotret nagah (f)	سترة نجاة
paracaídas (m)	baraʃot (m)	باراشوت
despegue (m)	eqlāʿ (m)	إقلاع
despegar (vi)	aqlaʿet	أقلعت
pista (f) de despegue	modarrag el ṭa'erāṭ (m)	مدرّج الطائرات
visibilidad (f)	ro'ya (f)	رؤية
vuelo (m)	ṭayarān (m)	طيران
altura (f)	ertefāʿ (m)	إرتفاع
pozo (m) de aire	geyb hawā'y (m)	جيب هوائي
asiento (m)	meqʿad (m)	مقعد
auriculares (m pl)	sammaʿāt ra'siya (pl)	سمّاعات رأسية
mesita (f) plegable	ṣeniya qabela lel ṭayī (f)	صينية قابلة للطيّ
ventana (f)	ʃebbāk el ṭayāra (m)	شبّاك الطيّارة
pasillo (m)	mamarr (m)	ممرّ

170. El tren

tren (m)	qeṭār, 'aṭṭr (m)	قطار
tren (m) de cercanías	qeṭār rokkāb (m)	قطار ركّاب
tren (m) rápido	qeṭār saree' (m)	قطار سريع
locomotora (f) diésel	qāṭeret dīzel (f)	قاطرة ديزل
tren (m) de vapor	qāṭera boχariya (f)	قاطرة بخاريّة
coche (m)	'araba (f)	عربة
coche (m) restaurante	'arabet el ṭa'ām (f)	عربة الطعام
rieles (m pl)	qoḍbān (pl)	قضبان
ferrocarril (m)	sekka ḥadīdiya (f)	سكّة حديديّة
traviesa (f)	'āreḍa sekket ḥadīd (f)	عارضة سكّة الحديد
plataforma (f)	raṣīf (m)	رصيف
vía (f)	χaṭṭ (m)	خطّ
semáforo (m)	semafore (m)	سيمافور
estación (f)	maḥaṭṭa (f)	محطّة
maquinista (m)	sawwā' (m)	سوّاق
maletero (m)	ʃayāl (m)	شيّال
mozo (m) del vagón	mas'ūl 'arabet el qeṭār (m)	مسؤول عربة القطار
pasajero (m)	rākeb (m)	راكب
revisor (m)	kamsary (m)	كمسري
corredor (m)	mamarr (m)	ممرّ
freno (m) de urgencia	farāmel el ṭawāre' (pl)	فرامل الطوارئ
compartimiento (m)	ɣorfa (f)	غرفة
litera (f)	serīr (m)	سرير
litera (f) de arriba	serīr 'olwy (m)	سرير علوّي
litera (f) de abajo	serīr sofly (m)	سرير سفلي
ropa (f) de cama	aɣṭeyet el serīr (pl)	أغطيّة السرير
billete (m)	tazkara (f)	تذكرة
horario (m)	gadwal (m)	جدول
pantalla (f) de información	lawḥet ma'lomāt (f)	لوحة معلومات
partir (vi)	ɣādar	غادر
partida (f) (del tren)	moɣadra (f)	مغادرة
llegar (tren)	weṣel	وصل
llegada (f)	woṣūl (m)	وصول
llegar en tren	weṣel bel qeṭār	وصل بالقطار
tomar el tren	rekeb el qeṭār	ركب القطار
bajar del tren	nezel men el qeṭār	نزل من القطار
descarrilamiento (m)	ḥeṭām qeṭār (m)	حطام قطار
descarrilarse (vr)	χarag 'an χaṭṭ sīru	خرج عن خطّ سيره
tren (m) de vapor	qāṭera boχariya (f)	قاطرة بخاريّة
fogonero (m)	'aṭʃagy (m)	عطشجي
hogar (m)	forn el moḥarrek (m)	فرن المحرّك
carbón (m)	faḥm (m)	فحم

171. El barco

barco, buque (m)	safīna (f)	سفينة
navío (m)	safīna (f)	سفينة
buque (m) de vapor	baχera (f)	باخرة
motonave (f)	baχera nahriya (f)	باخرة نهرية
trasatlántico (m)	safīna seyaḥiya (f)	سفينة سياحيّة
crucero (m)	ṭarrād safīna baḥariya (m)	طرّاد سفينة بحريّة
yate (m)	yaχt (m)	يخت
remolcador (m)	qāṭera baḥariya (f)	قاطرة بحريّة
barcaza (f)	ṣandal (m)	صندل
ferry (m)	ʿabbāra (f)	عبّارة
velero (m)	safīna ʃeraʿiya (m)	سفينة شراعيّة
bergantín (m)	markeb ʃerāʿy (m)	مركب شراعي
rompehielos (m)	moḥaṭṭemet galīd (f)	محطّمة جليد
submarino (m)	ɣawwāṣa (f)	غوّاصة
bote (m) de remo	markeb (m)	مركب
bote (m)	zawraʾ (m)	زورق
bote (m) salvavidas	qāreb nagah (m)	قارب نجاة
lancha (f) motora	lunʃ (m)	لنش
capitán (m)	ʾobṭān (m)	قبطان
marinero (m)	baḥḥār (m)	بحّار
marino (m)	baḥḥār (m)	بحّار
tripulación (f)	ṭāqem (m)	طاقم
contramaestre (m)	rabbān (m)	ربّان
grumete (m)	ṣaby el safīna (m)	صبي السفينة
cocinero (m) de abordo	ṭabbāχ (m)	طبّاخ
médico (m) del buque	ṭabīb el safīna (m)	طبيب السفينة
cubierta (f)	saṭ-ḥ el safīna (m)	سطح السفينة
mástil (m)	sāreya (f)	سارية
vela (f)	ʃerāʿ (m)	شراع
bodega (f)	ʿanbar (m)	عنبر
proa (f)	moʾaddema (m)	مقدّمة
popa (f)	moʾaχeret el safīna (f)	مؤخّرة السفينة
remo (m)	megdāf (m)	مجذاف
hélice (f)	marwaḥa (f)	مروّحة
camarote (m)	kabīna (f)	كابينة
sala (f) de oficiales	ɣorfet el ṭaʿām wel rāḥa (f)	غرفة الطعام والراحة
sala (f) de máquinas	qesm el ʾālāt (m)	قسم الآلات
puente (m) de mando	borg el qeyāda (m)	برج القيادة
sala (f) de radio	ɣorfet el lāselky (f)	غرفة اللاسلكي
onda (f)	mouga (f)	موجة
cuaderno (m) de bitácora	segel el safīna (m)	سجل السفينة
anteojo (m)	monzār (m)	منظار
campana (f)	garas (m)	جرس

bandera (f)	ʿalam (m)	علم
cabo (m) (maroma)	ḥabl (m)	حبل
nudo (m)	ʿoʾda (f)	عقدة
pasamano (m)	drabzīn saṭ-ḥ el safīna (m)	درابزين سطح السفينة
pasarela (f)	sellem (m)	سلّم
ancla (f)	marsāh (f)	مرساة
levar ancla	rafaʿ morsah	رفع مرساة
echar ancla	rasa	رسا
cadena (f) del ancla	selselet morsah (f)	سلسلة مرساة
puerto (m)	mināʾ (m)	ميناء
embarcadero (m)	marsa (m)	مرسى
amarrar (vt)	rasa	رسا
desamarrar (vt)	aqlaʿ	أقلع
viaje (m)	reḥla (f)	رحلة
crucero (m) (viaje)	reḥla baḥariya (f)	رحلة بحريّة
derrota (f) (rumbo)	masār (m)	مسار
itinerario (m)	ṭarīʾ (m)	طريق
canal (m) navegable	magra melāḥy (m)	مجرى ملاحيّ
bajío (m)	meyāh ḍaḥla (f)	مياه ضحلة
encallar (vi)	ganaḥ	جنح
tempestad (f)	ʿāṣefa (f)	عاصفة
señal (f)	eʃara (f)	إشارة
hundirse (vr)	ɣereʾ	غرق
¡Hombre al agua!	saʾaṭ rāgil min el sefīna!	سقط راجل من السفينة!
SOS	nedāʾ eɣāsa (m)	نداء إغاثة
aro (m) salvavidas	ṭoʾe nagah (m)	طوق نجاة

172. El aeropuerto

aeropuerto (m)	maṭār (m)	مطار
avión (m)	ṭayāra (f)	طيّارة
compañía (f) aérea	ʃerket ṭayarān (f)	شركة طيران
controlador (m) aéreo	marākeb el ḥaraka el gawiya (m)	مراكب الحركة الجويّة
despegue (m)	moɣadra (f)	مغادرة
llegada (f)	woṣūl (m)	وصول
llegar (en avión)	weṣel	وصل
hora (f) de salida	waʾt el moɣadra (m)	وقت المغادرة
hora (f) de llegada	waʾt el woṣūl (m)	وقت الوصول
retrasarse (vr)	taʾakχar	تأخّر
retraso (m) de vuelo	taʾaχor el reḥla (m)	تأخّر الرحلة
pantalla (f) de información	lawḥet el maʿlomāt (f)	لوحة المعلومات
información (f)	esteʿlamāt (pl)	إستعلامات
anunciar (vt)	aʿlan	أعلن

vuelo (m)	reḥlet ṭayarān (f)	رحلة طيران
aduana (f)	gamārek (pl)	جمارك
aduanero (m)	mowazzaf el gamārek (m)	موظّف الجمارك
declaración (f) de aduana	taṣrīḥ gomroky (m)	تصريح جمركي
rellenar (vt)	mala	ملا
rellenar la declaración	mala el tasrīḥ	ملأ التصريح
control (m) de pasaportes	taftīʃ el gawazāt (m)	تفتيش الجوازات
equipaje (m)	el ʃonaṭ (pl)	الشنط
equipaje (m) de mano	ʃonaṭ el yad (pl)	شنط اليد
carrito (m) de equipaje	ʿarabet ʃonaṭ (f)	عربة شنط
aterrizaje (m)	hobūṭ (m)	هبوط
pista (f) de aterrizaje	mamarr el hobūṭ (m)	ممرّ الهبوط
aterrizar (vi)	habaṭ	هبط
escaleras (f pl) (de avión)	sellem el ṭayāra (m)	سلّم الطيّارة
facturación (f) (check-in)	tasgīl (m)	تسجيل
mostrador (m) de facturación	makān tasgīl (m)	مكان تسجيل
hacer el check-in	saggel	سجّل
tarjeta (f) de embarque	beṭāqet el rokūb (f)	بطاقة الركوب
puerta (f) de embarque	bawwābet el moɣadra (f)	بوّابة المغادرة
tránsito (m)	tranzīt (m)	ترانزيت
esperar (aguardar)	estanna	إستنّى
zona (f) de preembarque	ṣālet el moɣadra (f)	صالة المغادرة
despedir (vt)	waddaʿ	ودّع
despedirse (vr)	waddaʿ	ودّع

173. La bicicleta. La motocicleta

bicicleta (f)	beskeletta (f)	بيسكلتّة
scooter (m)	fezba (f)	فزبة
motocicleta (f)	motosekl (m)	موتوسيكل
ir en bicicleta	rāḥ bel beskeletta	راح بالبسكلتّة
manillar (m)	moqawwed (m)	مقود
pedal (m)	dawwāsa (f)	دوّاسة
frenos (m pl)	farāmel (pl)	فرامل
sillín (m)	korsy (m)	كرسي
bomba (f)	ṭolommba (f)	طلمّبة
portaequipajes (m)	raff el amteʿa (m)	رفّ الأمتعة
faro (m)	el meṣbāḥ el amāmy (m)	المصباح الأمامي
casco (m)	χawza (f)	خوذة
rueda (f)	ʿagala (f)	عجلة
guardabarros (m)	refrāf (m)	رفراف
llanta (f)	eṭār (m)	إطار
rayo (m)	mekbaḥ el ʿagala (m)	مكبح العجلة

Los coches

174. El coche

coche (m)	sayāra (f)	سيّارة
coche (m) deportivo	sayāra reyāḍiya (f)	سيّارة رياضيّة
limusina (f)	limozīn (m)	ليموزين
todoterreno (m)	sayāret ṭoro' wa'ra (f)	سيّارة طرق وعرة
cabriolé (m)	kabryoleyh (m)	كابريوليه
microbús (m)	mikrobāṣ (m)	ميكروباص
ambulancia (f)	es'āf (m)	إسعاف
quitanieves (m)	garrāfet talg (f)	جرّافة ثلج
camión (m)	ʃāḥena (f)	شاحنة
camión (m) cisterna	nāqelet betrūl (f)	ناقلة بترول
camioneta (f)	'arabiyet na'l (f)	عربيّة نقل
cabeza (f) tractora	garrār (m)	جرّار
remolque (m)	ma'ṭūra (f)	مقطورة
confortable (adj)	morīḥ	مريح
de ocasión (adj)	mosta'mal	مستعمل

175. El coche. El taller

capó (m)	kabbūt (m)	كبّوت
guardabarros (m)	refrāf (m)	رفراف
techo (m)	sa'f (m)	سقف
parabrisas (m)	ezāz amāmy (f)	إزاز أمامي
espejo (m) retrovisor	merāya daχeliya (f)	مراية داخليّة
limpiador (m)	monazzef el ezāz el amāmy (m)	منظّف الإزاز الأمامي
limpiaparabrisas (m)	massāḥāt (pl)	مسّاحات
ventana (f) lateral	ʃebbāk gāneby (m)	شبّاك جانبي
elevalunas (m)	ezāz kahrabā'y (m)	إزاز كهربائي
antena (f)	hawā'y (m)	هوائي
techo (m) solar	fat-ḥet el sa'f (f)	فتحة السقف
parachoques (m)	ekṣedām (m)	اكصدام
maletero (m)	ʃanṭet el 'arabiya (f)	شنطة العربيّة
baca (f) (portaequipajes)	raff sa'f el 'arabiya (m)	رفّ سقف العربيّة
puerta (f)	bāb (m)	باب
tirador (m) de puerta	okret el bāb (f)	اوكرة الباب
cerradura (f)	'efl el bāb (m)	قفل الباب
matrícula (f)	lawḥet raqam el sayāra (f)	لوحة رقم السيارة

silenciador (m)	kātem lel ṣcte (m)	كاتم للصوت
tanque (m) de gasolina	χazzān el banzīn (m)	خزّان البنزين
tubo (m) de escape	anbūb el ʿādem (m)	أنبوب العادم
acelerador (m)	ɣāz (m)	غاز
pedal (m)	dawwāsa (f)	دوّاسة
pedal (m) de acelerador	dawwāset el banzīn (f)	دوّاسة البنزين
freno (m)	farāmel (pl)	فرامل
pedal (m) de freno	dawwāset el farāmel (m)	دوّاسة الفرامل
frenar (vi)	farmel	فرمل
freno (m) de mano	farāmel el enteẓār (pl)	فرامل الإنتظار
embrague (m)	klatʃ (m)	كلتش
pedal (m) de embrague	dawwāset el klatʃ (f)	دوّاسة الكلتش
disco (m) de embrague	ʾorṣ el klatʃ (m)	قرص الكلتش
amortiguador (m)	momtaṣṣ lel ṣadamāt (m)	ممتصّ للصدمات
rueda (f)	ʿagala (f)	عجلة
rueda (f) de repuesto	ʿagala eḥteyāṭy (f)	عجلة إحتياطية
neumático (m)	eṭār (m)	إطار
tapacubo (m)	ṭīs (m)	طيس
ruedas (f pl) motrices	ʿagalāt el qeyāda (pl)	عجلات القيادة
de tracción delantera	dafʿ amāmy (m)	دفع أمامي
de tracción trasera	dafʿ χalfy (m)	دفع خلفي
de tracción integral	dafʿ kāmel (m)	دفع كامل
caja (f) de cambios	gearboks (m)	جير بوكس
automático (adj)	otomatīky	أوتوماتيكي
mecánico (adj)	mikanīky	ميكانيكي
palanca (f) de cambios	meqbaḍ nāqel lel ḥaraka (m)	مقبض ناقل الحركة
faro (m) delantero	el meṣbāḥ el amāmy (m)	المصباح الأمامي
faros (m pl)	el maṣabīḥ el amamiya (pl)	المصابيح الأمامية
luz (f) de cruce	nūr moʾaʃer monχafeḍ (pl)	نور مؤشر منخفض
luz (f) de carretera	nūr moʾasʃer ʿāly (m)	نور مؤشر عالي
luz (f) de freno	nūr el farāmel (m)	نور الفرامل
luz (f) de posición	lambet el enteẓār (f)	لمبة الإنتظار
luces (f pl) de emergencia	eʃārāt el taḥzīr (pl)	إشارات التحذير
luces (f pl) antiniebla	kasʃāf el ḍabāb (m)	كشّاف الضباب
intermitente (m)	eʃāret el enʿeṭāf (f)	إشارة الإنعطاف
luz (f) de marcha atrás	ḍūʾ el rogūʿ lel χalf (m)	ضوء الرجوع للخلف

176. El coche. El compartimiento de pasajeros

habitáculo (m)	ṣalone el sayāra (m)	صالون السيارة
de cuero (adj)	men el geld	من الجلد
de felpa (adj)	men el moχmal	من المخمل
tapizado (m)	tangīd (m)	تنجيد
instrumento (m)	gehāz (m)	جهاز
salpicadero (m)	lawḥet ag-heza (f)	لوحة أجهزة

velocímetro (m)	me'yās sor'a (m)	مقياس سرعة
aguja (f)	mo'asʃer (m)	مؤشّر
cuentakilómetros (m)	'addād el mesafāt (m)	عدّاد المسافات
indicador (m)	'addād (m)	عدّاد
nivel (m)	mostawa (m)	مستوى
testigo (m) (~ luminoso)	lammbet enzār (f)	لمّبة إنذار
volante (m)	moqawwed (m)	مقوّد
bocina (f)	kalaks (m)	كلاكس
botón (m)	zerr (m)	زرّ
interruptor (m)	nāqel, meftāḥ (m)	ناقل, مفتاح
asiento (m)	korsy (m)	كرسي
respaldo (m)	masnad el ḍahr (m)	مسند الظهر
reposacabezas (m)	masnad el ra's (m)	مسند الرأس
cinturón (m) de seguridad	ḥezām el amān (m)	حزام الأمان
abrocharse el cinturón	rabaṭ el ḥezām	ربط الحزام
reglaje (m)	ḍabṭ (m)	ضبط
bolsa (f) de aire (airbag)	wesāda hawa'iya (f)	وسادة هوائية
climatizador (m)	takyīf (m)	تكييف
radio (m)	radio (m)	راديو
reproductor (m) de CD	moʃagɣel sidi (m)	مشغّل سي دي
encender (vt)	fataḥ, ʃagɣal	فتح, شغّل
antena (f)	hawā'y (m)	هوائي
guantera (f)	dorg (m)	درج
cenicero (m)	ṭa'ṭū'a (f)	طقطوقة

177. El coche. El motor

motor (m)	moḥarrek (m)	محرّك
motor (m)	motore (m)	موتور
diésel (adj)	'alal diesel	على الديزل
a gasolina (adj)	'alal banzīn	على البنزين
volumen (m) del motor	ḥagm el moḥarrek (m)	حجم المحرّك
potencia (f)	'owwa (f)	قوّة
caballo (m) de fuerza	ḥoṣān (m)	حصان
pistón (m)	mekbas (m)	مكبس
cilindro (m)	esṭewāna (f)	أسطوانة
válvula (f)	ṣamām (m)	صمام
inyector (m)	baχāχa (f)	بخّاخة
generador (m)	mowalled (m)	مولّد
carburador (m)	karburetor (m)	كاربراتير
aceite (m) de motor	zeyt el moḥarrek (m)	زيت المحرّك
radiador (m)	radiator (m)	رادياتير
liquido (m) refrigerante	mobarred (m)	مبرّد
ventilador (m)	marwaḥa (f)	مروحة
estárter (m)	meftāḥ el taʃɣīl (m)	مفتاح التشغيل
encendido (m)	nezām taʃɣīl (m)	نظام تشغيل

bujía (f)	ʃam'et el eḥterāq (f)	شمعة الإحتراق
fusible (m)	fetīl (m)	فتيل
batería (f)	baṭṭariya (f)	بطّاريّة
terminal (m)	ṭaraf tawṣīl (m)	طرف توصيل
terminal (m) positivo	ṭaraf muwgeb (m)	طرف موجب
terminal (m) negativo	ṭaraf sāleb (m)	طرف سالب
filtro (m) de aire	ṣaffāyet el hawā' (f)	صفّاية الهواء
filtro (m) de aceite	ṣaffāyet el zeyt (f)	صفّاية الزيت
filtro (m) de combustible	ṣaffāyet el banzīn (f)	صفّاية البنزين

178. El coche. Accidente de tráfico. La reparación

accidente (m)	ḥadset sayāra (f)	حادثة سيارة
accidente (m) de tráfico	ḥādes morūry (m)	حادث مروري
chocar contra ...	xabaṭ	خبط
tener un accidente	daʃdaʃ	دشدش
daño (m)	xesāra (f)	خسارة
intacto (adj)	salīm	سليم
averiarse (vr)	ta'aṭṭal	تعطّل
remolque (m) (cuerda)	ḥabl el saḥb	حبل السحب
pinchazo (m)	soqb (m)	ثقب
desinflarse (vr)	fasʃ	فشّ
inflar (vt)	nafax	نفخ
presión (f)	ḍaɣṭ (m)	ضغط
verificar (vt)	extabar	إختبر
reparación (f)	taṣlīḥ (m)	تصليح
taller (m)	warʃet taṣlīḥ 'arabīāt (f)	ورشة تصليح عربيات
parte (f) de repuesto	'eṭ'et ɣeyār (f)	قطعة غيار
parte (f)	'eṭ'a (f)	قطعة
perno (m)	mesmār 'alawoze (m)	مسمار قلاووظ
tornillo (m)	mesmār (m)	مسمار
tuerca (f)	ṣamūla (f)	صامولة
arandela (f)	warda (f)	وردة
rodamiento (m)	maḥmal (m)	محمل
tubo (m)	anbūba (f)	أنبوبة
junta (f)	'az'a (f)	عزقة
cable, hilo (m)	selk (m)	سلك
gato (m)	'afrīṭa (f)	عفريطة
llave (f) de tuerca	meftāḥ rabṭ (m)	مفتاح ربط
martillo (m)	ʃakūʃ (m)	شاكوش
bomba (f)	ṭolommba (f)	طلمبّة
destornillador (m)	mefakk (m)	مفكّ
extintor (m)	ṭaffayet ḥarī' (f)	طفّاية حريق
triángulo (m) de avería	eʃāret taḥzīr (f)	إشارة تحذير
pararse, calarse (vr)	et'aṭṭal	إتعطّل

parada (f) (del motor)	tawaqqof (m)	توقّف
estar averiado	kān maksūr	كان مكسور
recalentarse (vr)	soχn aktar men el lāzem	سخن أكثر من اللازم
estar atascado	kān masdūd	كان مسدود
congelarse (vr)	etgammed	إتجمّد
reventar (vi)	enqaṭaʿ - ettʾaṭṭaʿ	إنقطع
presión (f)	ḍaɣṭ (m)	ضغط
nivel (m)	mostawa (m)	مستوى
flojo (correa ~a)	ḍaʿīf	ضعيف
abolladura (f)	ṭaʿga (f)	طعجة
ruido (m) (en el motor)	daʾʾ (m)	دقّ
grieta (f)	ʃaʾʾ (m)	شقّ
rozadura (f)	χadʃ (m)	خدش

179. El coche. El camino

camino (m)	ṭarīʾ (m)	طريق
autovía (f)	ṭarīʾ sareeʿ (m)	طريق سريع
carretera (f)	otostrad (m)	اوتوستراد
dirección (f)	ettegāh (m)	إتّجاه
distancia (f)	masāfa (f)	مسافة
puente (m)	kobry (m)	كبري
aparcamiento (m)	mawʾef el ʿarabeyāt (m)	موقف العربيات
plaza (f)	medān (m)	ميدان
intercambiador (m)	taqāṭoʿ ṭoroʾ (m)	تقاطع طرق
túnel (m)	nafaʾ (m)	نفق
gasolinera (f)	maḥaṭṭet banzīn (f)	محطّة بنزين
aparcamiento (m)	mawʾef el ʿarabeyāt (m)	موقف العربيات
surtidor (m)	maḍaχet banzīn (f)	مضخّة بنزين
taller (m)	warʃet taṣlīḥ ʿarabīāt (f)	ورشة تصليح عربيات
cargar gasolina	mala banzīn	ملى بنزين
combustible (m)	woqūd (m)	وقود
bidón (m) de gasolina	ʒerken (m)	جركن
asfalto (m)	asfalt (m)	اسفلت
señalización (f) vial	ʿalamāt el ṭarīʾ (pl)	علامات الطريق
bordillo (m)	bardora (f)	بردورة
barrera (f) de seguridad	sūr (m)	سور
cuneta (f)	terʿa (f)	ترعة
borde (m) de la carretera	ḥaffet el ṭarīʾ (f)	حافّة الطريق
farola (f)	ʿamūd nūr (m)	عمود نور
conducir (vi, vt)	sāʾ	ساق
girar (~ a la izquierda)	ḥād	حاد
girar en U	laff fe u-turn	لفّ في يو تيرن
marcha (f) atrás	ḥaraka ela al warāʾ (f)	حركة إلى الوراء
tocar la bocina	zammar	زمّر
bocinazo (m)	kalaks (m)	كلاكس

atascarse (vr)	ɣaraz	غرز
patinar (vi)	dawwar	دوّر
parar (el motor)	awqaf	أوقف
velocidad (f)	sorʿa (f)	سرعة
exceder la velocidad	ʿadda el sorʿa	عدّى السرعة
multar (vt)	farad ɣarāma	فرض غرامة
semáforo (m)	eʃārāt el morūr (pl)	إشارات المرور
permiso (m) de conducir	roxṣet el qeyāda (f)	رخصة قيادة
paso (m) a nivel	maʿbar (m)	معبر
cruce (m)	taqāṭoʿ (m)	تقاطع
paso (m) de peatones	maʿbar (m)	معبر
zona (f) de peatones	manteʾa lel moʃāh (f)	منطقة للمشاة

180. Las señales de tráfico

reglas (f pl) de tránsito	qawāʿed el ṭarīʾ (pl)	قواعد الطريق
señal (m) de tráfico	ʿalāma (f)	علامة
adelantamiento (m)	tagāwuz (m)	تجاوز
curva (f)	monʿaṭaf (m)	منعطف
vuelta (f) en U	malaff (m)	ملفّ
rotonda (f)	dawarān morūry (m)	دوّران مروري
Prohibido el paso	mamnūʿ el doxūl	ممنوع الدخول
Circulación prohibida	mamnūʿ morūr el sayārāt	ممنوع مرور السيارات
Prohibido adelantar	mamnūʿ el morūr	ممنوع المرور
Prohibido aparcar	mamnūʿ el woʾūf	ممنوع الوقوف
Prohibido parar	mamnūʿ el woʾūf	ممنوع الوقوف
curva (f) peligrosa	monʿaṭaf xaṭar (m)	منعطف خطر
bajada con fuerte pendiente	monḥadar ʃedīd (m)	منحدر شديد
sentido (m) único	ṭarīʾ etegāh wāḥed	طريق إتجاه واحد
paso (m) de peatones	maʿbar (m)	معبر
pavimento (m) deslizante	ṭarīʾ zaleq (m)	طريق زلق
ceda el paso	eʃāret el awlawiya	إشارة الأولوية

LA GENTE. ACONTECIMIENTOS DE LA VIDA

181. Los días festivos. Los eventos

fiesta (f)	ʿīd (m)	عيد
fiesta (f) nacional	ʿīd waṭany (m)	عيد وطني
día (m) de fiesta	agāza rasmiya (f)	أجازة رسميّة
celebrar (vt)	eḥtafal be zekra	إحتفل بذكرى
evento (m)	ḥadass (m)	حدث
medida (f)	monasba (f)	مناسبة
banquete (m)	walīma (f)	وليمة
recepción (f)	ḥaflet esteʾbāl (f)	حفلة إستقبال
festín (m)	walīma (f)	وليمة
aniversario (m)	zekra sanawiya (f)	ذكرى سنوية
jubileo (m)	yobeyl (m)	يوبيل
Año (m) Nuevo	raʾs el sanna (m)	رأس السنة
¡Feliz Año Nuevo!	koll sana wenta ṭayeb!	كلّ سنة وأنت طيّب!
Papá Noel (m)	baba neweyl (m)	بابا نويل
Navidad (f)	ʿīd el melād (m)	عيد الميلاد
¡Feliz Navidad!	ʿīd melād saʿīd!	عيد ميلاد سعيد!
árbol (m) de Navidad	ʃagaret el kresmas (f)	شجرة الكريسمس
fuegos (m pl) artificiales	alʿāb nāriya (pl)	ألعاب ناريّة
boda (f)	faraḥ (m)	فرح
novio (m)	ʿarīs (m)	عريس
novia (f)	ʿarūsa (f)	عروسة
invitar (vt)	ʿazam	عزم
tarjeta (f) de invitación	beṭāʾet daʿwa (f)	بطاقة دعوة
invitado (m)	ḍeyf (m)	ضيف
visitar (vt) (a los amigos)	zār	زار
recibir a los invitados	estaʾbal ḍoyūf	إستقبل ضيوف
regalo (m)	hediya (f)	هديّة
regalar (vt)	edda	إدّى
recibir regalos	estalam hadāya	إستلم هدايا
ramo (m) de flores	bokeyh (f)	بوكيه
felicitación (f)	tahneʾa (f)	تهنئة
felicitar (vt)	hanna	هنّأ
tarjeta (f) de felicitación	beṭāʾet tahneʾa (f)	بطاقة تهنئة
enviar una tarjeta	baʿat beṭāʾet tahneʾa	بعت بطاقة تهنئة
recibir una tarjeta	estalam beṭāʾa tahneʾa	استلم بطاقة تهنئة
brindis (m)	naχab (m)	نخب

ofrecer (~ una copa)	ḍayaf	ضيّف
champaña (f)	ʃambania (f)	شمبانيا
divertirse (vr)	estamtaʿ	إستمتع
diversión (f)	bahga (f)	بهجة
alegría (f) (emoción)	saʿāda (f)	سعادة
baile (m)	raʾṣa (f)	رقصة
bailar (vi, vt)	raʾaṣ	رقص
vals (m)	valles (m)	فالس
tango (m)	tango (m)	تانجو

182. Los funerales. El entierro

cementerio (m)	maqbara (f)	مقبرة
tumba (f)	ʾabr (m)	قبر
cruz (f)	ṣalīb (m)	صليب
lápida (f)	ḥagar el maʾʾbara (m)	حجر المقبرة
verja (f)	sūr (m)	سور
capilla (f)	kenīsa saɣīra (f)	كنيسة صغيرة
muerte (f)	mote (m)	موت
morir (vi)	māt	مات
difunto (m)	el motawaffy (m)	المتوفّي
luto (m)	ḥedād (m)	حداد
enterrar (vt)	dafan	دفن
funeraria (f)	maktab motaʿahhed el dafn (m)	مكتب متعهّد الدفن
entierro (m)	ganāza (f)	جنازة
corona (f) funeraria	eklīl (m)	إكليل
ataúd (m)	tabūt (m)	تابوت
coche (m) fúnebre	naʿʃ (m)	نعش
mortaja (f)	kafan (m)	كفن
cortejo (m) fúnebre	ganāza (f)	جنازة
urna (f) funeraria	garra ganaʾeziya (f)	جرّة جنائزية
crematorio (m)	maḥraʾet gosas el mawta (f)	محرقة جثث الموتى
necrología (f)	segel el wafīāt (m)	سجل الوفيات
llorar (vi)	baka	بكى
sollozar (vi)	nawwaḥ	نوّح

183. La guerra. Los soldados

sección (f)	faṣīla (f)	فصيلة
compañía (f)	serriya (f)	سريّة
regimiento (m)	foge (m)	فوج
ejército (m)	geyʃ (m)	جيش
división (f)	ferʾa (f)	فرقة

destacamento (m)	weḥda (f)	وحدة
hueste (f)	geyʃ (m)	جيش
soldado (m)	gondy (m)	جنّدي
oficial (m)	ḍābeṭ (m)	ضابط
soldado (m) raso	gondy (m)	جنّدي
sargento (m)	raqīb tāny (m)	رقيب تاني
teniente (m)	molāzem tāny (m)	ملازم تاني
capitán (m)	naqīb (m)	نقيب
mayor (m)	rā'ed (m)	رائد
coronel (m)	ʿaqīd (m)	عقيد
general (m)	ʒenerāl (m)	جنرال
marino (m)	baḥḥār (m)	بحّار
capitán (m)	'obṭān (m)	قبطان
contramaestre (m)	rabbān (m)	ربّان
artillero (m)	gondy fe selāḥ el madfaʿiya (m)	جنّدي في سلاح المدفعيّة
paracaidista (m)	selāḥ el maẓallāt (m)	سلاح المظلّلات
piloto (m)	ṭayār (m)	طيّار
navegador (m)	mallāḥ (m)	ملاّح
mecánico (m)	mikanīky (m)	ميكانيكي
zapador (m)	mohandes ʿaskary (m)	مهندس عسكري
paracaidista (m)	gondy el baraʃot (m)	جنّدي الباراشوت
explorador (m)	kaʃāfet el esteṭlāʿ (f)	كشّافة الإستطلاع
francotirador (m)	qannāṣ (m)	قنّاص
patrulla (f)	dawriya (f)	دوّريّة
patrullar (vi, vt)	'ām be dawriya	قام بدوريّة
centinela (m)	ḥāres (m)	حارس
guerrero (m)	muḥāreb (m)	محارب
patriota (m)	waṭany (m)	وطني
héroe (m)	baṭal (m)	بطل
heroína (f)	baṭala (f)	بطلة
traidor (m)	χāyen (m)	خاين
traicionar (vt)	χān	خان
desertor (m)	hāreb men el gondiya (m)	هارب من الجنديّة
desertar (vi)	farr men el geyʃ	فرّ من الجيش
mercenario (m)	ma'gūr (m)	مأجور
recluta (m)	gondy gedīd (m)	جنّدي جديد
voluntario (m)	motaṭawweʿ (m)	متطوّع
muerto (m)	'atīl (m)	قتيل
herido (m)	garīḥ (m)	جريح
prisionero (m)	asīr ḥarb (m)	أسير حرب

184. La guerra. El ámbito militar. Unidad 1

guerra (f)	ḥarb (f)	حرب
estar en guerra	ḥārab	حارب

guerra (f) civil	ḥarb ahliya (f)	حرب أهليّة
pérfidamente (adv)	ɣadran	غدراً
declaración (f) de guerra	eʻlān ḥarb (m)	إعلان حرب
declarar (~ la guerra)	aʻlan	أعلن
agresión (f)	ʻedwān (m)	عدوان
atacar (~ a un país)	hagam	هجم
invadir (vt)	eḥtall	إحتلّ
invasor (m)	moḥtell (m)	محتلّ
conquistador (m)	fāteḥ (m)	فاتح
defensa (f)	defāʻ (m)	دفاع
defender (vt)	dāfaʻ	دافع
defenderse (vr)	dāfaʻ ʻan ...	... دافع عن
enemigo (m)	ʻadeww (m)	عدوّ
adversario (m)	χeṣm (m)	خصم
enemigo (adj)	ʻadeww	عدوّ
estrategia (f)	estrateʒiya (f)	إستراتيجيّة
táctica (f)	taktīk (m)	تكتيك
orden (f)	amr (m)	أمر
comando (m)	amr (m)	أمر
ordenar (vt)	amar	أمر
misión (f)	mohemma (f)	مهمّة
secreto (adj)	serry	سرّي
batalla (f)	maʻraka (f)	معركة
combate (m)	ʼetāl (m)	قتال
ataque (m)	hogūm (m)	هجوم
asalto (m)	enqeḍāḍ (m)	إنقضاض
tomar por asalto	enqaḍḍ	إنقضّ
asedio (m), sitio (m)	ḥeṣār (m)	حصار
ofensiva (f)	hogūm (m)	هجوم
tomar la ofensiva	hagam	هجم
retirada (f)	enseḥāb (m)	إنسحاب
retirarse (vr)	ensaḥab	إنسحب
envolvimiento (m)	eḥāṭa (f)	إحاطة
cercar (vt)	aḥāṭ	أحاط
bombardeo (m)	ʼaṣf (m)	قصف
lanzar una bomba	asqaṭ qonbola	أسقط قنبلة
bombear (vt)	ʼaṣaf	قصف
explosión (f)	enfegār (m)	إنفجار
tiro (m), disparo (m)	ṭalʼa (f)	طلقة
disparar (vi)	aṭlaq el nār	أطلق النار
tiro (m) (de artillería)	eṭlāq nār (m)	إطلاق نار
apuntar a ...	ṣawwab ʻala ...	... صوّب على
encarar (apuntar)	ṣawwab	صوّب

alcanzar (el objetivo)	aṣāb el hadaf	أصاب الهدف
hundir (vt)	aɣra'	أغرق
brecha (f) (~ en el casco)	soqb (m)	ثقب
hundirse (vr)	ɣere'	غرق
frente (m)	gabha (f)	جبهة
evacuación (f)	eχlā' (m)	إخلاء
evacuar (vt)	aχla	أخلى
trinchera (f)	χondoq (m)	خندق
alambre (m) de púas	aslāk ʃā'eka (pl)	أسلاك شائكة
barrera (f) (~ antitanque)	ḥāgez (m)	حاجز
torre (f) de vigilancia	borg mora'ba (m)	برج مراقبة
hospital (m)	mostaʃfa 'askary (m)	مستشفى عسكري
herir (vt)	garaḥ	جرح
herida (f)	garḥ (m)	جرح
herido (m)	garīḥ (m)	جريح
recibir una herida	oṣīb bel garḥ	أصيب بالجرح
grave (herida)	χaṭīr	خطير

185. La guerra. El ámbito militar. Unidad 2

cautiverio (m)	asr (m)	أسر
capturar (vt)	asar	أسر
estar en cautiverio	et'asar	أتأسر
caer prisionero	we'e' fel asr	وقع في الأسر
campo (m) de concentración	mo'askar e'teqāl (m)	معسكر إعتقال
prisionero (m)	asīr ḥarb (m)	أسير حرب
escapar (de cautiverio)	hereb	هرب
traicionar (vt)	χān	خان
traidor (m)	χāyen (m)	خاين
traición (f)	χeyāna (f)	خيانة
fusilar (vt)	a'dam ramyan bel roṣāṣ	أعدم رمياً بالرصاص
fusilamiento (m)	e'dām ramyan bel roṣāṣ (m)	إعدام رمياً بالرصاص
equipo (m) (uniforme, etc.)	el 'etād el 'askary (m)	العتاد العسكري
hombrera (f)	kattāfa (f)	كتافة
máscara (f) antigás	qenā' el ɣāz (m)	قناع الغاز
radio transmisor (m)	gehāz lāselky (m)	جهاز لاسلكي
cifra (f) (código)	ʃafra (f)	شفرة
conspiración (f)	serriya (f)	سريّة
contraseña (f)	kelmet el morūr (f)	كلمة مرور
mina (f) terrestre	loɣz arāḍy (m)	لغم أرضي
minar (poner minas)	lagɣam	لغّم
campo (m) minado	ḥaql alɣām (m)	حقل ألغام
alarma (f) aérea	enzār gawwy (m)	إنذار جوّي
alarma (f)	enzār (m)	إنذار

señal (f)	eʃara (f)	إشارة
cohete (m) de señales	eʃāra moḍīʾa (f)	إشارة مضيئة

estado (m) mayor	maqarr (m)	مقرّ
reconocimiento (m)	kaʃāfet el esteṭlāʿ (f)	كشّافة الإستطلاع
situación (f)	ḥāla (f), waḍʿ (m)	حالة, وضع
informe (m)	taʾrīr (m)	تقرير
emboscada (f)	kamīn (m)	كمين
refuerzo (m)	emdadāt ʿaskariya (pl)	إمدادات عسكريّة

blanco (m)	hadaf (m)	هدف
terreno (m) de prueba	arḍ eχtebār (m)	أرض إختبار
maniobras (f pl)	monawrāt ʿaskariya (pl)	مناورات عسكريّة

pánico (m)	zoʿr (m)	ذعر
devastación (f)	damār (m)	دمار
destrucciones (f pl)	ḥeṭām (pl)	حطام
destruir (vt)	dammar	دمّر

sobrevivir (vi, vt)	negy	نجي
desarmar (vt)	garrad men el selāḥ	جرّد من السلاح
manejar (un arma)	estaʿmel	إستعمل

¡Firmes!	entebāh	إنتباه!
¡Descanso!	estareḥ!	إسترح!

hazaña (f)	maʾsara (f)	مأثرة
juramento (m)	qasam (m)	قسم
jurar (vt)	aqsam	أقسم

condecoración (f)	wesām (m)	وسام
condecorar (vt)	manaḥ	منح
medalla (f)	medalya (f)	ميدالية
orden (m) (~ de Merito)	wesām ʿaskary (m)	وسام عسكري

victoria (f)	enteṣār - fozə (m)	إنتصار, فوز
derrota (f)	hazīma (f)	هزيمة
armisticio (m)	hodna (f)	هدنة

bandera (f)	rāyet el maʿraka (f)	راية المعركة
gloria (f)	magd (m)	مجد
desfile (m) militar	mawkeb (m)	موكب
marchar (desfilar)	sār	سار

186. Las armas

arma (f)	asleḥa (pl)	أسلحة
arma (f) de fuego	asleḥa nāriya (pl)	أسلحة ناريّة
arma (f) blanca	asleḥa bayḍāʾ (pl)	أسلحة بيضاء

arma (f) química	asleḥa kemawiya (pl)	أسلحة كيماويّة
nuclear (adj)	nawawy	نوويّ
arma (f) nuclear	asleḥa nawawiya (pl)	أسلحة نوويّة
bomba (f)	qonbela (f)	قنبلة

bomba (f) atómica	qonbela nawawiya (f)	قنبلة نوويّة
pistola (f)	mosaddas (m)	مسدّس
fusil (m)	bondoqiya (f)	بندقيّة
metralleta (f)	mosaddas rasʃāʃ (m)	مسدّس رشّاش
ametralladora (f)	rasʃāʃ (m)	رشّاش

boca (f)	fawha (f)	فوهة
cañón (m) (del arma)	anbūba (f)	أنبوبة
calibre (m)	ʿeyār (m)	عيار

gatillo (m)	zanād (m)	زناد
alza (f)	moṣawweb (m)	مصوّب
cargador (m)	maχzan (m)	مخزن
culata (f)	ʿaqab el bondoʾiya (m)	عقب البندقيّة

granada (f) de mano	qonbela yadawiya (f)	قنبلة يدويّة
explosivo (m)	mawād motafaggera (pl)	مواد متفجّرة

bala (f)	roṣāṣa (f)	رصاصة
cartucho (m)	χarṭūʃa (f)	خرطوشة
carga (f)	ḥaʃwa (f)	حشوة
pertrechos (m pl)	zaχīra (f)	ذخيرة

bombardero (m)	qazefet qanābel (f)	قاذفة قنابل
avión (m) de caza	ṭayāra muqātela (f)	طيّارة مقاتلة
helicóptero (m)	heliokobter (m)	هليكوبتر

antiaéreo (m)	madfaʿ moḍād lel ṭaʾerāṭ (m)	مدفع مضاد للطائرات
tanque (m)	dabbāba (f)	دبّابة
cañón (m) (de un tanque)	madfaʿ el dabbāba (m)	مدفع الدبّابة

artillería (f)	madfaʿiya (f)	مدفعيّة
cañón (m) (arma)	madfaʿ (m)	مدفع
dirigir (un misil, etc.)	ṣawwab	صوّب

mortero (m)	hawn (m)	هاون
bomba (f) de mortero	qonbela hawn (f)	قنبلة هاون
obús (m)	qazīfa (f)	قذيفة
trozo (m) de obús	ʃazya (f)	شظية

submarino (m)	ɣawwāṣa (f)	غوّاصة
torpedo (m)	ṭorbīd (m)	طوربيد
misil (m)	ṣarūχ (m)	صاروخ

cargar (pistola)	ʿammar	عمّر
tirar (vi)	ḍarab bel nār	ضرب بالنار
apuntar a ...	ṣawwab ʿala ...	صوّب على ...
bayoneta (f)	ḥerba (f)	حربة

espada (f) (duelo a ~)	seyf zu ḥaddeyn (m)	سيف ذو حدّين
sable (m)	seyf monḥany (m)	سيف منحني
lanza (f)	remḥ (m)	رمح
arco (m)	qose (m)	قوس
flecha (f)	sahm (m)	سهم
mosquete (m)	musket (m)	مسكيت
ballesta (f)	qose mostaʿraḍ (m)	قوس مستعرض

187. Los pueblos antiguos

primitivo (adj)	bedā'y	بدائي
prehistórico (adj)	ma qabl el tarīχ	ما قبل التاريخ
antiguo (adj)	'adīm	قديم
Edad (f) de Piedra	el ʿaṣr el ḥagary (m)	العصر الحجري
Edad (f) de Bronce	el ʿaṣr el bronzy (m)	العصر البرونزي
Edad (f) de Hielo	el ʿaṣr el galīdy (m)	العصر الجليدي
tribu (f)	qabīla (f)	قبيلة
caníbal (m)	'ākel loḥūm el baʃar (m)	آكل لحوم البشر
cazador (m)	ṣayād (m)	صيّاد
cazar (vi, vt)	eṣṭād	إصطاد
mamut (m)	mamūθ (m)	ماموث
caverna (f)	kahf (m)	كهف
fuego (m)	nār (f)	نار
hoguera (f)	nār moχayem (m)	نار مخيّم
pintura (f) rupestre	rasm fel kahf (m)	رسم في الكهف
herramienta (f), útil (m)	adah (f)	أداة
lanza (f)	remḥ (m)	رمح
hacha (f) de piedra	fa's ḥagary (m)	فأس حجري
estar en guerra	ḥārab	حارب
domesticar (vt)	esta'nas	استئنس
ídolo (m)	ṣanam (m)	صنم
adorar (vt)	ʿabad	عبد
superstición (f)	χorāfa (f)	خرافة
rito (m)	mansak (m)	منسك
evolución (f)	taṭṭawwor (m)	تطوّر
desarrollo (m)	nomoww (m)	نموّ
desaparición (f)	enqerāḍ (m)	إنقراض
adaptarse (vr)	takayaf (maʿ)	(تكيّف (مع
arqueología (f)	ʿelm el 'āsār (m)	علم الآثار
arqueólogo (m)	ʿālem āsār (m)	عالم آثار
arqueológico (adj)	asary	أثري
sitio (m) de excavación	mawqeʿ ḥafr (m)	موقع حفر
excavaciones (f pl)	tanqīb (m)	تنقيب
hallazgo (m)	ekteʃāf (m)	إكتشاف
fragmento (m)	'eṭʿa (f)	قطعة

188. La Edad Media

pueblo (m)	ʃaʿb (m)	شعب
pueblos (m pl)	ʃoʿūb (pl)	شعوب
tribu (f)	qabīla (f)	قبيلة
tribus (f pl)	qabā'el (pl)	قبائل
bárbaros (m pl)	el barabra (pl)	البرابرة

galos (m pl)	el ɣaliyūn (pl)	الغاليّون
godos (m pl)	el qūṭiyūn (pl)	القوطيون
eslavos (m pl)	el selāf (pl)	السلاف
vikingos (m pl)	el viking (pl)	الفايكينج
romanos (m pl)	el romān (pl)	الرومان
romano (adj)	romāny	روماني
bizantinos (m pl)	bizanṭiyūn (pl)	بيزنطيون
Bizancio (m)	bīzanṭa (f)	بيزنطة
bizantino (adj)	bīzanṭy	بيزنطي
emperador (m)	embraṭore (m)	إمبراطور
jefe (m)	zaʿīm (m)	زعيم
poderoso (adj)	gabbār	جبّار
rey (m)	malek (m)	ملك
gobernador (m)	ḥākem (m)	حاكم
caballero (m)	fāres (m)	فارس
señor (m) feudal	eqṭāʿy (m)	إقطاعي
feudal (adj)	eqṭāʿy	إقطاعي
vasallo (m)	ḥākem tābeʿ (m)	حاكم تابع
duque (m)	dūʾ (m)	دوق
conde (m)	earl (m)	ايرل
barón (m)	barūn (m)	بارون
obispo (m)	asqof (m)	أسقف
armadura (f)	derʿ (m)	درع
escudo (m)	derʿ (m)	درع
espada (f) (danza de ~s)	seyf (m)	سيف
visera (f)	ḥaffa amamiya lel χoza (f)	حافة أماميّة للخوذة
cota (f) de malla	derʿ el zard (m)	درع الزرد
cruzada (f)	ḥamla ṣalībiya (f)	حملة صليبيّة
cruzado (m)	ṣalīby (m)	صليبي
territorio (m)	arḍ (f)	أرض
atacar (~ a un país)	hagam	هجم
conquistar (vt)	fataḥ	فتح
ocupar (invadir)	eḥtall	إحتلّ
asedio (m), sitio (m)	ḥeṣār (m)	حصار
sitiado (adj)	moḥāṣar	محاصر
asediar, sitiar (vt)	ḥāṣar	حاصر
inquisición (f)	maḥākem el taftīʃ (pl)	محاكم التفتيش
inquisidor (m)	mofatteʃ (m)	مفتّش
tortura (f)	taʿzīb (m)	تعذيب
cruel (adj)	waḥʃy	وحشي
hereje (m)	moharṭeq (m)	مهرطق
herejía (f)	harṭaʾa (f)	هرطقة
navegación (f) marítima	el safar bel baḥr (m)	السفر بالبحر
pirata (m)	ʾorṣān (m)	قرصان
piratería (f)	ʾarṣana (f)	قرصنة

abordaje (m)	mohagmet safīna (f)	مهاجمة سفينة
botín (m)	ɣanīma (f)	غنيمة
tesoros (m pl)	konūz (pl)	كنوز
descubrimiento (m)	ekteʃāf (m)	إكتشاف
descubrir (tierras nuevas)	ektaʃaf	إكتشف
expedición (f)	beʿsa (f)	بعثة
mosquetero (m)	fāres (m)	فارس
cardenal (m)	kardinal (m)	كاردينال
heráldica (f)	ʃeʿārāt el nabāla (pl)	شعارات النبالة
heráldico (adj)	χāṣṣ be ʃeʿarāt el nebāla	خاصّ بشعارات النبالة

189. El líder. El jefe. Las autoridades

rey (m)	malek (m)	ملك
reina (f)	maleka (f)	ملكة
real (adj)	malaky	ملكي
reino (m)	mamlaka (f)	مملكة
príncipe (m)	amīr (m)	أمير
princesa (f)	amīra (f)	أميرة
presidente (m)	raʾīs (m)	رئيس
vicepresidente (m)	nāʾeb el raʾīs (m)	نائب الرئيس
senador (m)	ʿoḍw magles el ʃoyūχ (m)	عضو مجلس الشيوخ
monarca (m)	ʿāhel (m)	عاهل
gobernador (m)	ḥākem (m)	حاكم
dictador (m)	dektatore (m)	ديكتاتور
tirano (m)	ṭāɣeya (f)	طاغية
magnate (m)	raʾsmāly kebīr (m)	رأسمالي كبير
director (m)	modīr (m)	مدير
jefe (m)	raʾīs (m)	رئيس
gerente (m)	modīr (m)	مدير
amo (m)	raʾīs (m)	رئيس
dueño (m)	ṣāḥeb (m)	صاحب
jefe (m), líder (m)	zaʿīm (m)	زعيم
jefe (m) (~ de delegación)	raʾīs (m)	رئيس
autoridades (f pl)	solṭāt (pl)	سلطات
superiores (m pl)	roʾasāʾ (pl)	رؤساء
gobernador (m)	muḥāfeẓ (m)	محافظ
cónsul (m)	qonṣol (m)	قنصل
diplomático (m)	deblomāsy (m)	دبلوماسي
alcalde (m)	raʾīs el baladiya (m)	رئيس البلديّة
sheriff (m)	ʃerīf (m)	شريف
emperador (m)	embraṭore (m)	إمبراطور
zar (m)	qayṣar (m)	قيصر
faraón (m)	ferʿone (m)	فرعون
jan (m), kan (m)	χān (m)	خان

190. La calle. El camino. Las direcciones

camino (m)	ṭarī' (m)	طريق
vía (f)	ṭarī' (m)	طريق
carretera (f)	otostrad (m)	اوتوستراد
autovía (f)	ṭarī' saree' (m)	طريق سريع
camino (m) nacional	ṭarī' waṭany (m)	طريق وطني
camino (m) principal	ṭarī' ra'īsy (m)	طريق رئيسي
camino (m) de tierra	ṭarī' torāby (m)	طريق ترابي
sendero (m)	mamarr (m)	ممرّ
senda (f)	mamarr (m)	ممرّ
¿Dónde?	feyn?	فين؟
¿A dónde?	feyn?	فين؟
¿De dónde?	meneyn?	منين؟
dirección (f)	ettegāh (m)	إتّجاه
mostrar (~ el camino)	ʃāwer	شاور
a la izquierda (girar ~)	lel ʃemāl	للشمال
a la derecha (girar)	lel yemīn	لليمين
todo recto (adv)	'ala ṭūl	على طول
atrás (adv)	wara'	وراء
curva (f)	mon'aṭaf (m)	منعطف
girar (~ a la izquierda)	ḥād	حاد
girar en U	laff fe u-turn	لفّ في يو تيرن
divisarse (vr)	ẓahar	ظهر
aparecer (vi)	ẓahar	ظهر
alto (m)	estrāḥa ṭawīla (f)	إستراحة طويلة
descansar (vi)	rayaḥ	ريّح
reposo (m)	rāḥa (f)	راحة
perderse (vr)	tāh	تاه
llevar a ... (el camino)	adda ela ...	أدّى إلى...
llegar a ...	weṣel ela ...	وصل إلى...
tramo (m) (~ del camino)	emtedād (m)	إمتداد
asfalto (m)	asfalt (m)	اسفلت
bordillo (m)	bardora (f)	بردورة
cuneta (f)	ter'a (f)	ترعة
pozo (m) de alcantarillado	fat-ḥa (f)	فتحة
arcén (m)	ḥaffet el ṭarī' (f)	حافّة الطريق
bache (m)	ḥofra (f)	حفرة
ir (a pie)	meʃy	مشى
adelantar (vt)	egtāz	إجتاز
paso (m)	xaṭwa (f)	خطوة
a pie	maʃyī	مشيّ

bloquear (vt)	sadd	سدّ
barrera (f) (~ automática)	ḥāgez ṭarī' (m)	حاجز طريق
callejón (m) sin salida	ṭarī' masdūd (m)	طريق مسدود

191. Violar la ley. Los criminales. Unidad 1

bandido (m)	qāṭe' ṭarī' (m)	قاطع طريق
crimen (m)	garīma (f)	جريمة
criminal (m)	mogrem (m)	مجرم
ladrón (m)	sāre' (m)	سارق
robar (vt)	sara'	سرق
robo (m)	ser'a (f)	سرقة
secuestrar (vt)	χaṭaf	خطف
secuestro (m)	χaṭf (m)	خطف
secuestrador (m)	χāṭef (m)	خاطف
rescate (m)	fedya (f)	فدية
exigir un rescate	ṭalab fedya	طلب فدية
robar (vt)	nahab	نهب
robo (m)	nahb (m)	نهب
atracador (m)	nahhāb (m)	نهّاب
extorsionar (vt)	balṭag	بلطج
extorsionista (m)	balṭagy (m)	بلطجي
extorsión (f)	balṭaga (f)	بلطجة
matar, asesinar (vt)	'atal	قتل
asesinato (m)	'atl (m)	قتل
asesino (m)	qātel (m)	قاتل
tiro (m), disparo (m)	ṭal'et nār (f)	طلقة نار
disparar (vi)	aṭlaq el nār	أطلق النار
matar (a tiros)	'atal bel roṣāṣ	قتل بالرصاص
tirar (vi)	ḍarab bel nār	ضرب بالنار
tiroteo (m)	ḍarb nār (m)	ضرب نار
incidente (m)	ḥādes (m)	حادث
pelea (f)	χenā'a (f)	خناقة
¡Socorro!	sā'idni	ساعدني!
víctima (f)	ḍaḥiya (f)	ضحيّة
perjudicar (vt)	χarrab	خرّب
daño (m)	χesāra (f)	خسارة
cadáver (m)	gossa (f)	جثّة
grave (un delito ~)	χaṭīra	خطيرة
atacar (vt)	hagam	هجم
pegar (golpear)	ḍarab	ضرب
apporear (vt)	ḍarab	ضرب
quitar (robar)	salab	سلب
acuchillar (vt)	ṭa'an ḥatta el mote	طعن حتّى الموت

mutilar (vt)	ʃawwah	شوّه
herir (vt)	garaḥ	جرح
chantaje (m)	ebtezāz (m)	إبتزاز
hacer chantaje	ebtazz	إبتزّ
chantajista (m)	mobtazz (m)	مبتزّ
extorsión (f)	balṭaga (f)	بلطجة
extorsionador (m)	mobtazz (m)	مبتزّ
gángster (m)	ragol ʿeṣāba (m)	رجل عصابة
mafia (f)	mafia (f)	مافيا
carterista (m)	nasʃāl (m)	نشّال
ladrón (m) de viviendas	leṣṣ beyūt (m)	لص بيوت
contrabandismo (m)	tahrīb (m)	تهريب
contrabandista (m)	moharreb (m)	مهرّب
falsificación (f)	tazwīr (m)	تزوير
falsificar (vt)	zawwar	زوّر
falso (falsificado)	mozawwara	مزوّرة

192. Violar la ley. Los criminales. Unidad 2

violación (f)	eɣteṣāb (m)	إغتصاب
violar (vt)	eɣtaṣab	إغتصب
violador (m)	moɣtaṣeb (m)	مغتصب
maniaco (m)	mahwūs (m)	مهووس
prostituta (f)	mommos (f)	مومّس
prostitución (f)	daʿāra (f)	دعارة
chulo (m), proxeneta (m)	qawwād (m)	قوّاد
drogadicto (m)	modmen moχaddarāt (m)	مدمن مخدّرات
narcotraficante (m)	tāger moχaddarāt (m)	تاجر مخدّرات
hacer explotar	faggar	فجّر
explosión (f)	enfegār (m)	إنفجار
incendiar (vt)	aʃʿal el nār	أشعل النار
incendiario (m)	moʃʿel ḥarīq ʿan ʿamd (m)	مشعل حريق عن عمد
terrorismo (m)	erhāb (m)	إرهاب
terrorista (m)	erhāby (m)	إرهابي
rehén (m)	rahīna (m)	رهينة
estafar (vt)	eḥtāl	إحتال
estafa (f)	eḥteyāl (m)	إحتيال
estafador (m)	moḥtāl (m)	محتال
sobornar (vt)	raʃa	رشا
soborno (m) (delito)	erteʃāʾ (m)	إرتشاء
soborno (m) (dinero, etc.)	raʃwa (f)	رشوة
veneno (m)	semm (m)	سمّ
envenenar (vt)	sammem	سمّم

envenenarse (vr)	sammem nafsoh	سمّم نفسه
suicidio (m)	enteḥār (m)	إنتحار
suicida (m, f)	montaḥer (m)	منتحر
amenazar (vt)	hadded	هدّد
amenaza (f)	tahdīd (m)	تهديد
atentar (vi)	ḥāwel eɣteyāl	حاول إغتيال
atentado (m)	moḥawlet eɣteyāl (f)	محاولة إغتيال
robar (un coche)	sara'	سرق
secuestrar (un avión)	eχtaṭaf	إختطف
venganza (f)	enteqām (m)	إنتقام
vengar (vt)	entaqam	إنتقم
torturar (vt)	ʿazzeb	عذّب
tortura (f)	taʿzīb (m)	تعذيب
atormentar (vt)	ʿazzeb	عذّب
pirata (m)	'orṣān (m)	قرصان
gamberro (m)	wabaʃ (m)	وبش
armado (adj)	mosallaḥ	مسلّح
violencia (f)	ʿonf (m)	عنف
ilegal (adj)	meʃ qanūniy	مش قانونيّ
espionaje (m)	tagassas (m)	تجسّس
espiar (vi, vt)	tagassas	تجسّس

193. La policía. La ley. Unidad 1

justicia (f)	qaḍā' (m)	قضاء
tribunal (m)	maḥkama (f)	محكمة
juez (m)	qāḍy (m)	قاضي
jurados (m pl)	moḥallafīn (pl)	محلّفين
tribunal (m) de jurados	qaḍā' el muḥallafīn (m)	قضاء المحلّفين
juzgar (vt)	ḥakam	حكم
abogado (m)	muḥāmy (m)	محامي
acusado (m)	moddaʿy ʿaleyh (m)	مدّعي عليه
banquillo (m) de los acusados	'afaṣ el ettehām (m)	قفص الإتّهام
inculpación (f)	ettehām (m)	إتّهام
inculpado (m)	mottaham (m)	متّهم
sentencia (f)	ḥokm (m)	حكم
sentenciar (vt)	ḥakam	حكم
culpable (m)	gāny (m)	جاني
castigar (vt)	ʿāqab	عاقب
castigo (m)	ʿeqāb (m)	عقاب
multa (f)	ɣarāma (f)	غرامة
cadena (f) perpetua	segn mada el ḥayah (m)	سجن مدى الحياة

pena (f) de muerte	ʿoqūbet ʾeʿdām (f)	عقوبة إعدام
silla (f) eléctrica	el korsy el kaharabāʾy (m)	الكرسي الكهربائي
horca (f)	maʃnaʾa (f)	مشنقة
ejecutar (vt)	aʿdam	أعدم
ejecución (f)	eʿdām (m)	إعدام
prisión (f)	segn (m)	سجن
celda (f)	zenzāna (f)	زنزانة
escolta (f)	ḥerāsa (f)	حراسة
guardia (m) de prisiones	ḥāres segn (m)	حارس سجن
prisionero (m)	sagīn (m)	سجين
esposas (f pl)	kalabʃāt (pl)	كلابشات
esposar (vt)	kalbeʃ	كلبش
escape (m)	horūb men el segn (m)	هروب من السجن
escaparse (vr)	hereb	هرب
desaparecer (vi)	eχtafa	إختفى
liberar (vt)	aχla sabīl	أخلى سبيل
amnistía (f)	ʿafw ʿām (m)	عفو عام
policía (f) (~ nacional)	ʃorṭa (f)	شرطة
policía (m)	ʃorṭy (m)	شرطي
comisaría (f) de policía	qesm ʃorṭa (m)	قسم شرطة
porra (f)	ʿaṣāya maṭṭāṭiya (f)	عصاية مطّاطية
megáfono (m)	būʾ (m)	بوق
coche (m) patrulla	ʿarabiyet dawrīāt (f)	عربيّة دوريات
sirena (f)	sarīna (f)	سرينة
poner la sirena	wallaʿ el sarīna	ولّع السرينة
sonido (m) de sirena	ṣote sarīna (m)	صوت سرينة
escena (f) del delito	masraḥ el garīma (m)	مسرح الجريمة
testigo (m)	ʃāhed (m)	شاهد
libertad (f)	ḥorriya (f)	حرّية
cómplice (m)	ʃerīk fel garīma (m)	شريك في الجريمة
escapar de ...	hereb	هرب
rastro (m)	asar (m)	أثر

194. La policía. La ley. Unidad 2

búsqueda (f)	baḥs (m)	بحث
buscar (~ el criminal)	dawwar ʿala	دوّر على
sospecha (f)	ʃobha (f)	شبهة
sospechoso (adj)	maʃbūh	مشبوه
parar (~ en la calle)	awqaf	أوقّف
retener (vt)	eʿtaqal	إعتقل
causa (f) (~ penal)	ʾaḍiya (f)	قضيّة
investigación (f)	taḥʾīʾ (m)	تحقيق
detective (m)	moḥaqqeq (m)	محقّق
investigador (m)	mofatteʃ (m)	مفتّش

versión (f)	rewāya (f)	رواية
motivo (m)	dāfeʿ (m)	دافع
interrogatorio (m)	estegwāb (m)	إستجواب
interrogar (vt)	estagweb	إستجوّب
interrogar (al testigo)	estanṭaʾ	إستنطق
control (m) (de vehículos, etc.)	faḥṣ (m)	فحص
redada (f)	gamʿ (m)	جمع
registro (m) (~ de la casa)	taftīʃ (m)	تفتيش
persecución (f)	moṭarda (f)	مطاردة
perseguir (vt)	ṭārad	طارد
rastrear (~ al criminal)	tatabbaʿ	تتبّع
arresto (m)	eʿteqāl (m)	إعتقال
arrestar (vt)	eʿtaqal	اعتقل
capturar (vt)	ʾabaḍ ʿala	قبض على
captura (f)	ʾabḍ (m)	قبض
documento (m)	wasīqa (f)	وثيقة
prueba (f)	dalīl (m)	دليل
probar (vt)	asbat	أثبت
huella (f) (pisada)	baṣma (f)	بصمة
huellas (f pl) digitales	baṣamāt el aṣābeʿ (pl)	بصمات الأصابع
elemento (m) de prueba	ʾeṭʿa men el adella (f)	قطعة من الأدلّة
coartada (f)	ḥegget ɣeyāb (f)	حجّة غياب
inocente (no culpable)	barīʾ	بريء
injusticia (f)	ẓolm (m)	ظلم
injusto (adj)	meʃ ʿādel	مش عادل
criminal (adj)	mogrem	مجرم
confiscar (vt)	ṣādar	صادر
narcótico (m)	moχaddarāt (pl)	مخدّرات
arma (f)	selāḥ (m)	سلاح
desarmar (vt)	garrad men el selāḥ	جرّد من السلاح
ordenar (vt)	amar	أمر
desaparecer (vi)	eχtafa	إختفى
ley (f)	qanūn (m)	قانون
legal (adj)	qanūny	قانوني
ilegal (adj)	meʃ qanūny	مش قانوني
responsabilidad (f)	masʾoliya (f)	مسؤوليّة
responsable (adj)	masʾūl (m)	مسؤول

LA NATURALEZA

La tierra. Unidad 1

195. El espacio

cosmos (m)	faḍā' (m)	فضاء
espacial, cósmico (adj)	faḍā'y	فضائي
espacio (m) cósmico	el faḍā' el χāregy (m)	الفضاء الخارجي
mundo (m)	ʿālam (m)	عالم
universo (m)	el kōn (m)	الكون
galaxia (f)	el magarra (f)	المجرّة
estrella (f)	negm (m)	نجم
constelación (f)	borg (m)	برج
planeta (m)	kawwkab (m)	كوكب
satélite (m)	'amar ṣenāʿy (m)	قمر صناعي
meteorito (m)	nayzek (m)	نيّزك
cometa (m)	mozannab (m)	مذنّب
asteroide (m)	kowaykeb (m)	كويكب
órbita (f)	madār (m)	مدار
girar (vi)	dār	دار
atmósfera (f)	el ɣelāf el gawwy (m)	الغلاف الجوّي
Sol (m)	el ʃams (f)	الشمس
sistema (m) solar	el magmūʿa el ʃamsiya (f)	المجموعة الشمسيّة
eclipse (m) de Sol	kosūf el ʃams (m)	كسوف الشمس
Tierra (f)	el arḍ (f)	الأرض
Luna (f)	el 'amar (m)	القمر
Marte (m)	el marrīχ (m)	المرّيخ
Venus (f)	el zahra (f)	الزهرة
Júpiter (m)	el moʃtary (m)	المشتري
Saturno (m)	zoḥḥol (m)	زحل
Mercurio (m)	ʿaṭāred (m)	عطارد
Urano (m)	uranus (m)	اورانوس
Neptuno (m)	nibtūn (m)	نبتون
Plutón (m)	bluto (m)	بلوتو
la Vía Láctea	darb el tebbāna (m)	درب التبّانة
la Osa Mayor	el dobb el akbar (m)	الدب الأكبر
la Estrella Polar	negm el 'oṭb (m)	نجم القطب
marciano (m)	sāken el marrīχ (m)	ساكن المرّيخ
extraterrestre (m)	faḍā'y (m)	فضائي

planetícola (m)	kā'en faḍā'y (m)	كائن فضائي
platillo (m) volante	ṭaba' ṭā'er (m)	طبق طائر
nave (f) espacial	markaba faḍa'iya (f)	مركبة فضائية
estación (f) orbital	maḥaṭṭet faḍā' (f)	محطّة فضاء
despegue (m)	enṭelāq (m)	إنطلاق
motor (m)	motore (m)	موتور
tobera (f)	manfaθ (m)	منفث
combustible (m)	woqūd (m)	وقود
carlinga (f)	kabīna (f)	كابينة
antena (f)	hawā'y (m)	هوائي
ventana (f)	kowwa mostadīra (f)	كوّة مستديرة
batería (f) solar	lawḥa ʃamsiya (f)	لوحة شمسيّة
escafandra (f)	badlet el faḍā' (f)	بدّلة الفضاء
ingravidez (f)	en'edām wazn (m)	إنعدام الوزن
oxígeno (m)	oksiʒīn (m)	أوكسجين
atraque (m)	rasw (m)	رسو
realizar el atraque	rasa	رسى
observatorio (m)	marṣad (m)	مرصد
telescopio (m)	teleskop (m)	تلسكوب
observar (vt)	rāqab	راقب
explorar (~ el universo)	estakʃef	إستكشف

196. La tierra

Tierra (f)	el arḍ (f)	الأرض
globo (m) terrestre	el kora el arḍiya (f)	الكرة الأرضيّة
planeta (m)	kawwkab (m)	كوكب
atmósfera (f)	el ɣelāf el gawwy (m)	الغلاف الجوّي
geografía (f)	goɣrafia (f)	جغرافيا
naturaleza (f)	ṭabee'a (f)	طبيعة
globo (m) terráqueo	namūzag lel kora el arḍiya (m)	نموذج للكرة الأرضيّة
mapa (m)	xarīṭa (f)	خريطة
atlas (m)	aṭlas (m)	أطلس
Europa (f)	orobba (f)	أوروبّا
Asia (f)	asya (f)	آسيا
África (f)	afreqia (f)	أفريقيا
Australia (f)	ostorālya (f)	أستراليا
América (f)	amrīka (f)	أمريكا
América (f) del Norte	amrīka el ʃamaliya (f)	أمريكا الشماليّة
América (f) del Sur	amrīka el ganūbiya (f)	أمريكا الجنوبيّة
Antártida (f)	el qoṭb el ganūby (m)	القطب الجنوبي
Ártico (m)	el qoṭb el ʃamāly (m)	القطب الشمالي

197. Los puntos cardinales

norte (m)	ʃemāl (m)	شمال
al norte	lel ʃamāl	للشمال
en el norte	fel ʃamāl	في الشمال
del norte (adj)	ʃamāly	شمالي
sur (m)	ganūb (m)	جنوب
al sur	lel ganūb	للجنوب
en el sur	fel ganūb	في الجنوب
del sur (adj)	ganūby	جنوبي
oeste (m)	ɣarb (m)	غرب
al oeste	lel ɣarb	للغرب
en el oeste	fel ɣarb	في الغرب
del oeste (adj)	ɣarby	غربي
este (m)	ʃarʾ (m)	شرق
al este	lel ʃarʾ	للشرق
en el este	fel ʃarʾ	في الشرق
del este (adj)	ʃarʾy	شرقي

198. El mar. El océano

mar (m)	baḥr (m)	بحر
océano (m)	moḥīṭ (m)	محيط
golfo (m)	χalīg (m)	خليج
estrecho (m)	maḍīq (m)	مضيق
tierra (f) firme	barr (m)	برّ
continente (m)	qārra (f)	قارّة
isla (f)	gezīra (f)	جزيرة
península (f)	ʃebh gezeyra (f)	شبه جزيرة
archipiélago (m)	magmūʿet gozor (f)	مجموعة جزر
bahía (f)	χalīg (m)	خليج
ensenada, bahía (f)	mināʾ (m)	ميناء
laguna (f)	lagūn (m)	لاجون
cabo (m)	raʾs (m)	رأس
atolón (m)	gezīra morganiya estwaʾiya (f)	جزيرة مرجانيّة إستوائيّة
arrecife (m)	ʃoʿāb (pl)	شعاب
coral (m)	morgān (m)	مرجان
arrecife (m) de coral	ʃoʿāb morganiya (pl)	شعاب مرجانية
profundo (adj)	ʿamīq	عميق
profundidad (f)	ʿomq (m)	عمق
abismo (m)	el ʿomq el saḥīq (m)	العمق السحيق
fosa (f) oceánica	χondoq (m)	خندق
corriente (f)	tayār (m)	تيّار
bañar (rodear)	ḥāṭ	حاط
orilla (f)	sāḥel (m)	ساحل

costa (f)	sāḥel (m)	ساحل
flujo (m)	tayār (m)	تيّار
reflujo (m)	gozor (m)	جزر
banco (m) de arena	meyāh ḍaḥla (f)	مياه ضحلة
fondo (m)	qā' (m)	قاع
ola (f)	mouga (f)	موجة
cresta (f) de la ola	qemma (f)	قمّة
espuma (f)	zabad el baḥr (m)	زبد البحر
tempestad (f)	'āṣefa (f)	عاصفة
huracán (m)	e'ṣār (m)	إعصار
tsunami (m)	tsunāmy (m)	تسونامي
bonanza (f)	hodū' (m)	هدوء
calmo, tranquilo	hady	هادئ
polo (m)	'oṭb (m)	قطب
polar (adj)	'oṭby	قطبي
latitud (f)	'arḍ (m)	عرض
longitud (f)	ҳaṭṭ ṭūl (m)	خطّ طول
paralelo (m)	motawāz (m)	متواز
ecuador (m)	ҳaṭṭ el estewā' (m)	خطّ الإستواء
cielo (m)	samā' (f)	سماء
horizonte (m)	ofoq (m)	أفق
aire (m)	hawā' (m)	هواء
faro (m)	manāra (f)	منارة
bucear (vi)	ɣāṣ	غاص
hundirse (vr)	ɣere'	غرق
tesoros (m pl)	konūz (pl)	كنوز

199. Los nombres de los mares y los océanos

océano (m) Atlántico	el moḥeyṭ el aṭlanṭy (m)	المحيط الأطلنطي
océano (m) Índico	el moḥeyṭ el hendy (m)	المحيط الهندي
océano (m) Pacífico	el moḥeyṭ e hādy (m)	المحيط الهادي
océano (m) Glacial Ártico	el moḥeyṭ el motagammed el ʃamāly (m)	المحيط المتجمّد الشمالي
mar (m) Negro	el baḥr el aswad (m)	البحر الأسود
mar (m) Rojo	el baḥr el aḥmar (m)	البحر الأحمر
mar (m) Amarillo	el baḥr el aṣfar (m)	البحر الأصفر
mar (m) Blanco	el baḥr el abyaḍ (m)	البحر الأبيض
mar (m) Caspio	baḥr qazwīn (m)	بحر قزوين
mar (m) Muerto	el baḥr el mayet (m)	البحر الميّت
mar (m) Mediterráneo	el baḥr el abyaḍ el motawasseṭ (m)	البحر الأبيض المتوسّط
mar (m) Egeo	baḥr eygah (m)	بحر إيجة
mar (m) Adriático	el baḥr el adreyatīky (m)	البحر الأدرياتيكي
mar (m) Arábigo	baḥr el 'arab (m)	بحر العرب

mar (m) del Japón	baḥr el yabān (m)	بحر اليابان
mar (m) de Bering	baḥr bering (m)	بحر بيرينغ
mar (m) de la China Meridional	baḥr el ṣeyn el ganūby (m)	بحر الصين الجنوبي
mar (m) del Coral	baḥr el morgān (m)	بحر المرجان
mar (m) de Tasmania	baḥr tazman (m)	بحر تسمان
mar (m) Caribe	el baḥr el karīby (m)	البحر الكاريبي
mar (m) de Barents	baḥr barents (m)	بحر بارنتس
mar (m) de Kara	baḥr kara (m)	بحر كارا
mar (m) del Norte	baḥr el ʃamāl (m)	بحر الشمال
mar (m) Báltico	baḥr el balṭīq (m)	بحر البلطيق
mar (m) de Noruega	baḥr el nerwīg (m)	بحر النرويج

200. Las montañas

montaña (f)	gabal (m)	جبل
cadena (f) de montañas	selselet gebāl (f)	سلسلة جبال
cresta (f) de montañas	notūʾ el gabal (m)	نتوء الجبل
cima (f)	qemma (f)	قمّة
pico (m)	qemma (f)	قمّة
pie (m)	asfal (m)	أسفل
cuesta (f)	monḥadar (m)	منحدر
volcán (m)	borkān (m)	بركان
volcán (m) activo	borkān naʃeṭ (m)	بركان نشط
volcán (m) apagado	borkān χāmed (m)	بركان خامد
erupción (f)	sawarān (m)	ثوّران
cráter (m)	fawhet el borkān (f)	فوهة البركان
magma (m)	magma (f)	ماجما
lava (f)	ḥomam borkāniya (pl)	حمم بركانية
fundido (lava ~a)	monṣahera	منصهرة
cañón (m)	wādy ḍayeʾ (m)	وادي ضيّق
desfiladero (m)	mamarr ḍayeʾ (m)	ممرّ ضيّق
grieta (f)	ʃaʾʾ (m)	شقّ
precipicio (m)	hāwya (f)	هاوية
puerto (m) (paso)	mamarr gabaly (m)	ممرّ جبلي
meseta (f)	haḍaba (f)	هضبة
roca (f)	garf (m)	جرف
colina (f)	tall (m)	تلّ
glaciar (m)	nahr galīdy (m)	نهر جليدي
cascada (f)	ʃallāl (m)	شلّال
geiser (m)	nabʿ maya ḥāra (m)	نبع ميّة حارة
lago (m)	boḥeyra (f)	بحيرة
llanura (f)	sahl (m)	سهل
paisaje (m)	manzar ṭabeeʿy (m)	منظر طبيعي

eco (m)	ṣada (m)	صدى
alpinista (m)	motasalleq el gebāl (m)	متسلّق الجبال
escalador (m)	motasalleq ṣoχūr (m)	متسلّق صخور
conquistar (vt)	taɣallab ʿala	تغلّب على
ascensión (f)	tasalloq (m)	تسلّق

201. Los nombres de las montañas

Alpes (m pl)	gebāl el alb (pl)	جبال الألب
Montblanc (m)	mōn blōn (m)	مون بلون
Pirineos (m pl)	gebāl el barānes (pl)	جبال البرانس
Cárpatos (m pl)	gebāl el karbāt (pl)	جبال الكاربات
Urales (m pl)	gebāl el urāl (pl)	جبال الأورال
Cáucaso (m)	gebāl el qoqāz (pl)	جبال القوقاز
Elbrus (m)	gabal elbrus (m)	جبل إلبروس
Altai (m)	gebāl altāy (pl)	جبال ألتاي
Tian-Shan (m)	gebāl tian ʃan (pl)	جبال تيان شان
Pamir (m)	gebāl bamir (pl)	جبال بامير
Himalayos (m pl)	himalāya (pl)	هيمالايا
Everest (m)	gabal everest (m)	جبل افرست
Andes (m pl)	gebāl el andīz (pl)	جبال الأنديز
Kilimanjaro (m)	gabal kilimanʒaro (m)	جبل كليمنجارو

202. Los ríos

río (m)	nahr (m)	نهر
manantial (m)	ʿeyn (m)	عين
lecho (m) (curso de agua)	magra el nahr (m)	مجرى النهر
cuenca (f) fluvial	ḥoḍe (m)	حوض
desembocar en ...	ṣabb fe ...	صبّ في...
afluente (m)	rāfed (m)	رافد
ribera (f)	ḍaffa (f)	ضفّة
corriente (f)	tayār (m)	تيّار
río abajo (adv)	maʿ ettigāh magra el nahr	مع إتّجاه مجرى النهر
río arriba (adv)	ḍed el tayār	ضد التيار
inundación (f)	ɣamr (m)	غمر
riada (f)	fayaḍān (m)	فيضان
desbordarse (vr)	fāḍ	فاض
inundar (vt)	ɣamar	غمر
bajo (m) arenoso	meyāh ḍaḥla (f)	مياه ضحلة
rápido (m)	monḥadar el nahr (m)	منحدر النهر
presa (f)	sadd (m)	سدّ
canal (m)	qanah (f)	قناة
lago (m) artificiale	χazzān māʾy (m)	خزّان مائي

esclusa (f)	bawwāba qanṭara (f)	بوّابة قنطرة
cuerpo (m) de agua	berka (f)	بركة
pantano (m)	mostanqaʿ (m)	مستنقع
ciénaga (f)	mostanqaʿ (m)	مستنقع
remolino (m)	dawwāma (f)	دوّامة
arroyo (m)	gadwal (m)	جدوّل
potable (adj)	el ʃorb	الشرب
dulce (agua ~)	ʿazb	عذب
hielo (m)	galīd (m)	جليد
helarse (el lago, etc.)	etgammed	إتجمّد

203. Los nombres de los ríos

Sena (m)	el seyn (m)	السين
Loira (m)	el lua:r (m)	اللوار
Támesis (m)	el teymz (m)	التيمز
Rin (m)	el rayn (m)	الراين
Danubio (m)	el danūb (m)	الدانوب
Volga (m)	el volga (m)	الفولغا
Don (m)	el done (m)	الدون
Lena (m)	lena (m)	لينا
Río (m) Amarillo	el nahr el aṣfar (m)	النهر الأصفر
Río (m) Azul	el yangesty (m)	اليانغستي
Mekong (m)	el mekong (m)	الميكونغ
Ganges (m)	el ɣang (m)	الغانج
Nilo (m)	el nīl (m)	النيل
Congo (m)	el kongo (m)	الكونغو
Okavango (m)	okavango (m)	أوكافانجو
Zambeze (m)	el zambizi (m)	الزمبيزي
Limpopo (m)	limbobo (m)	ليمبوبو
Misisipi (m)	el mississibbi (m)	الميسيسيبي

204. El bosque

bosque (m)	ɣāba (f)	غابة
de bosque (adj)	ɣāba	غابة
espesura (f)	ɣāba kasīfa (f)	غابة كثيفة
bosquecillo (m)	bostān (m)	بستان
claro (m)	ezālet el ɣābāt (f)	إزالة الغابات
maleza (f)	agama (f)	أجمة
matorral (m)	arāḍy el ʃogayrāt (pl)	أراضي الشجيرات
senda (f)	mamarr (m)	ممرّ
barranco (m)	wādy ḍayeʾ (m)	وادي ضيّق

árbol (m)	ʃagara (f)	شجرة
hoja (f)	wara'a (f)	ورقة
follaje (m)	wara' (m)	ورق
caída (f) de hojas	tasā'oṭ el awrā' (m)	تساقط الأوراق
caer (las hojas)	saqaṭ	سقط
cima (f)	ra's (m)	رأس
rama (f)	ɣoṣn (m)	غصن
rama (f) (gruesa)	ɣoṣn ra'īsy (m)	غصن رئيسي
brote (m)	bor'om (m)	برعم
aguja (f)	ʃawka (f)	شوكة
piña (f)	kūz el ṣnowbar (m)	كوز الصنوبر
agujero (m)	gofe (m)	جوف
nido (m)	'eʃ (m)	عشّ
tronco (m)	gez' (m)	جذع
raíz (f)	gezr (m)	جذر
corteza (f)	leḥā' (m)	لحاء
musgo (m)	ṭaḥlab (m)	طحلب
extirpar (vt)	eqtala'	إقتلع
talar (vt)	'aṭṭa'	قطّع
deforestar (vt)	azāl el ɣabāt	أزال الغابات
tocón (m)	gez' el ʃagara (m)	جذع الشجرة
hoguera (f)	nār moχayem (m)	نار مخيّم
incendio (m) forestal	ḥarī' ɣāba (m)	حريق غابة
apagar (~ el incendio)	ṭaffa	طفّى
guarda (m) forestal	ḥāres el ɣāba (m)	حارس الغابة
protección (f)	ḥemāya (f)	حماية
proteger (vt)	ḥama	حمى
cazador (m) furtivo	sāre' el ṣeyd (m)	سارق الصيد
cepo (m)	maṣyada (f)	مصيّدة
recoger (setas, bayas)	gamma'	جمّع
perderse (vr)	tāh	تاه

205. Los recursos naturales

recursos (m pl) naturales	sarawāt ṭabi'iya (pl)	ثروات طبيعيّة
recursos (m pl) subterráneos	ma'āden (pl)	معادن
depósitos (m pl)	rawāseb (pl)	رواسب
yacimiento (m)	ḥaql (m)	حقل
extraer (vt)	estaχrag	إستخرج
extracción (f)	esteχrāg (m)	إستخراج
mena (f)	χām (m)	خام
mina (f)	mangam (m)	منجم
pozo (m) de mina	mangam (m)	منجم
minero (m)	'āmel mangam (m)	عامل منجم
gas (m)	ɣāz (m)	غاز

gasoducto (m)	χaṭṭ anabīb ɣāz (m)	خطّ أنابيب غاز
petróleo (m)	nafṭ (m)	نفط
oleoducto (m)	anabīb el nafṭ (pl)	أنابيب النفط
pozo (m) de petróleo	bīr el nafṭ (m)	بير النفط
torre (f) de sondeo	ḥaffāra (f)	حفّارة
petrolero (m)	nāqelet betrūl (f)	ناقلة بترول
arena (f)	raml (m)	رمل
caliza (f)	ḥagar el kals (m)	حجر الكلس
grava (f)	ḥaṣa (m)	حصى
turba (f)	χaθ faḥm nabāty (m)	خث فحم نباتي
arcilla (f)	ṭīn (m)	طين
carbón (m)	faḥm (m)	فحم
hierro (m)	ḥadīd (m)	حديد
oro (m)	dahab (m)	ذهب
plata (f)	faḍḍa (f)	فضّة
níquel (m)	nikel (m)	نيكل
cobre (m)	neḥās (m)	نحاس
zinc (m)	zink (m)	زنك
manganeso (m)	manganīz (m)	منجنيز
mercurio (m)	ze'baq (m)	زئبق
plomo (m)	roṣāṣ (m)	رصاص
mineral (m)	maʿdan (m)	معدن
cristal (m)	kristāl (m)	كريستال
mármol (m)	roχām (m)	رخام
uranio (m)	yuranuim (m)	يورانيوم

La tierra. Unidad 2

206. El tiempo

tiempo (m)	ṭa'ʂ (m)	طقس
previsión (f) del tiempo	naʃra gawiya (f)	نشرة جويّة
temperatura (f)	ḥarāra (f)	حرارة
termómetro (m)	termometr (m)	ترمومتر
barómetro (m)	barometr (m)	بارومتر
húmedo (adj)	roṭob	رطب
humedad (f)	roṭūba (f)	رطوبة
bochorno (m)	ḥarāra (f)	حرارة
tórrido (adj)	ḥarr	حارّ
hace mucho calor	el gaww ḥarr	الجوّ حرّ
hace calor (templado)	el gaww dafa	الجوّ دفا
templado (adj)	dāfe'	دافئ
hace frío	el gaww bāred	الجوّ بارد
frío (adj)	bāred	بارد
sol (m)	ʃams (f)	شمس
brillar (vi)	nawwar	نوّر
soleado (un día ~)	moʃmes	مشمس
elevarse (el sol)	ʃara'	شرق
ponerse (vr)	ɣarab	غرب
nube (f)	saḥāba (f)	سحابة
nuboso (adj)	meɣayem	مغيّم
nubarrón (m)	saḥābet maṭar (f)	سحابة مطر
nublado (adj)	meɣayem	مغيّم
lluvia (f)	maṭar (m)	مطر
está lloviendo	el donia betmaṭṭar	الدنيا بتمطّر
lluvioso (adj)	momṭer	ممطر
lloviznar (vi)	maṭṭaret razāz	مطّرت رذاذ
aguacero (m)	maṭar monhamer (f)	مطر منهمر
chaparrón (m)	maṭar ɣazīr (m)	مطر غزير
fuerte (la lluvia ~)	ʃedīd	شديد
charco (m)	berka (f)	بركة
mojarse (vr)	ettbal	إتّبل
niebla (f)	ʃabbūra (f)	شبّورة
nebuloso (adj)	fih ʃabbūra	فيه شبّورة
nieve (f)	talg (m)	ثلج
está nevando	fih talg	فيه ثلج

207. Los eventos climáticos severos. Los desastres naturales

tormenta (f)	ʿāṣefa raʿdiya (f)	عاصفة رعدية
relámpago (m)	barʾ (m)	برق
relampaguear (vi)	baraq	برق
trueno (m)	raʿd (m)	رعد
tronar (vi)	dawa	دوى
está tronando	el samāʾ dawat raʿd (f)	السماء دوّت رعد
granizo (m)	maṭar bard (m)	مطر برد
está granizando	maṭṭaret bard	مطّرت برد
inundar (vt)	ɣamar	غمر
inundación (f)	fayaḍān (m)	فيضان
terremoto (m)	zelzāl (m)	زلزال
sacudida (f)	hazza arḍiya (f)	هزّة أرضية
epicentro (m)	markaz el zelzāl (m)	مركز الزلزال
erupción (f)	sawarān (m)	ثوّران
lava (f)	ḥomam borkāniya (pl)	حمم بركانية
torbellino (m), tornado (m)	eʿṣār (m)	إعصار
tifón (m)	tyfūn (m)	طوفان
huracán (m)	eʿṣār (m)	إعصار
tempestad (f)	ʿāṣefa (f)	عاصفة
tsunami (m)	tsunāmy (m)	تسونامي
ciclón (m)	eʿṣār (m)	إعصار
mal tiempo (m)	ṭaʾs sayeʾ (m)	طقس سيء
incendio (m)	ḥarīʾ (m)	حريق
catástrofe (f)	karsa (f)	كارثة
meteorito (m)	nayzek (m)	نيّزك
avalancha (f)	enheyār talgy (m)	إنهيار ثلجي
alud (m) de nieve	enheyār talgy (m)	إنهيار ثلجي
ventisca (f)	ʿāṣefa talgiya (f)	عاصفة ثلجيّة
nevasca (f)	ʿāṣefa talgiya (f)	عاصفة ثلجيّة

208. Los ruidos. Los sonidos

silencio (m)	ṣamt (m)	صمت
sonido (m)	ṣote (m)	صوت
ruido (m)	dawʃa (f)	دوشة
hacer ruido	ʿamal dawʃa	عمل دوشة
ruidoso (adj)	mozʿeg	مزعج
alto (adv)	beṣote ʿāly	بصوت عالي
fuerte (~ voz)	ʿāly	عالي
constante (ruido, etc.)	mostamerr	مستمّر
grito (m)	ṣarҳa (f)	صرخة

gritar (vi)	ṣarraχ	صرّخ
susurro (m)	hamsa (f)	همسة
susurrar (vi, vt)	hamas	همس
ladrido (m)	nebāḥ (m)	نباح
ladrar (vi)	nabaḥ	نبح
gemido (m)	anīn (m)	أنين
gemir (vi)	ann	أنّ
tos (f)	koḥḥa (f)	كحّة
toser (vi)	kaḥḥ	كحّ
silbido (m)	taṣfīr (m)	تصفير
silbar (vi)	ṣaffar	صفّر
toque (m) en la puerta	ṭarʾ, daʾʾ (m)	طرق, دقّ
golpear (la puerta)	daʾʾ	دقّ
crepitar (vi)	farʾaʿ	فرقع
crepitación (f)	farʾaʿa (f)	فرقعة
sirena (f)	sarīna (f)	سرينة
pito (m) (de la fábrica)	ṣafīr (m)	صفير
pitar (un tren, etc.)	ṣaffar	صفّر
bocinazo (m)	tazmīr (m)	تزمير
tocar la bocina	zammar	زمّر

209. El invierno

invierno (m)	ʃetāʾ (m)	شتاء
de invierno (adj)	ʃetwy	شتوّي
en invierno	fel ʃetāʾ	في الشتاء
nieve (f)	talg (m)	ثلج
está nevando	fih talg	فيه ثلج
nevada (f)	tasāʾoṭ el tolūg (m)	تساقط الثلوج
montón (m) de nieve	rokma talgiya (f)	ركمة ثلجية
copo (m) de nieve	nadfet talg (f)	ندفة ثلج
bola (f) de nieve	koret talg (f)	كرة ثلج
monigote (m) de nieve	rāgel men el talg (m)	راجل من الثلج
carámbano (m)	ʾeṭʿet galīd (f)	قطعة جليد
diciembre (m)	desember (m)	ديسمبر
enero (m)	yanāyer (m)	يناير
febrero (m)	febrāyer (m)	فبراير
helada (f)	ṣaqeeʿ (m)	صقيع
helado (~a noche)	ṣāʾeʿ	صاقع
bajo cero (adv)	taḥt el ṣefr	تحت الصفر
primeras heladas (f pl)	ṣaqeeʿ (m)	صقيع
escarcha (f)	ṣaqeeʿ motagammed (m)	صقيع متجمّد
frío (m)	bard (m)	برد
hace frío	el gaww bāred	الجوّ بارد

abrigo (m) de piel	balṭo farww (m)	بالطو فروّ
manoplas (f pl)	gwanty men ɣeyr aṣābeʿ (m)	جوانتي من غير أصابع
enfermarse (vr)	mereḍ	مرض
resfriado (m)	zokām (m)	زكام
resfriarse (vr)	gālo bard	جاله برد
hielo (m)	galīd (m)	جليد
hielo (m) negro	ɣaṭāʾ galīdy ʿlal arḍ (m)	غطاء جليدي على الأرض
helarse (el lago, etc.)	etgammed	إتجمّد
bloque (m) de hielo	roqāqet galīd (f)	رقاقة جليد
esquís (m pl)	zallagāt (pl)	زلّاجات
esquiador (m)	motazaḥleq ʿalal galīd (m)	متزحلق على الجليد
esquiar (vi)	tazallag	تزلّج
patinar (vi)	tazallag	تزلّج

La fauna

210. Los mamíferos. Los predadores

carnívoro (m)	moftares (m)	مفترس
tigre (m)	nemr (m)	نمر
león (m)	asad (m)	أسد
lobo (m)	ze'b (m)	ذئب
zorro (m)	ta'lab (m)	ثعلب
jaguar (m)	nemr amrīky (m)	نمر أمريكي
leopardo (m)	fahd (m)	فهد
guepardo (m)	fahd ṣayād (m)	فهد صيّاد
pantera (f)	nemr aswad (m)	نمر أسوّد
puma (f)	asad el gebāl (m)	أسد الجبال
leopardo (m) de las nieves	nemr el tolūg (m)	نمر الثلوج
lince (m)	waʃaq (m)	وشق
coyote (m)	qayūṭ (m)	قيوط
chacal (m)	ebn 'āwy (m)	ابن آوى
hiena (f)	ḍeb' (m)	ضبع

211. Los animales salvajes

animal (m)	ḥayawān (m)	حيوان
bestia (f)	waḥʃ (m)	وحش
ardilla (f)	sengāb (m)	سنجاب
erizo (m)	qonfoz (m)	قنفذ
liebre (f)	arnab barry (m)	أرنب برّي
conejo (m)	arnab (m)	أرنب
tejón (m)	ɣarīr (m)	غرير
mapache (m)	rakūn (m)	راكون
hámster (m)	hamster (m)	هامستر
marmota (f)	marmoṭ (m)	مرموط
topo (m)	χold (m)	خلد
ratón (m)	fār (m)	فأر
rata (f)	gerz (m)	جرذ
murciélago (m)	χoffāʃ (m)	خفّاش
armiño (m)	qāqem (m)	قاقم
cebellina (f)	sammūr (m)	سمّور
marta (f)	fara'īāt (m)	فرائيات
comadreja (f)	ebn 'ers (m)	ابن عرس
visón (m)	mink (m)	منك

castor (m)	qondos (m)	قندس
nutria (f)	taʿlab maya (m)	ثعلب الميّة
caballo (m)	ḥoṣān (m)	حصان
alce (m)	eyl el mūz (m)	أيّل الموظ
ciervo (m)	ayl (m)	أيل
camello (m)	gamal (m)	جمل
bisonte (m)	bison (m)	بيسون
uro (m)	byson orobby (m)	بيسون أوروبي
búfalo (m)	gamūs (m)	جاموس
cebra (f)	ḥomār waḥʃy (m)	حمار وحشي
antílope (m)	ẓaby (m)	ظبي
corzo (m)	yaḥmūr orobby (m)	يحمورأوروبيّ
gamo (m)	eyl asmar orobby (m)	أيّل أسمر أوروبي
gamuza (f)	ʃamwah (f)	شامواه
jabalí (m)	χenzīr barry (m)	خنزير برّي
ballena (f)	ḥūt (m)	حوت
foca (f)	foqma (f)	فقمة
morsa (f)	el kabʿ (m)	الكبع
oso (m) marino	foqmet el farāʾ (f)	فقمة الفراء
delfín (m)	dolfīn (m)	دولفين
oso (m)	dobb (m)	دبّ
oso (m) blanco	dobb ʾoṭṭby (m)	دبّ قطبي
panda (f)	banda (m)	باندا
mono (m)	ʾerd (m)	قرد
chimpancé (m)	ʃimbanzy (m)	شيمبانزي
orangután (m)	orangutan (m)	أورنغوتان
gorila (m)	ɣorella (f)	غوريلا
macaco (m)	ʾerd el makāk (m)	قرد المكاك
gibón (m)	gibbon (m)	جيبون
elefante (m)	fīl (m)	فيل
rinoceronte (m)	χartīt (m)	خرتيت
jirafa (f)	zarāfa (f)	زرافة
hipopótamo (m)	faras el nahr (m)	فرس النهر
canguro (m)	kangarū (m)	كانجّارو
koala (f)	el koala (m)	الكوالا
mangosta (f)	nems (m)	نمس
chinchilla (f)	ʃenʃīla (f)	شنشيلة
mofeta (f)	ẓerbān (m)	ظربان
espín (m)	nīṣ (m)	نيص

212. Los animales domésticos

gata (f)	ʾoṭṭa (f)	قطّة
gato (m)	ʾoṭṭ (m)	قطّ
perro (m)	kalb (m)	كلب

caballo (m)	ḥoṣān (m)	حصان
garañón (m)	χeyl faḥl (m)	خيل فحل
yegua (f)	faras (f)	فرس
vaca (f)	ba'ara (f)	بقرة
toro (m)	sore (m)	ثور
buey (m)	sore (m)	ثور
oveja (f)	χarūf (f)	خروف
carnero (m)	kebʃ (m)	كبش
cabra (f)	me'za (f)	معزة
cabrón (m)	mā'ez zakar (m)	ماعز ذكر
asno (m)	ḥomār (m)	حمار
mulo (m)	baɣl (m)	بغل
cerdo (m)	χenzīr (m)	خنزير
cerdito (m)	χannūṣ (m)	خنّوص
conejo (m)	arnab (m)	أرنب
gallina (f)	farχa (f)	فرخة
gallo (m)	dīk (m)	ديك
pato (m)	baṭṭa (f)	بطّة
ánade (m)	dakar el baṭ (m)	ذكر البط
ganso (m)	wezza (f)	وزّة
pavo (m)	dīk rūmy (m)	ديك رومي
pava (f)	dīk rūmy (m)	ديك رومي
animales (m pl) domésticos	ḥayawānāt dawāgen (pl)	حيوانات دواجن
domesticado (adj)	alīf	أليف
domesticar (vt)	rawweḍ	روّض
criar (vt)	rabba	ربى
granja (f)	mazra'a (f)	مزرعة
aves (f pl) de corral	dawāgen (pl)	دواجن
ganado (m)	māʃeya (f)	ماشية
rebaño (m)	qaṭee' (m)	قطيع
caballeriza (f)	esṭabl χeyl (m)	إسطبل خيل
porqueriza (f)	ḥazīret χanazīr (f)	حظيرة الخنازير
vaquería (f)	zerībet el ba'ar (f)	زريبة البقر
conejal (m)	qan el arāneb (m)	قن الأرانب
gallinero (m)	qan el ferāχ (m)	قن الفراخ

213. Los perros. Las razas de perros

perro (m)	kalb (m)	كلب
perro (m) pastor	kalb rā'y (m)	كلب رعي
pastor (m) alemán	kalb rā'y almāny (m)	كلب راعي ألمانيّ
caniche (m)	būdle (m)	بودل
teckel (m)	daʃhund (m)	داشهند
bulldog (m)	bulldog (m)	بولدوج

bóxer (m)	bokser (m)	بوكسر
mastín (m) inglés	mastiff (m)	ماستيف
rottweiler (m)	rottfeyler (m)	روت فايلر
doberman (m)	doberman (m)	دوبرمان
basset hound (m)	basset (m)	باسيت
bobtail (m)	bobtayl (m)	بوبتيل
dálmata (m)	delmāṭy (m)	دلماطي
cocker spaniel (m)	kokker spaniel (m)	كوكر سبانييل
terranova (m)	nyu faundland (m)	نيوفاوندلاند
san bernardo (m)	sant bernard (m)	سانت بيرنارد
husky (m)	hasky (m)	هاسكي
chow chow (m)	tʃaw tʃaw (m)	تشاوتشاو
pomerania (m)	esbitz (m)	إسبتز
pug (m), carlino (m)	bug (m)	بج

214. Los sonidos de los animales

ladrido (m)	nebāḥ (m)	نباح
ladrar (vi)	nabaḥ	نبح
maullar (vi)	mawmaw	موّمو
ronronear (vi)	χarχar	خرخر
mugir (vi)	χār	خار
bramar (toro)	χār	خار
rugir (vi)	damdam	دمدم
aullido (m)	ʿawāʾ (m)	عواء
aullar (vi)	ʿawa	عوى
gañir (vi)	ann	أنّ
balar (vi)	maʾmaʾ	مأمأ
gruñir (cerdo)	qabaʿ	قبع
chillar (vi)	qabaʿ	قبع
croar (vi)	naʾʾ	نقّ
zumbar (vi)	ṭann	طنّ
chirriar (vi)	ʿarʿar	عرعر

215. Los animales jóvenes

cría (f)	ḥayawān ṣaɣīr (m)	حيوان صغير
gatito (m)	ʾoṭṭa saɣīra (f)	قطّة صغيرة
ratoncillo (m)	fār ṣaɣīr (m)	فار صغير
cachorro (m)	garww (m)	جرو
lebrato (m)	χarnaʾ (m)	خرنق
gazapo (m)	arnab saɣīr (m)	أرنب صغير
lobato (m)	garmūza (m)	جرموزا
cachorro (m) de zorro	hagras (m)	هجرس

osito (m)	daysam (m)	ديّسم
cachorro (m) de león	ʃebl el asad (m)	شبل الأسد
cachorro (m) de tigre	farz (m)	فرز
elefante bebé (m)	dayfal (m)	دغفل
cerdito (m)	xannūṣ (m)	خنّوص
ternero (m)	ʿegl (m)	عجل
cabrito (m)	gady (m)	جدي
cordero (m)	ḥaml (m)	حمل
cervato (m)	el raʃa (m)	الرشا
cría (f) de camello	ṣayīr el gamal (m)	صغير الجمل
serpiente (f) joven	ḥerbeʃ (m)	حريش
rana (f) juvenil	ḍeffḍaʿ sayīr (m)	ضفدع صغير
polluelo (m)	farx (m)	فرخ
pollito (m)	katkūt (m)	كتكوت
patito (m)	baṭṭa ṣayīra (f)	بطّة صغيرة

216. Los pájaros

pájaro (m)	ṭāʾer (m)	طائر
paloma (f)	ḥamāma (f)	حمامة
gorrión (m)	ʿaṣfūr dawri (m)	عصفور دوري
carbonero (m)	qarqaf (m)	قرقف
urraca (f)	ʿaʾʿaʾ (m)	عقعق
cuervo (m)	ɣorāb aswad (m)	غراب أسود
corneja (f)	ɣorāb (m)	غراب
chova (f)	zāɣ zarʿy (m)	زاغ زرعي
grajo (m)	ɣorāb el qeyz (m)	غراب القيظ
pato (m)	baṭṭa (f)	بطّة
ganso (m)	wezza (f)	وزّة
faisán (m)	tadarrog (m)	تدرج
águila (f)	ʿeqāb (m)	عقاب
azor (m)	el bāz (m)	الباز
halcón (m)	ṣaʾr (m)	صقر
buitre (m)	nesr (m)	نسر
cóndor (m)	kondor (m)	كندور
cisne (m)	el temm (m)	التّم
grulla (f)	karkiya (m)	كركية
cigüeña (f)	loqloq (m)	لقلق
loro (m), papagayo (m)	babayāʾ (m)	ببغاء
colibrí (m)	ṭannān (m)	طنّان
pavo (m) real	ṭawūs (m)	طاووس
avestruz (m)	naʿāma (f)	نعامة
garza (f)	belʃone (m)	بلشون
flamenco (m)	flamingo (m)	فلامينجو
pelícano (m)	bagʿa (f)	بجعة

ruiseñor (m)	ʿandalīb (m)	عندليب
golondrina (f)	el sonūnū (m)	السنونو
tordo (m)	somnet el ḥoqūl (m)	سمنة الحقول
zorzal (m)	somna moɣarreda (m)	سمنة مغرّدة
mirlo (m)	ʃaḥrūr aswad (m)	شحرور أسود
vencejo (m)	semmāma (m)	سمّامة
alondra (f)	qabra (f)	قبرة
codorniz (f)	semmān (m)	سمّان
pájaro carpintero (m)	naʾār el χaʃab (m)	نقار الخشب
cuco (m)	weqwāq (m)	وقواق
lechuza (f)	būma (f)	بومة
búho (m)	būm orāsy (m)	بوم أوراسي
urogallo (m)	dīk el χalang (m)	ديك الخلنج
gallo lira (m)	ṭyhūg aswad (m)	طيهوج أسوّد
perdiz (f)	el ḥagal (m)	الحجل
estornino (m)	zerzūr (m)	زرزور
canario (m)	kanāry (m)	كناري
ortega (f)	ṭyhūg el bondoʾ (m)	طيهوج البندق
pinzón (m)	ʃarʃūr (m)	شرشور
camachuelo (m)	deɣnāʃ (m)	دغناش
gaviota (f)	nawras (m)	نورس
albatros (m)	el qoṭros (m)	القطرس
pingüino (m)	beṭrīq (m)	بطريق

217. Los pájaros. El canto y los sonidos

cantar (vi)	ɣanna	غنّى
gritar, llamar (vi)	nāda	نادى
cantar (el gallo)	ṣāḥ	صاح
quiquiriquí (m)	kokokūko	كوكوكوكو
cloquear (vi)	kāky	كاكي
graznar (vi)	naʿaq	نعق
graznar, parpar (vi)	baṭbaṭ	بطبط
piar (vi)	ṣawṣaw	صوّصوَ
gorjear (vi)	zaʾzaʾ	زقزق

218. Los peces. Los animales marinos

brema (f)	abramīs (m)	أبراميس
carpa (f)	ʃabbūṭ (m)	شبّوط
perca (f)	farχ (m)	فرخ
siluro (m)	ʾarmūṭ (m)	قرموط
lucio (m)	karāky (m)	كراكي
salmón (m)	salamon (m)	سلمون
esturión (m)	ḥafʃ (m)	حفش

arenque (m)	renga (f)	رنجة
salmón (m) del Atlántico	salamon aṭlasy (m)	سلمون أطلسي
caballa (f)	makerel (m)	ماكريل
lenguado (m)	samak mefalṭah (f)	سمك مفلطح
lucioperca (f)	samak sandar (m)	سمك سندر
bacalao (m)	el qadd (m)	القد
atún (m)	tuna (f)	تونة
trucha (f)	salamon meraʼʼaṭ (m)	سلمون مرقّط
anguila (f)	ḥankalīs (m)	حنكليس
raya (f) eléctrica	raʻād (m)	رعاد
morena (f)	moraya (f)	مورايية
piraña (f)	bīrana (f)	بيرانا
tiburón (m)	ʼerʃ (m)	قرش
delfín (m)	dolfīn (m)	دولفين
ballena (f)	ḥūt (m)	حوت
centolla (f)	kaboria (m)	كابوريا
medusa (f)	ʼandīl el baḥr (m)	قنديل البحر
pulpo (m)	aχṭabūṭ (m)	أخطبوط
estrella (f) de mar	negmet el baḥr (f)	نجمة البحر
erizo (m) de mar	qonfoz el baḥr (m)	قنفذ البحر
caballito (m) de mar	ḥoṣān el baḥr (m)	حصان البحر
ostra (f)	maḥār (m)	محار
camarón (m)	gammbary (m)	جمّبري
bogavante (m)	estakoza (f)	استكوزا
langosta (f)	estakoza (m)	استاكوزا

219. Los anfibios. Los reptiles

serpiente (f)	teʻbān (m)	ثعبان
venenoso (adj)	sām	سام
víbora (f)	afʻa (f)	أفعى
cobra (f)	kobra (m)	كوبرا
pitón (m)	teʻbān bytor (m)	ثعبان بايثون
boa (f)	bawāʼ el ʻaṣera (f)	بواء العاصرة
culebra (f)	teʻbān el ʻoʃb (m)	ثعبان العشب
serpiente (m) de cascabel	afʻa megalgela (f)	أفعى مجلجلة
anaconda (f)	anakonda (f)	أناكوندا
lagarto (m)	seḥliya (f)	سحليّة
iguana (f)	eɣwana (f)	إغوانة
varano (m)	warl (m)	ورل
salamandra (f)	salamander (m)	سلمندر
camaleón (m)	ḥerbāya (f)	حرباية
escorpión (m)	ʻaʼrab (m)	عقرب
tortuga (f)	solḥefah (f)	سلحفاة
rana (f)	ḍeffḍaʻ (m)	ضفدع

sapo (m)	ḍeffḍa' el ṭeyn (m)	ضفدع الطين
cocodrilo (m)	temsāḥ (m)	تمساح

220. Los insectos

insecto (m)	ḥaʃara (f)	حشرة
mariposa (f)	farāʃa (f)	فراشة
hormiga (f)	namla (f)	نملة
mosca (f)	debbāna (f)	دبّانة
mosquito (m) (picadura de ~)	namūsa (f)	ناموسة
escarabajo (m)	χonfesa (f)	خنفسة
avispa (f)	dabbūr (m)	دبّور
abeja (f)	naḥla (f)	نحلة
abejorro (m)	naḥla ṭannāna (f)	نحلة طنّانة
moscardón (m)	na'ra (f)	نعرة
araña (f)	'ankabūt (m)	عنكبوت
telaraña (f)	nasīg 'ankabūt (m)	نسيج عنكبوت
libélula (f)	ya'sūb (m)	يعسوب
saltamontes (m)	garād (m)	جراد
mariposa (f) nocturna	'etta (f)	عثّة
cucaracha (f)	ṣarṣūr (m)	صرصور
garrapata (f)	qarāda (f)	قرادة
pulga (f)	barɣūt (m)	برغوث
mosca (f) negra	ba'ūḍa (f)	بعوضة
langosta (f)	garād (m)	جراد
caracol (m)	ḥalazōn (m)	حلزون
grillo (m)	ṣarṣūr el ḥaql (m)	صرصور الحقل
luciérnaga (f)	yarā'a (f)	يراعة
mariquita (f)	χonfesa mena'ṭṭa (f)	خنفسة منقّطة
sanjuanero (m)	χonfesa motlefa lel nabāt (f)	خنفسة متلفة للنبات
sanguijuela (f)	'alaqa (f)	علقة
oruga (f)	yasrū' (m)	يسروع
lombriz (m) de tierra	dūda (f)	دودة
larva (f)	yaraqa (f)	يرقة

221. Los animales. Las partes del cuerpo

pico (m)	monqār (m)	منقار
alas (f pl)	agneḥa (pl)	أجنحة
pata (f)	regl (f)	رجل
plumaje (m)	rīʃ (m)	ريش
pluma (f)	rīʃa (f)	ريشة
penacho (m)	'orf el dīk (m)	عرف الديك
branquias (f pl)	χāyaʃīm (pl)	خياشيم
huevas (f pl)	beyḍ el samak (pl)	بيض السمك

larva (f)	yaraqa (f)	يرقة
aleta (f)	zaʿnafa (f)	زعنفة
escamas (f pl)	ḥarāfeʃ (pl)	حرافش
colmillo (m)	nāb (m)	ناب
garra (f), pata (f)	yad (f)	يد
hocico (m)	χaṭm (m)	خطم
boca (f)	boʾ (m)	بوء
cola (f)	deyl (m)	ذيل
bigotes (m pl)	ʃawāreb (pl)	شوارب
casco (m) (pezuña)	ḥāfer (m)	حافر
cuerno (m)	ʾarn (m)	قرن
caparazón (m)	derʿ (m)	درع
concha (f) (de moluscos)	maḥāra (f)	محارة
cáscara (f) (de huevo)	ʾeʃret beyḍa (f)	قشرة بيضة
pelo (m) (de perro)	ʃaʿr (m)	شعر
piel (f) (de vaca, etc.)	geld (m)	جلد

222. Los animales. Acciones. Conducta.

volar (vi)	ṭār	طار
dar vueltas	ḥallaq	حلّق
echar a volar	ṭār	طار
batir las alas	rafraf	رفرف
picotear (vt)	naʾar	نقر
empollar (vt)	ʾaʿad ʿalal beyḍ	قعد على البيض
salir del cascarón	faʾas	فقس
hacer el nido	bana ʿesʃa	بنى عشّة
reptar (serpiente)	zaḥaf	زحف
picar (vt)	lasaʿ	لسع
morder (animal)	ʿaḍḍ	عضّ
olfatear (vt)	taʃammam	تشمّم
ladrar (vi)	nabaḥ	نبح
sisear (culebra)	has-hes	هسهس
asustar (vt)	χawwef	خوّف
atacar (vt)	hagam	هجم
roer (vt)	ʾaraḍ	قرض
arañar (vt)	χarbeʃ	خربش
esconderse (vr)	estaχabba	إستخبّى
jugar (gatitos, etc.)	leʿeb	لعب
cazar (vi, vt)	eṣṭād	إصطاد
hibernar (vi)	kān di sobār el ʃetāʾ	كان في سبات الشتاء
extinguirse (vr)	enqaraḍ	إنقرض

223. Los animales. El hábitat

hábitat (m)	mawṭen (m)	موّطن
migración (f)	hegra (f)	هجرة
montaña (f)	gabal (m)	جبل
arrecife (m)	ʃoʿāb (pl)	شعاب
roca (f)	garf (m)	جرف
bosque (m)	ɣāba (f)	غابة
jungla (f)	adɣāl (pl)	أدغال
sabana (f)	savanna (f)	سافانّا
tundra (f)	tundra (f)	تندرا
estepa (f)	barāry (pl)	براري
desierto (m)	ṣaḥra' (f)	صحراء
oasis (m)	wāḥa (f)	واحة
mar (m)	baḥr (m)	بحر
lago (m)	boḥeyra (f)	بحيرة
océano (m)	moḥīṭ (m)	محيط
pantano (m)	mostanqaʿ (m)	مستنقع
de agua dulce (adj)	maya ʿazba	ميّة عذبة
estanque (m)	berka (f)	بركة
río (m)	nahr (m)	نهر
cubil (m)	wekr (m)	وكر
nido (m)	ʿeʃ (m)	عشّ
agujero (m)	gofe (m)	جوف
madriguera (f)	goḥr (m)	جحر
hormiguero (m)	ʿeʃ naml (m)	عش نمل

224. El cuidado de los animales

zoológico (m)	ḥadīqet el ḥayawān (f)	حديقة حيوان
reserva (f) natural	maḥmiya ṭabeʿiya (f)	محمية طبيعية
criadero (m)	morabby (m)	مربّي
jaula (f) al aire libre	'afaṣ fel hawā' el ṭal' (m)	قفص في الهواء الطلق
jaula (f)	'afaṣ (m)	قفص
perrera (f)	beyt el kalb (m)	بيت الكلب
palomar (m)	borg el ḥamām (m)	برج الحمام
acuario (m)	ḥoḍe samak (m)	حوض سمك
delfinario (m)	ḥoḍe dolfīn (m)	حوض دولفين
criar (~ animales)	rabba	ربّى
crías (f pl)	zorriya (f)	ذرّية
domesticar (vt)	rawweḍ	روّض
adiestrar (~ animales)	darrab	درّب
pienso (m), comida (f)	ʿalaf (m)	علف
dar de comer	akkel	أكّل

tienda (f) de animales	maḥal ḥayawanāt (m)	محل حيوانات
bozal (m) de perro	kamāma (f)	كمامة
collar (m)	ṭo'e (m)	طوق
nombre (m) (de perro, etc.)	esm (m)	اسم
pedigrí (m)	selselet el nasab (f)	سلسلة النسب

225. Los animales. Miscelánea

manada (f) (de lobos)	qaṭee' (m)	قطيع
bandada (f) (de pájaros)	serb (m)	سرب
banco (m) de peces	serb (m)	سرب
caballada (f)	qaṭee' (m)	قطيع
macho (m)	dakar (m)	ذكر
hembra (f)	onsa (f)	أنثى
hambriento (adj)	ge'ān	جعان
salvaje (adj)	barry	برّي
peligroso (adj)	χaṭīr	خطير

226. Los caballos

caballo (m)	ḥoṣān (m)	حصان
raza (f)	solāla (f)	سلالة
potro (m)	mahr (m)	مهر
yegua (f)	faras (f)	فرس
mustang (m)	mustān (m)	موستان
poni (m)	ḥoṣān qazam (m)	حصان قزم
caballo (m) de tiro	ḥoṣān el na'l (m)	حصان النقل
crin (f)	'orf (m)	عرف
cola (f)	deyl (m)	ذيل
casco (m) (pezuña)	ḥāfer (m)	حافر
herradura (f)	na'l (m)	نعل
herrar (vt)	na''al	نعّل
herrero (m)	ḥaddād (m)	حدّاد
silla (f)	serg (m)	سرج
estribo (m)	rekāb (m)	ركاب
bridón (m)	legām (m)	لجام
riendas (f pl)	'anān (m)	عنان
fusta (f)	korbāg (m)	كرباج
jinete (m)	fāres (m)	فارس
ensillar (vt)	asrag	أسرج
montar al caballo	rekeb ḥoṣān	ركب حصان
galope (m)	ramāḥa (f)	رماحة
ir al galope	gery bel ḥoṣān	جري بالحصان

trote (m)	harwala (f)	هَرْوَلَة
al trote (adv)	harwel	هَرْوِل
ir al trote, trotar (vi)	harwel	هَرْوِل

| caballo (m) de carreras | ḥoṣān sebāʾ (m) | حصان سباق |
| carreras (f pl) | sebāʾ el χeyl (m) | سباق الخيل |

caballeriza (f)	esṭabl χeyl (m)	إسطبل خيل
dar de comer	akkel	أَكِّل
heno (m)	ʾasʃ (m)	قِش
dar de beber	saʾa	سقى
limpiar (el caballo)	naḍḍaf	نظف

carro (m)	ʿarabet χayl (f)	عربة خيل
pastar (vi)	ertaʿa	إرتعى
relinchar (vi)	ṣahal	صهل
cocear (vi)	rafas	رفس

La flora

227. Los árboles

árbol (m)	ʃagara (f)	شجرة
foliáceo (adj)	nafḍiya	نفضيّة
conífero (adj)	ṣonoberiya	صنوبرية
de hoja perenne	dā'emet el χoḍra	دائمة الخضرة
manzano (m)	ʃagaret toffāḥ (f)	شجرة تفّاح
peral (m)	ʃagaret komettra (f)	شجرة كمثّرى
cerezo (m), guindo (m)	ʃagaret karaz (f)	شجرة كرز
ciruelo (m)	ʃagaret bar'ū' (f)	شجرة برقوق
abedul (m)	batola (f)	بتولا
roble (m)	ballūṭ (f)	بلّوط
tilo (m)	zayzafūn (f)	زيزفون
pobo (m)	ḥūr rāgef	حور راجف
arce (m)	qayqab (f)	قيقب
pícea (f)	rateng (f)	راتينج
pino (m)	ṣonober (f)	صنوبر
alerce (m)	arziya (f)	أرزية
abeto (m)	tanūb (f)	تنوب
cedro (m)	el orz (f)	الأرز
álamo (m)	ḥūr (f)	حور
serbal (m)	ɣobayrā' (f)	غبيراء
sauce (m)	ṣefsāf (f)	صفصاف
aliso (m)	gār el mā' (m)	جار الماء
haya (f)	el zān (f)	الزان
olmo (m)	derdar (f)	دردار
fresno (m)	marān (f)	مران
castaño (m)	kastanā' (f)	كستناء
magnolia (f)	maɣnolia (f)	ماغنوليا
palmera (f)	naχla (f)	نخلة
ciprés (m)	el soro (f)	السرو
mangle (m)	mangrūf (f)	مانجروف
baobab (m)	baobab (f)	باوباب
eucalipto (m)	eukalyptus (f)	أوكالبتوس
secoya (f)	sequoia (f)	سيكويا

228. Los arbustos

mata (f)	ʃogeyra (f)	شجيرة
arbusto (m)	ʃogayrāt (pl)	شجيرات

vid (f)	karma (f)	كرمة
viñedo (m)	karam (m)	كرم
frambueso (m)	zar'et tūt el 'alī' el aḥmar (f)	زرعة توت العليق الأحمر
grosellero (m) rojo	keʃmeʃ aḥmar (m)	كشمش أحمر
grosellero (m) espinoso	'enab el sa'lab (m)	عنب الثعلب
acacia (f)	aqaqia (f)	أقاقيا
berberís (m)	berbarīs (m)	برباريس
jazmín (m)	yasmīn (m)	ياسمين
enebro (m)	'ar'ar (m)	عرعر
rosal (m)	ʃogeyret ward (f)	شجيرة ورد
escaramujo (m)	ward el seyāg (pl)	ورد السياج

229. Los hongos

seta (f)	feṭr (f)	فطر
seta (f) comestible	feṭr ṣāleḥ lel akl (m)	فطر صالح للأكل
seta (f) venenosa	feṭr sām (m)	فطر سام
sombrerete (m)	ṭarbūʃ el feṭr (m)	طربوش الفطر
estipe (m)	sāq el feṭr (m)	ساق الفطر
seta calabaza (f)	feṭr boleṭe ma'kūl (m)	فطر بوليط مأكول
boleto (m) castaño	feṭr aḥmar (m)	فطر أحمر
boleto (m) áspero	feṭr boleṭe (m)	فطر بوليط
rebozuelo (m)	feṭr el ʃanterel (m)	فطر الشانتريل
rúsula (f)	feṭr russula (m)	فطر روسولا
colmenilla (f)	feṭr el ɣoʃna (m)	فطر الغوشنة
matamoscas (m)	feṭr amanīt el ṭā'er (m)	فطر أمانيت الطائر
oronja (f) verde	feṭr amanīt falusyāny el sām (m)	فطر أمانيت فالوسياني السام

230. Las frutas. Las bayas

fruto (m)	tamra (f)	تمرة
frutos (m pl)	tamr (m)	تمر
manzana (f)	toffāḥa (f)	تفّاحة
pera (f)	komettra (f)	كمّثرى
ciruela (f)	bar'ū' (m)	برقوق
fresa (f)	farawla (f)	فراولة
guinda (f), cereza (f)	karaz (m)	كرز
uva (f)	'enab (m)	عنب
frambuesa (f)	tūt el 'alī' el aḥmar (m)	توت العليق الأحمر
grosella (f) negra	keʃmeʃ aswad (m)	كشمش أسود
grosella (f) roja	keʃmeʃ aḥmar (m)	كشمش أحمر
grosella (f) espinosa	'enab el sa'lab (m)	عنب الثعلب
arándano (m) agrio	'enabiya ḥāda el χebā' (m)	عنبية حادة الخباء
naranja (f)	bortoqāl (m)	برتقال

mandarina (f)	yosfy (m)	يوسفي
piña (f)	ananās (m)	أناناس
banana (f)	moze (m)	موز
dátil (m)	tamr (m)	تمر

limón (m)	lymūn (m)	ليمون
albaricoque (m)	meʃmeʃ (f)	مشمش
melocotón (m)	χawχa (f)	خوخة
kiwi (m)	kiwi (m)	كيوي
toronja (f)	grabe frūt (m)	جريب فروت

baya (f)	tūt (m)	توت
bayas (f pl)	tūt (pl)	توت
arándano (m) rojo	ʻenab el sore (m)	عنب الثور
fresa (f) silvestre	farawla barrya (f)	فراولة برّيّة
arándano (m)	ʻenab al aḥrāg (m)	عنب الأحراج

231. Las flores. Las plantas

flor (f)	zahra (f)	زهرة
ramo (m) de flores	bokeyh (f)	بوكيه

rosa (f)	warda (f)	وردة
tulipán (m)	tolīb (f)	توليب
clavel (m)	ʼoronfol (m)	قرنفل
gladiolo (m)	el dalbūs (f)	الدَلَبُوث

aciano (m)	qanṭeryūn ʻanbary (m)	قنطريون عنبري
campanilla (f)	garīs mostadīr el awrāʼ (m)	جريس مستدير الأوراق
diente (m) de león	handabāʼ (f)	هندباء
manzanilla (f)	kamomile (f)	كاموميل

áloe (m)	el alowa (m)	الألوّة
cacto (m)	ṣabbār (m)	صبّار
ficus (m)	faykas (m)	فيّكس

azucena (f)	zanbaq (f)	زنبق
geranio (m)	ɣarnūqy (f)	غرنوقي
jacinto (m)	el lavender (f)	اللافندر

mimosa (f)	mimoza (f)	ميموزا
narciso (m)	nerges (f)	نرجس
capuchina (f)	abo χangar (f)	أبو خنجر

orquídea (f)	orkid (f)	أوركيد
peonía (f)	fawnia (f)	فاوانيا
violeta (f)	el banafseg (f)	البنفسج

trinitaria (f)	bansy (f)	بانسي
nomeolvides (f)	ʼāzān el faʼr (pl)	آذان الفأر
margarita (f)	aqwaḥān (f)	أقحوان

amapola (f)	el χoʃχāʃ (f)	الخشخاش
cáñamo (m)	qanb (m)	قنب

menta (f)	ne'nā' (m)	نعناع
muguete (m)	zanbaq el wādy (f)	زنبق الوادي
campanilla (f) de las nieves	zahrat el laban (f)	زهرة اللبن
ortiga (f)	'arrāṣ (m)	قرّاص
acedera (f)	ḥammāḍ bostāny (m)	حمّاض بستاني
nenúfar (m)	niloferiya (f)	نيلوفرية
helecho (m)	sarҳas (m)	سرخس
liquen (m)	aʃna (f)	أشنة
invernadero (m) tropical	ṣoba (f)	صوبة
césped (m)	'oʃb aҳḍar (m)	عشب أخضر
macizo (m) de flores	geneynet zohūr (f)	جنينة زهور
planta (f)	nabāt (m)	نبات
hierba (f)	'oʃb (m)	عشب
hoja (f) de hierba	'oʃba (f)	عشبة
hoja (f)	wara'a (f)	ورقة
pétalo (m)	wara'et el zahra (f)	ورقة الزهرة
tallo (m)	sāq (f)	ساق
tubérculo (m)	darna (f)	درنة
retoño (m)	nabta saɣīra (f)	نبتة صغيرة
espina (f)	ʃawka (f)	شوكة
florecer (vi)	fattaḥet	فتّحت
marchitarse (vr)	debel	ذبل
olor (m)	rīḥa (f)	ريحة
cortar (vt)	'aṭa'	قطع
coger (una flor)	'aṭaf	قطف

232. Los cereales, los granos

grano (m)	ḥobūb (pl)	حبوب
cereales (m pl) (plantas)	maḥaṣīl el ḥubūb (pl)	محاصيل الحبوب
espiga (f)	sonbola (f)	سنبلة
trigo (m)	'amḥ (m)	قمح
centeno (m)	ʃelm mazrū' (m)	شيلم مزروع
avena (f)	ʃofān (m)	شوفان
mijo (m)	el deҳn (m)	الدُخن
cebada (f)	ʃe'īr (m)	شعير
maíz (m)	dora (f)	ذرة
arroz (m)	rozz (m)	رز
alforfón (m)	ḥanṭa soda' (f)	حنطة سوداء
guisante (m)	besella (f)	بسلّة
fréjol (m)	faṣolya (f)	فاصوليا
soya (f)	fūl el ṣoya (m)	فول الصويا
lenteja (f)	'ads (m)	عدس
habas (f pl)	fūl (m)	فول

233. Los vegetales. Las verduras

legumbres (f pl)	χoḍār (pl)	خضار
verduras (f pl)	χoḍrawāt waraqiya (pl)	خضروات ورقية
tomate (m)	ṭamāṭem (f)	طماطم
pepino (m)	χeyār (m)	خيار
zanahoria (f)	gazar (m)	جزر
patata (f)	baṭāṭes (f)	بطاطس
cebolla (f)	baṣal (m)	بصل
ajo (m)	tūm (m)	ثوم
col (f)	koronb (m)	كرنب
coliflor (f)	'arnabīṭ (m)	قرنبيط
col (f) de Bruselas	koronb broksel (m)	كرنب بروكسل
brócoli (m)	brūkuli (m)	بروكلي
remolacha (f)	bangar (m)	بنجر
berenjena (f)	bātengān (m)	باذنجان
calabacín (m)	kōsa (f)	كوسة
calabaza (f)	qar' 'asaly (m)	قرع عسلي
nabo (m)	left (m)	لفت
perejil (m)	ba'dūnes (m)	بقدونس
eneldo (m)	ʃabat (m)	شبت
lechuga (f)	χass (m)	خس
apio (m)	karfas (m)	كرفس
espárrago (m)	helione (m)	هليون
espinaca (f)	sabāneχ (m)	سبانخ
guisante (m)	besella (f)	بسلّة
habas (f pl)	fūl (m)	فول
maíz (m)	dora (f)	ذرة
fréjol (m)	faṣolya (f)	فاصوليا
pimentón (m)	felfel (m)	فلفل
rábano (m)	fegl (m)	فجل
alcachofa (f)	χarʃūf (m)	خرشوف

GEOGRAFÍA REGIONAL

234. Europa occidental

Europa (f)	orobba (f)	أوروبّا
Unión (f) Europea	el etteḥād el orobby (m)	الإتّحاد الأوروبّي
europeo (m)	orobby (m)	أوروبّي
europeo (adj)	orobby	أوروبّي
Austria (f)	el nemsa (f)	النمسا
austriaco (m)	nemsāwy (m)	نمساوي
austriaca (f)	nemsāwiya (f)	نمساويّة
austriaco (adj)	nemsāwy	نمساوي
Gran Bretaña (f)	briṭaniya el ʿozma (f)	بريطانيا العظمى
Inglaterra (f)	engeltera (f)	إنجلّترا
inglés (m)	briṭāny (m)	بريطاني
inglesa (f)	briṭaniya (f)	بريطانية
inglés (adj)	englīzy	إنجليزي
Bélgica (f)	balʒīka (f)	بلجيكا
belga (m)	balʒīky (m)	بلجيكي
belga (f)	balʒīkiya (f)	بلجيكيّة
belga (adj)	balʒīky	بلجيكي
Alemania (f)	almānya (f)	ألمانيا
alemán (m)	almāny (m)	ألماني
alemana (f)	almaniya (f)	ألمانيّة
alemán (adj)	almāniya	ألمانية
Países Bajos (m pl)	holanda (f)	هولندا
Holanda (f)	holanda (f)	هولندا
holandés (m)	holandy (m)	هولندي
holandesa (f)	holandiya (f)	هولنديّة
holandés (adj)	holandy	هولندي
Grecia (f)	el yunān (f)	اليونان
griego (m)	yunāny (m)	يوناني
griega (f)	yunaniya (f)	يونانيّة
griego (adj)	yunāny	يوناني
Dinamarca (f)	el denmark (f)	الدنمارك
danés (m)	denmarky (m)	دنماركي
danesa (f)	denmarkiya (f)	دانماركيّة
danés (adj)	denemarky	دانماركي
Irlanda (f)	irelanda (f)	أيرلندا
irlandés (m)	irelandy (m)	أيرلندي
irlandesa (f)	irelandiya (f)	أيرلنديّة
irlandés (adj)	irelandy	أيرلندي

Islandia (f)	'āyslanda (f)	آيسلندا
islandés (m)	'āyslandy (m)	آيسلندي
islandesa (f)	'āyslandiya (f)	آيسلنديّة
islandés (adj)	'āyslandy	آيسلندي
España (f)	asbānya (f)	إسبانيا
español (m)	asbāny (m)	إسباني
española (f)	asbaniya (f)	إسبانية
español (adj)	asbāny	إسباني
Italia (f)	eṭālia (f)	إيطاليا
italiano (m)	eṭāly (m)	إيطالي
italiana (f)	eṭaliya (f)	إيطاليّة
italiano (adj)	eṭāly	إيطالي
Chipre (m)	'obroṣ (f)	قبرص
chipriota (m)	'obroṣy (m)	قبرصي
chipriota (f)	'obroṣiya (f)	قبرصية
chipriota (adj)	'obroṣy	قبرصي
Malta (f)	malṭa (f)	مالطا
maltés (m)	malṭy (m)	مالطي
maltesa (f)	malṭiya (f)	مالطيّة
maltés (adj)	malṭy	مالطي
Noruega (f)	el nerwīg (f)	النرويج
noruego (m)	nerwīgy (m)	نرويجي
noruega (f)	nerwīgiya (f)	نرويجية
noruego (adj)	nerwīgy	نرويجي
Portugal (m)	el bortoɣāl (f)	البرتغال
portugués (m)	bortoɣāly (m)	برتغالي
portuguesa (f)	bortoɣaliya (f)	برتغاليّة
portugués (adj)	bortoɣā y	برتغالي
Finlandia (f)	finlanda (f)	فنّلندا
finlandés (m)	finlandy (m)	فنّلندي
finlandesa (f)	finlandiya (f)	فنّلنديّة
finlandés (adj)	finlandy	فنّلندي
Francia (f)	faransa (f)	فرنسا
francés (m)	faransāwy (m)	فرنساوي
francesa (f)	faransawiya (f)	فرنساويّة
francés (adj)	faransāwy	فرنساوي
Suecia (f)	el sweyd (f)	السويد
sueco (m)	sweydy (m)	سويدي
sueca (f)	sweydiya (f)	سويديّة
sueco (adj)	sweydy	سويدي
Suiza (f)	swesra (f)	سويسرا
suizo (m)	swesry (m)	سويسري
suiza (f)	swesriya (f)	سويسريّة
suizo (adj)	swesry	سويسري
Escocia (f)	oskotlanda (f)	اسكتّلندا
escocés (m)	oskotlandy (m)	اسكتّلندي

escocesa (f)	oskotlandiya (f)	اسكتلنديّة
escocés (adj)	oskotlandy	اسكتلندي
Vaticano (m)	el vatikān (m)	الفاتيكان
Liechtenstein (m)	liʃtenʃtayn (m)	ليشتنشتاين
Luxemburgo (m)	luksemburg (f)	لوكسمبورج
Mónaco (m)	monako (f)	موناكو

235. Europa central y oriental

Albania (f)	albānia (f)	ألبانيا
albanés (m)	albāny (m)	ألباني
albanesa (f)	albaniya (f)	ألبانية
albanés (adj)	albāny	ألباني
Bulgaria (f)	bolɣāria (f)	بلغاريا
búlgaro (m)	bolɣāry (m)	بلغاري
búlgara (f)	bolɣariya (f)	بلغاريّة
búlgaro (adj)	bolɣāry	بلغاري
Hungría (f)	el magar (f)	المجر
húngaro (m)	magary (m)	مجري
húngara (f)	magariya (f)	مجريّة
húngaro (adj)	magary	مجري
Letonia (f)	latvia (f)	لاتفيا
letón (m)	latvy (m)	لاتفي
letona (f)	latviya (f)	لاتفية
letón (adj)	latvy	لاتفي
Lituania (f)	litwānia (f)	ليتوانيا
lituano (m)	litwāny (m)	لتواني
lituana (f)	litwaniya (f)	لتوانية
lituano (adj)	litwāny	لتواني
Polonia (f)	bolanda (f)	بولّندا
polaco (m)	bolandy (m)	بولندي
polaca (f)	bolandiya (f)	بولّنديّة
polaco (adj)	bolanndy	بولّندي
Rumania (f)	romānia (f)	رومانيا
rumano (m)	romāny (m)	روماني
rumana (f)	romaniya (f)	رومانيّة
rumano (adj)	romāny	روماني
Serbia (f)	ṣerbia (f)	صربيا
serbio (m)	ṣerby (m)	صربي
serbia (f)	ṣerbiya (f)	صربية
serbio (adj)	ṣarby	صربي
Eslovaquia (f)	slovākia (f)	سلوفاكيا
eslovaco (m)	slovāky (m)	سلوفاكي
eslovaca (f)	slovakiya (f)	سلوفاكيّة
eslovaco (adj)	slovāky	سلوفاكي

Croacia (f)	kroātya (f)	كرواتيا
croata (m)	kroāty (m)	كرواتي
croata (f)	kroatiya (f)	كرواتية
croata (adj)	kroāty	كرواتي
Chequia (f)	gomhoriya el tʃīk (f)	جمهورية التشيك
checo (m)	tʃīky (m)	تشيكي
checa (f)	tʃīkiya (f)	تشيكية
checo (adj)	tʃīky	تشيكي
Estonia (f)	estūnia (f)	إستونيا
estonio (m)	estūny (m)	إستوني
estonia (f)	estuniya (f)	إستونية
estonio (adj)	estūny	إستوني
Bosnia y Herzegovina	el bosna wel harsek (f)	البوسنة والهرسك
Macedonia	maqdūnia (f)	مقدونيا
Eslovenia	slovenia (f)	سلوفينيا
Montenegro (m)	el gabal el aswad (m)	الجبل الأسوّد

236. Los países de la antes Unión Soviética

Azerbaiyán (m)	azrabiʒān (m)	أذربيجان
azerbaiyano (m)	azrabiʒāny (m)	أذربيجاني
azerbaiyana (f)	azrabiʒaniya (f)	أذربيجانية
azerbaiyano (adj)	azrabiʒāny	أذربيجاني
Armenia (f)	armīnia (f)	أرمينيا
armenio (m)	armīny (m)	أرميني
armenia (f)	arminiya (f)	أرمينية
armenio (adj)	armīny	أرميني
Bielorrusia (f)	belarūsia (f)	بيلاروسيا
bielorruso (m)	belarūsy (m)	بيلاروسي
bielorrusa (f)	belarūsiya (f)	بيلاروسية
bielorruso (adj)	belarūsy	بيلاروسي
Georgia (f)	ʒorʒia (f)	جورجيا
georgiano (m)	ʒorʒy (m)	جورجي
georgiana (f)	ʒorʒiya (f)	جورجية
georgiano (adj)	ʒorʒy	جورجي
Kazajstán (m)	kazaχistān (f)	كازاخستّان
kazajo (m)	kazaχistāny (m)	كازاخستّاني
kazaja (f)	kazaχistaniya (f)	كازاخستّانية
kazajo (adj)	kazaχistāny	كازاخستّاني
Kirguizistán (m)	qirɣizestān (f)	قيرغيزستان
kirguís (m)	qirɣizestāny (m)	قيرغيزستاني
kirguisa (f)	qirɣizestaniya (f)	قيرغيزستانية
kirguís (adj)	qirɣizestāny	قيرغيزستاني
Moldavia (f)	moldāvia (f)	مولدافيا
moldavo (m)	moldāvy (m)	مولدافي

moldava (f)	moldaviya (f)	مولدافيّة
moldavo (adj)	moldāvy	مولدافي
Rusia (f)	rūsya (f)	روسيا
ruso (m)	rūsy (m)	روسي
rusa (f)	rusiya (f)	روسية
ruso (adj)	rūsy	روسي
Tayikistán (m)	ṭaʒīkistan (f)	طاجيكستان
tayiko (m)	ṭaʒīky (m)	طاجيكي
tayika (f)	ṭaʒikiya (f)	طاجيكيّة
tayiko (adj)	ṭaʒīky	طاجيكي
Turkmenistán (m)	turkmānistān (f)	تركمانستان
turkmeno (m)	turkmāny (m)	تركماني
turkmena (f)	turkmaniya (f)	تركمانيّة
turkmeno (adj)	turkmāny	تركماني
Uzbekistán (m)	uzbakistān (f)	أوزبكستان
uzbeko (m)	uzbaky (m)	أوزبكي
uzbeka (f)	uzbakiya (f)	أوزبكيّة
uzbeko (adj)	uzbaky	أوزبكي
Ucrania (f)	okrānia (f)	أوكرانيا
ucraniano (m)	okrāny (m)	أوكراني
ucraniana (f)	okraniya (f)	أوكرانيّة
ucraniano (adj)	okrāny	أوكراني

237. Asia

Asia (f)	asya (f)	آسيا
asiático (adj)	ʾāsyawy	آسيوي
Vietnam (m)	vietnām (f)	فيتنام
vietnamita (m)	vietnāmy (m)	فيتنامي
vietnamita (f)	vietnāmiya (f)	فيتنامية
vietnamita (adj)	vietnāmy	فيتنامي
India (f)	el hend (f)	الهند
indio (m)	hendy (m)	هندي
india (f)	hendiya (f)	هنديّة
indio (adj)	hendy	هندي
Israel (m)	israʾīl (f)	إسرائيل
israelí (m)	israʾīly (m)	إسرائيلي
israelí (f)	israʾiliya (f)	إسرائيليّة
israelí (adj)	israīly	إسرائيلي
hebreo (m)	yahūdy (m)	يهودي
hebrea (f)	yahudiya (f)	يهوديّة
hebreo (adj)	yahūdy	يهودي
China (f)	el ṣīn (f)	الصين
chino (m)	ṣīny (m)	صيني

china (f)	ṣīniya (f)	صينيّة
chino (adj)	ṣīny	صيني
Corea (f) del Sur	korea el ganūbiya (f)	كوريا الجنوبيّة
Corea (f) del Norte	korea el ʃamāliya (f)	كوريا الشماليّة
coreano (m)	kūry (m)	كوري
coreana (f)	kuriya (f)	كوريّة
coreano (adj)	kūry	كوري
Líbano (m)	lebnān (f)	لبنان
libanés (m)	lebnāny (m)	لبناني
libanesa (f)	lebnāniya (f)	لبنانيّة
libanés (adj)	lebnāny	لبناني
Mongolia (f)	manɣūlia (f)	منغوليا
mongol (m)	manɣūly (m)	منغولي
mongola (f)	manɣuliya (f)	منغوليّة
mongol (adj)	manɣūly	منغولي
Malasia (f)	malīzya (f)	ماليزيا
malayo (m)	malīzy (m)	ماليزي
malaya (f)	maliziya (f)	ماليزيّة
malayo (adj)	malīzy	ماليزي
Pakistán (m)	bakistān (f)	باكستان
pakistaní (m)	bakistāny (m)	باكستاني
pakistaní (f)	bakistaniya (f)	باكستانيّة
pakistaní (adj)	bakistāny	باكستاني
Arabia (f) Saudita	el so'odiya (f)	السعوديّة
árabe (m)	'araby (m)	عربي
árabe (f)	'arabiya (f)	عربيّة
árabe (adj)	'araby	عربي
Tailandia (f)	tayland (f)	تايلاند
tailandés (m)	taylandy (m)	تايلاندي
tailandesa (f)	taylandiya (f)	تايلانديّة
tailandés (adj)	taylandy	تايلاندي
Taiwán (m)	taywān (f)	تايوان
taiwanés (m)	taywāny (m)	تايواني
taiwanesa (f)	taywaniya (f)	تايوانيّة
taiwanés (adj)	taywāny	تايواني
Turquía (f)	turkia (f)	تركيا
turco (m)	turky (m)	تركي
turca (f)	turkiya (f)	تركيّة
turco (adj)	turky	تركي
Japón (m)	el yabān (f)	اليابان
japonés (m)	yabāny (m)	ياباني
japonesa (f)	yabaniya (f)	يابانيّة
japonés (adj)	yabāny	ياباني
Afganistán (m)	afɣanistan (f)	أفغانستان
Bangladesh (m)	bangladeʃ (f)	بنجلاديش

Indonesia (f)	indonisya (f)	إندونيسيا
Jordania (f)	el ordon (m)	الأردن
Irak (m)	el ʿerāq (m)	العراق
Irán (m)	iran (f)	إيران
Camboya (f)	kambodya (f)	كمبوديا
Kuwait (m)	el kuweyt (f)	الكويت
Laos (m)	laos (f)	لاوس
Myanmar (m)	myanmar (f)	ميانمار
Nepal (m)	nebāl (f)	نيبال
Emiratos (m pl) Árabes Unidos	el emārāt el ʿarabiya el mottaḥeda (pl)	الإمارات العربية المتَحدة
Siria (f)	soria (f)	سوريا
Palestina (f)	felesṭīn (f)	فلسطين

238. América del Norte

Estados Unidos de América (m pl)	el welayāt el mottaḥda el amrīkiya (pl)	الولايات المتّحدة الأمريكيّة
americano (m)	amrīky (m)	أمريكي
americana (f)	amrīkiya (f)	أمريكيّة
americano (adj)	amrīky	أمريكي
Canadá (f)	kanada (f)	كندا
canadiense (m)	kanady (m)	كندي
canadiense (f)	kanadiya (f)	كنديّة
canadiense (adj)	kanady	كندي
Méjico (m)	el maksīk (f)	المكسيك
mejicano (m)	maksīky (m)	مكسيكي
mejicana (f)	maksīkiya (f)	مكسيكية
mejicano (adj)	maksīky	مكسيكي

239. Centroamérica y Sudamérica

Argentina (f)	arʒantīn (f)	الأرجنتين
argentino (m)	arʒantīny (m)	أرجنتيني
argentina (f)	arʒantiniya (f)	أرجنتينية
argentino (adj)	arʒantīny	أرجنتيني
Brasil (m)	el barazīl (f)	البرازيل
brasileño (m)	barazīly (m)	برازيلي
brasileña (f)	baraziliya (f)	برازيليّة
brasileño (adj)	barazīly	برازيلي
Colombia (f)	kolombia (f)	كولومبيا
colombiano (m)	kolomby (m)	كولومبي
colombiana (f)	kolombiya (f)	كولومبية
colombiano (adj)	kolomby	كولومبي
Cuba (f)	kūba (f)	كوبا

cubano (m)	kūby (m)	كوبي
cubana (f)	kūbiya (f)	كوبيّة
cubano (adj)	kūby	كوبي
Chile (m)	tʃīly (f)	تشيلي
chileno (m)	tʃīly (m)	تشيلي
chilena (f)	tʃīliya (f)	تشيليّة
chileno (adj)	tʃīly	تشيلي
Bolivia (f)	bolivia (f)	بوليفيا
Venezuela (f)	venzweyla (f)	فنزويلا
Paraguay (m)	baraguay (f)	باراجواي
Perú (m)	beru (f)	بيرو
Surinam (m)	surinam (f)	سورينام
Uruguay (m)	uruguay (f)	أوروجواي
Ecuador (m)	el equador (f)	الإكوادور
Islas (f pl) Bahamas	gozor el bahāmas (pl)	جزر البهاماس
Haití (m)	haīti (f)	هايتي
República (f) Dominicana	gomhoriya el dominikan (f)	جمهوريّة الدومينيكان
Panamá (f)	banama (f)	بنما
Jamaica (f)	ʒamayka (f)	جامايكا

240. África

Egipto (m)	maṣr (f)	مصر
egipcio (m)	maṣry (m)	مصري
egipcia (f)	maṣriya (f)	مصريّة
egipcio (adj)	maṣry	مصري
Marruecos (m)	el maɣreb (m)	المغرب
marroquí (m)	maɣreby (m)	مغربي
marroquí (f)	maɣrebiya (f)	مغربيّة
marroquí (adj)	maɣreby	مغربي
Túnez (m)	tunis (f)	تونس
tunecino (m)	tunsy (m)	تونسي
tunecina (f)	tunesiya (f)	تونسيّة
tunecino (adj)	tunsy	تونسي
Ghana (f)	ɣana (f)	غانا
Zanzíbar (m)	zanʒibār (f)	زنجبار
Kenia (f)	kenya (f)	كينيا
Libia (f)	libya (f)	ليبيا
Madagascar (m)	madaɣaʃkar (f)	مدغشقر
Namibia (f)	namibia (f)	ناميبيا
Senegal (m)	el senɣāl (f)	السنغال
Tanzania (f)	tanznia (f)	تنزانيا
República (f) Sudafricana	afreqia el ganūbiya (f)	أفريقيا الجنوبيّة
africano (m)	afrīqy (m)	أفريقي
africana (f)	afriqiya (f)	أفريقيّة
africano (adj)	afrīqy	أفريقي

241. Australia. Oceanía

Australia (f)	ostorālya (f)	أستراليا
australiano (m)	ostorāly (m)	أسترالي
australiana (f)	ostoraleya (f)	أستراليّة
australiano (adj)	ostorāly	أسترالي
Nueva Zelanda (f)	nyu zelanda (f)	نيوزيلندا
neocelandés (m)	nyu zelandy (m)	نيوزيلندي
neocelandesa (f)	nyu zelandiya (f)	نيوزيلنديّة
neocelandés (adj)	nyu zelandy	نيوزيلندي
Tasmania (f)	tasmania (f)	تاسمانيا
Polinesia (f) Francesa	bolenezia el faransiya (f)	بولينزيا الفرنسيّة

242. Las ciudades

Ámsterdam	amesterdam (f)	امستردام
Ankara	ankara (f)	أنقرة
Atenas	atīna (f)	أثينا
Bagdad	baɣdād (f)	بغداد
Bangkok	bangkok (f)	بانكوك
Barcelona	barʃelona (f)	برشلونة
Beirut	beyrut (f)	بيروت
Berlín	berlin (f)	برلين
Mumbai	bombay (f)	بومباى
Bonn	bonn (f)	بون
Bratislava	bratislava (f)	براتيسلافا
Bruselas	broksel (f)	بروكسل
Bucarest	buχarest (f)	بوخارست
Budapest	budabest (f)	بودابست
Burdeos	bordu (f)	بوردو
El Cairo	el qahera (f)	القاهرة
Calcuta	kalkutta (f)	كلكتا
Chicago	ʃikāgo (f)	شيكاجو
Copenhague	kobenhāgen (f)	كوبنهاجن
Dar-es-Salam	dar el salām (f)	دار السلام
Delhi	delhi (f)	دلهي
Dubai	dubaī (f)	دبي
Dublín	dablin (f)	دبلن
Dusseldorf	dusseldorf (f)	دوسلدورف
Estambul	isṭanbul (f)	إسطنبول
Estocolmo	stokχolm (f)	ستوكهولم
Florencia	florensa (f)	فلورنسا
Fráncfort del Meno	frankfurt (f)	فرانكفورت
Ginebra	ʒenive (f)	جنيف
La Habana	havana (f)	هافانا
Hamburgo	hamburg (m)	هامبورج

Hanói	hanoy (f)	هانوى
La Haya	lahāy (f)	لاهاى
Helsinki	helsinki (f)	هلسنكي
Hiroshima	hiroʃīma (f)	هيروشيما
Hong Kong	hong kong (f)	هونج كونج
Jerusalén	el qods (f)	القدس
Kiev	kyiv (f)	كييف
Kuala Lumpur	kuala lumpur (f)	كوالالمبور
Lisboa	laʃbūna (f)	لشبونة
Londres	london (f)	لندن
Los Ángeles	los anʒeles (f)	لوس أنجلوس
Lyon	lyon (f)	ليون
Madrid	madrīd (f)	مدريد
Marsella	marsilia (f)	مرسيليا
Ciudad de México	madīnet meksiko (f)	مدينة مكسيكو
Miami	mayami (f)	ميامي
Montreal	montreal (f)	مونتريال
Moscú	moskū (f)	موسكو
Múnich	muniχ (f)	ميونخ
Nairobi	nayrobi (f)	نيروبي
Nápoles	naboli (f)	نابولي
Niza	nīs (f)	نيس
Nueva York	nyu york (f)	نيويورك
Oslo	oslo (f)	أوسلو
Ottawa	ottawa (f)	أوتاوا
París	baris (f)	باريس
Pekín	bekīn (f)	بيكين
Praga	braɣ (f)	براغ
Río de Janeiro	rio de ʒaneyro (f)	ريو دي جانيرو
Roma	roma (f)	روما
San Petersburgo	sant betersburɣ (f)	سانت بطرسبرغ
Seúl	seūl (f)	سيول
Shanghái	ʃanghay (f)	شنجهاي
Singapur	sinɣafūra (f)	سنغافورة
Sydney	sydney (f)	سيدني
Taipei	taybey (f)	تايبيه
Tokio	ṭokyo (f)	طوكيو
Toronto	toronto (f)	تورونتو
Varsovia	warsaw (f)	وارسو
Venecia	venesya (f)	فينيسيا
Viena	vienna (f)	فيينا
Washington	waʃinṭon (f)	واشنطن

243. La política. El gobierno. Unidad 1

política (f)	seyāsa (f)	سياسة
político (adj)	seyāsy	سياسي

político (m)	seyāsy (m)	سياسي
estado (m)	dawla (f)	دولة
ciudadano (m)	mowāṭen (m)	مواطن
ciudadanía (f)	mewaṭna (f)	مواطنة
escudo (m) nacional	ʃeʿār waṭany (m)	شعار وطني
himno (m) nacional	naʃīd waṭany (m)	نشيد وطني
gobierno (m)	ḥokūma (f)	حكومة
jefe (m) de estado	ra'ʾs el dawla (m)	رأس الدولة
parlamento (m)	barlamān (m)	برلمان
partido (m)	ḥezb (m)	حزب
capitalismo (m)	ra'smaliya (f)	رأسماليّة
capitalista (adj)	ra'smāly	رأسمالي
socialismo (m)	eʃterakiya (f)	إشتراكيّة
socialista (adj)	eʃterāky	إشتراكي
comunismo (m)	ʃeyūʿiya (f)	شيوعيّة
comunista (adj)	ʃeyūʿy	شيوعي
comunista (m)	ʃeyūʿy (m)	شيوعي
democracia (f)	dīmoqraṭiya (f)	ديموقراطيّة
demócrata (m)	demoqrāṭy (m)	ديموقراطي
democrático (adj)	demoqrāṭy	ديموقراطي
Partido (m) Democrático	el ḥezb el demokrāṭy (m)	الحزب الديموقراطي
liberal (m)	librāly (m)	ليبرالي
liberal (adj)	librāly	ليبرالي
conservador (m)	moḥāfeẓ (m)	محافظ
conservador (adj)	moḥāfeẓ	محافظ
república (f)	gomhoriya (f)	جمهورية
republicano (m)	gomhūry (m)	جمهوري
Partido (m) Republicano	el ḥezb el gomhūry (m)	الحزب الجمهوري
elecciones (f pl)	entaχabāt (pl)	إنتخابات
elegir (vi)	entaχab	إنتخب
elector (m)	nāχeb (m)	ناخب
campaña (f) electoral	ḥamla enteχabiya (f)	حملة إنتخابيّة
votación (f)	taṣwīt (m)	تصويت
votar (vi)	ṣawwat	صوّت
derecho (m) a voto	ḥaʾ el enteχāb (m)	حق الإنتخاب
candidato (m)	morasʃaḥ (m)	مرشّح
presentarse como candidato	rasʃaḥ nafsoh	رشّح نفسه
campaña (f)	ḥamla (f)	حملة
de oposición (adj)	moʿāreḍ	معارض
oposición (f)	moʿarḍa (f)	معارضة
visita (f)	zeyāra (f)	زيارة
visita (f) oficial	zeyāra rasmiya (f)	زيارة رسميّة
internacional (adj)	dawly	دوّلي

negociaciones (f pl)	mofawḍāt (pl)	مفاوضات
negociar (vi)	tafāwaḍ	تفاوض

244. La política. El gobierno. Unidad 2

sociedad (f)	mogtamaʿ (m)	مجتمع
constitución (f)	dostūr (m)	دستور
poder (m)	solṭa (f)	سلطة
corrupción (f)	fasād (m)	فساد
ley (f)	qanūn (m)	قانون
legal (adj)	qanūny	قانوني
justicia (f)	ʿadāla (f)	عدالة
justo (adj)	ʿādel	عادل
comité (m)	lagna (f)	لجنة
proyecto (m) de ley	maʃrūʿ qanūn (m)	مشروع قانون
presupuesto (m)	mowazna (f)	موازنة
política (f)	seyāsa (f)	سياسة
reforma (f)	eṣlāḥ (m)	إصلاح
radical (adj)	oṣūly	أصولي
potencia (f) (~ militar, etc.)	ʾowwa (f)	قوّة
poderoso (adj)	ʾawy	قوّي
partidario (m)	moʾayed (m)	مؤيد
influencia (f)	taʾsīr (m)	تأثير
régimen (m)	nezām ḥokm (m)	نظام حكم
conflicto (m)	χelāf (m)	خلاف
complot (m)	moʾamra (f)	مؤامرة
provocación (f)	estefzāz (m)	إستفزاز
derrocar (al régimen)	asqaṭ	أسقط
derrocamiento (m)	esqāṭ (m)	إسقاط
revolución (f)	sawra (f)	ثورة
golpe (m) de estado	enqelāb (m)	إنقلاب
golpe (m) militar	enqelāb ʿaskary (m)	إنقلاب عسكري
crisis (f)	azma (f)	أزمة
recesión (f) económica	rokūd eqteṣādy (m)	ركود إقتصادي
manifestante (m)	motaẓāher (m)	متظاهر
manifestación (f)	mozahra (f)	مظاهرة
ley (f) marcial	ḥokm ʿorfy (m)	حكم عرفي
base (f) militar	qaʿeda ʿaskariya (f)	قاعدة عسكريّة
estabilidad (f)	esteqrār (m)	إستقرار
estable (adj)	mostaqerr	مستقرّ
explotación (f)	esteɣlāl (m)	إستغلال
explotar (vt)	estaɣall	إستغلّ
racismo (m)	ʿonṣoriya (f)	عنصريّة
racista (m)	ʿonṣory (m)	عنصري

fascismo (m)	faʃiya (f)	فاشيّة
fascista (m)	fāʃy (m)	فاشي

245. Los países. Miscelánea

extranjero (m)	agnaby (m)	أجنبي
extranjero (adj)	agnaby	أجنبي
en el extranjero	fel χāreg	في الخارج
emigrante (m)	mohāger (m)	مهاجر
emigración (f)	hegra (f)	هجرة
emigrar (vi)	hāgar	هاجر
Oeste (m)	el ɣarb (m)	الغرب
Oriente (m)	el ʃarʾ (m)	الشرق
Extremo Oriente (m)	el ʃarʾ el aqṣa (m)	الشرق الأقصى
civilización (f)	ḥaḍāra (f)	حضارة
humanidad (f)	el baʃariya (f)	البشريّة
mundo (m)	el ʿālam (m)	العالم
paz (f)	salām (m)	سلام
mundial (adj)	ʿālamy	عالمي
patria (f)	waṭan (m)	وطن
pueblo (m)	ʃaʿb (m)	شعب
población (f)	sokkān (pl)	سكّان
gente (f)	nās (pl)	ناس
nación (f)	omma (f)	أمّة
generación (f)	gīl (m)	جيل
territorio (m)	arḍ (f)	أرض
región (f)	manteʾa (f)	منطقة
estado (m) (parte de un país)	welāya (f)	ولاية
tradición (f)	taʾlīd (m)	تقليد
costumbre (f)	ʿāda (f)	عادة
ecología (f)	ʿelm el bīʾa (m)	علم البيئة
indio (m)	hendy aḥmar (m)	هندي أحمر
gitano (m)	ɣagary (m)	غجري
gitana (f)	ɣagariya (f)	غجريّة
gitano (adj)	ɣagary	غجري
imperio (m)	embraṭoriya (f)	إمبراطورية
colonia (f)	mostaʿmara (f)	مستعمرة
esclavitud (f)	ʿobūdiya (f)	عبودية
invasión (f)	ɣazw (m)	غزو
hambruna (f)	magāʿa (f)	مجاعة

246. Grupos religiosos principales. Las confesiones

religión (f)	dīn (m)	دين
religioso (adj)	dīny	ديني

creencia (f)	emān (m)	إيمان
creer (en Dios)	aman	أمن
creyente (m)	mo'men (m)	مؤمن
ateísmo (m)	el elḥād (m)	الإلحاد
ateo (m)	molḥed (m)	ملحد
cristianismo (m)	el masīḥiya (f)	المسيحيّة
cristiano (m)	mesīḥy (m)	مسيحي
cristiano (adj)	mesīḥy	مسيحي
catolicismo (m)	el kasolekiya (f)	الكاثوليكيّة
católico (m)	kasolīky (m)	كاثوليكي
católico (adj)	kasolīky	كاثوليكي
protestantismo (m)	brotestantiya (f)	بروتستانتية
Iglesia (f) protestante	el kenīsa el brotestantiya (f)	الكنيسة البروتستانتية
protestante (m)	brotestanty (m)	بروتستانتي
ortodoxia (f)	orsozeksiya (f)	الأرثوذكسيّة
Iglesia (f) ortodoxa	el kenīsa el orsozeksiya (f)	الكنيسة الأرثوذكسيّة
ortodoxo (m)	arsazoksy (m)	أرثوذكسي
presbiterianismo (m)	maʃīχiya (f)	مشيخية
Iglesia (f) presbiteriana	el kenīsa el maʃīχiya (f)	الكنيسة المشيخية
presbiteriano (m)	maʃīχiya (f)	مشيخية
Iglesia (f) luterana	el luseriya (f)	اللوثرية
luterano (m)	luterriya (m)	لوثرية
Iglesia (f) bautista	el kenīsa el meʿmedaniya (f)	الكنيسة المعمدانية
bautista (m)	meʿmedāny (m)	معمداني
Iglesia (f) anglicana	el kenīsa el anʒlekaniya (f)	الكنيسة الإنجليكانية
anglicano (m)	enʒelikāny (m)	أنجليكاني
mormonismo (m)	el moromoniya (f)	المورمونية
mormón (m)	mesīḥy mormōn (m)	مسيحي مرمون
judaísmo (m)	el yahūdiya (f)	اليهودية
judío (m)	yahūdy (m)	يهودي
budismo (m)	el būziya (f)	البوذية
budista (m)	būzy (m)	بوذي
hinduismo (m)	el hindūsiya (f)	الهندوسية
hinduista (m)	hendūsy (m)	هندوسي
Islam (m)	el islām (m)	الإسلام
musulmán (m)	muslim (m)	مسلم
musulmán (adj)	islāmy	إسلامي
chiísmo (m)	el mazhab el ʃeeʿy (m)	المذهب الشيعي
chiita (m)	ʃeeʿy (m)	شيعي
sunismo (m)	el mazhab el sunny (m)	المذهب السنّي
suní (m, f)	sunni (m)	سنّي

247. Las religiones. Los sacerdotes

sacerdote (m)	kāhen (m)	كاهن
Papa (m)	el bāba (m)	البابا
monje (m)	rāheb (m)	راهب
monja (f)	rāheba (f)	راهبة
pastor (m)	ʾessīs (m)	قسّيس
abad (m)	raʾīs el deyr (m)	رئيس الدير
vicario (m)	viqār (m)	فيقار
obispo (m)	asqof (m)	أسقف
cardenal (m)	kardinal (m)	كاردينال
predicador (m)	mobasʃer (m)	مبشّر
prédica (f)	tabʃīr (f)	تبشير
parroquianos (pl)	raʿyet el abraʃiya (f)	رعية الأبرشية
creyente (m)	moʾmen (m)	مؤمن
ateo (m)	molḥed (m)	ملحد

248. La fe. El cristianismo. El islamismo

Adán	ʾādam (m)	آدم
Eva	ḥawwāʾ (f)	حوّاء
Dios (m)	allah (m)	الله
Señor (m)	el rabb (m)	الربّ
el Todopoderoso	el qadīr (m)	القدير
pecado (m)	zanb (m)	ذنب
pecar (vi)	aznab	أذنب
pecador (m)	mozneb (m)	مذنب
pecadora (f)	mozneba (f)	مذنبة
infierno (m)	el gaḥīm (f)	الجحيم
paraíso (m)	el ganna (f)	الجنّة
Jesús	yasūʿ (m)	يسوع
Jesucristo (m)	yasūʿ el masīḥ (m)	يسوع المسيح
el Espíritu Santo	el rūḥ el qods (m)	الروح القدس
el Salvador	el masīḥ (m)	المسيح
la Virgen María	maryem el ʿazrāʾ (f)	مريم العذراء
el Diablo	el ʃayṭān (m)	الشيطان
diabólico (adj)	ʃeyṭāny	شيطاني
Satán (m)	el ʃayṭān (m)	الشيطان
satánico (adj)	ʃeyṭāny	شيطاني
ángel (m)	malāk (m)	ملاك
ángel (m) custodio	malāk ḥāres (m)	ملاك حارس
angelical (adj)	malāʾeky	ملائكي

apóstol (m)	rasūl (m)	رسول
arcángel (m)	el malāk el raʾīsy (m)	الملاك الرئيسي
anticristo (m)	el masīḥ el daggāl (m)	المسيح الدجّال
Iglesia (f)	el kenīsa (f)	الكنيسة
Biblia (f)	el ketāb el moqaddas (m)	الكتاب المقدّس
bíblico (adj)	tawrāty	توراتي
Antiguo Testamento (m)	el ʿahd el ʾadīm (m)	العهد القديم
Nuevo Testamento (m)	el ʿahd el gedīd (m)	العهد الجديد
Evangelio (m)	engīl (m)	إنجيل
Sagrada Escritura (f)	el ketāb el moqaddas (m)	الكتاب المقدّس
cielo (m)	el ganna (f)	الجنّة
mandamiento (m)	waṣiya (f)	وصيّة
profeta (m)	naby (m)	نبي
profecía (f)	nobūʾa (f)	نبوءة
Alá	allah (m)	الله
Mahoma	moḥammed (m)	محمّد
Corán, Korán (m)	el qorʾān (m)	القرآن
mezquita (f)	masged (m)	مسجد
mulá (m), mullah (m)	mullah (m)	ملا
oración (f)	ṣalāh (f)	صلاة
orar, rezar (vi)	ṣalla	صلّى
peregrinación (f)	ḥagg (m)	حج
peregrino (m)	ḥagg (m)	حاج
La Meca	makka el mokarrama (f)	مكة المكرّمة
iglesia (f)	kenīsa (f)	كنيسة
templo (m)	maʿbad (m)	معبد
catedral (f)	katedraʾiya (f)	كاتدرائية
gótico (adj)	qūṭy	قوطي
sinagoga (f)	kenīs (m)	كنيس
mezquita (f)	masged (m)	مسجد
capilla (f)	kenīsa saɣīra (f)	كنيسة صغيرة
abadía (f)	deyr (m)	دير
convento (m)	deyr (m)	دير
monasterio (m)	deyr (m)	دير
campana (f)	garas (m)	جرس
campanario (m)	borg el garas (m)	برج الجرس
sonar (vi)	daʾʾ	دقّ
cruz (f)	ṣalīb (m)	صليب
cúpula (f)	ʾobba (f)	قبّة
icono (m)	ramz (m)	رمز
alma (f)	nafs (f)	نفس
destino (m)	maṣīr (m)	مصير
maldad (f)	ʃarr (m)	شرّ
bien (m)	χeyr (m)	خير
vampiro (m)	maṣṣāṣ demāʾ (m)	مصّاص دماء

bruja (f)	sāḥera (f)	ساحرة
demonio (m)	ʃeṭān (m)	شيطان
espíritu (m)	roḥe (m)	روح
redención (f)	takfīr (m)	تكفير
redimir (vt)	kaffar ʿan	كفّر عن
culto (m), misa (f)	qedās (m)	قداس
decir misa	ʾām be χedma dīniya	قام بخدمة دينية
confesión (f)	eʿterāf (m)	إعتراف
confesarse (vr)	eʿtaraf	إعترف
santo (m)	qeddīs (m)	قدّيس
sagrado (adj)	moqaddas (m)	مقدّس
agua (f) santa	maya moqaddesa (f)	ماية مقدّسة
rito (m)	ʃaʿāʾer (pl)	شعائر
ritual (adj)	ʃaʿāʾery	شعائري
sacrificio (m)	zabīḥa (f)	ذبيحة
superstición (f)	χorāfa (f)	خرافة
supersticioso (adj)	moʾmen bel χorafāt (m)	مؤمن بالخرافات
vida (f) de ultratumba	aχra (f)	الآخرة
vida (f) eterna	ḥayat el abadiya (f)	حياة الأبدية

MISCELÁNEA

249. Varias palabras útiles

alto (m) (parada temporal)	estrāḥa (f)	إستراحة
ayuda (f)	mosaʿda (f)	مساعدة
balance (m)	tawāzon (m)	توازن
barrera (f)	ḥāgez (m)	حاجز
base (f) (~ científica)	asās (m)	أساس
categoría (f)	feʾa (f)	فئة
causa (f)	sabab (m)	سبب
coincidencia (f)	ṣodfa (f)	صدفة
comienzo (m) (principio)	bedāya (f)	بداية
comparación (f)	moqarna (f)	مقارنة
compensación (f)	taʿwīḍ (m)	تعويض
confortable (adj)	morīḥ	مريح
cosa (f) (objeto)	ḥāga (f)	حاجة
crecimiento (m)	nomoww (m)	نموّ
desarrollo (m)	tanmeya (f)	تنمية
diferencia (f)	farʾ (m)	فرق
efecto (m)	taʾsīr (m)	تأثير
ejemplo (m)	mesāl (m)	مثال
variedad (f) (selección)	eχteyār (m)	إختيار
elemento (m)	ʿonṣor (m)	عنصر
error (m)	χaṭaʾ (m)	خطأ
esfuerzo (m)	mag-hūd (m)	مجهود
estándar (adj)	ʿādy -qeyāsy	عادي, قياسي
estándar (m)	ʾeyās (m)	قياس
estilo (m)	oslūb (m)	أسلوب
fin (m)	nehāya (f)	نهاية
fondo (m) (color de ~)	χalefiya (f)	خلفية
forma (f) (contorno)	ʃakl (m)	شكل
frecuente (adj)	motakarrer (m)	متكرّر
grado (m) (en mayor ~)	daraga (f)	درجة
hecho (m)	ḥaʾīʾa (f)	حقيقة
ideal (m)	mesāl (m)	مثال
laberinto (m)	matāha (f)	متاهة
modo (m) (de otro ~)	ṭarīʾa (f)	طريقة
momento (m)	laḥza (f)	لحظة
objeto (m)	mawḍūʿ (m)	موضوع
obstáculo (m)	ʿaqaba (f)	عقبة
original (m)	aṣl (m)	أصل
parte (f)	gozʾ (m)	جزء

partícula (f)	goz' (m)	جزء
pausa (f)	estrāḥa (f)	إستراحة
posición (f)	mawqef (m)	موّقف
principio (m) (tener por ~)	mabda' (m)	مبدأ
problema (m)	moʃkela (f)	مشكلة
proceso (m)	'amaliya (f)	عمليّة
progreso (m)	ta'addom (m)	تقدّم
propiedad (f) (cualidad)	χaṣṣa (f)	خاصّة
reacción (f)	radd fe'l (m)	ردّ فعل
riesgo (m)	moχaṭra (f)	مخاطرة
secreto (m)	serr (m)	سرّ
serie (f)	selsela (f)	سلسلة
sistema (m)	nezām (m)	نظام
situación (f)	ḥāla (f), waḍ' (m)	حالة, وضع
solución (f)	ḥall (m)	حلّ
tabla (f) (~ de multiplicar)	gadwal (m)	جدوّل
tempo (m) (ritmo)	eqā' (m)	إيقاع
término (m)	moṣṭalaḥ (m)	مصطلح
tipo (m) (p.ej. ~ de deportes)	nū' (m)	نوع
tipo (m) (no es mi ~)	nū' (m)	نوع
turno (m) (esperar su ~)	dore (m)	دور
urgente (adj)	mesta'gel	مستعجل
urgentemente	be ʃakl 'āgel	بشكل عاجل
utilidad (f)	manf'a (f)	منفعة
variante (f)	ʃakl moχtalef (m)	شكل مختلف
verdad (f)	ḥa'ī'a (f)	حقيقة
zona (f)	mante'a (f)	منطقة

250. Los adjetivos. Unidad 1

abierto (adj)	maftūḥ	مفتوح
adicional (adj)	eḍāfy	إضافي
agradable (~ voz)	laṭīf	لطيف
agradecido (adj)	ʃāker	شاكر
agrio (sabor ~)	ḥāmeḍ	حامض
agudo (adj)	ḥād	حاد
alegre (adj)	farḥān	فرحان
amargo (adj)	morr	مر
amplio (~a habitación)	wāse'	واسع
ancho (camino ~)	wāse'	واسع
antiguo (adj)	'adīm	قديم
apretado (falda ~a)	ḍaye'	ضيّق
arriesgado (adj)	mogāzef	مجازف
artificial (adj)	ṣenā'y	صناعي
azucarado, dulce (adj)	mesakkar	مسكّر
bajo (voz ~a)	wāṭy	واطي

barato (adj)	reχīṣ	رخيص
bello (hermoso)	gamīl	جميل
blando (adj)	nāʿem	ناعم
bronceado (adj)	asmar	أسمر
bueno (de buen corazón)	ṭayeb	طيّب
bueno (un libro, etc.)	kewayes	كويّس
caliente (adj)	soχn	سخن
calmo, tranquilo	hady	هادئ
cansado (adj)	taʿbān	تعبان
cariñoso (un padre ~)	mohtamm	مهتمّ
caro (adj)	ɣāly	غالي
central (adj)	markazy	مركزي
cerrado (adj)	maʾfūl	مقفول
ciego (adj)	aʿma	أعمى
civil (derecho ~)	madany	مدني
clandestino (adj)	serry	سرّي
claro (color)	fāteḥ	فاتح
claro (explicación, etc.)	wāḍeḥ	واضح
compatible (adj)	motawāfaq	متوافق
congelado (pescado ~)	mogammad	مجمّد
conjunto (decisión ~a)	moʃtarak	مشترك
considerable (adj)	mohemm	مهمّ
contento (adj)	rāḍy	راضي
continuo (adj)	momtad	ممتد
continuo (incesante)	motawāṣal	متواصل
conveniente (apto)	monāseb	مناسب
correcto (adj)	ṣaḥīḥ	صحيح
cortés (adj)	moʾaddab	مؤدّب
corto (adj)	ʾaṣīr	قصير
crudo (huevos ~s)	nayī	نيّ
de atrás (adj)	χalfy	خلفي
de corta duración (adj)	ʾaṣīr	قصير
de segunda mano	mostaʿmal	مستعمل
delgado (adj)	rofayaʿ	رفيّع
flaco, delgado (adj)	rofayaʿ	رفيّع
denso (~a niebla)	kasīf	كثيف
derecho (adj)	el yemīn	اليمين
diferente (adj)	moχtalef	مختلف
difícil (decisión)	ṣaʿb	صعب
difícil (problema ~)	ṣaʿb	صعب
distante (adj)	beʿīd	بعيد
dulce (agua ~)	ʿazb	عذب
duro (material, etc.)	gāmed	جامد
el más alto	aʿla	أعلى
el más importante	ahamm	أهمّ
el más próximo	aʾʾrab	أقرب
enfermo (adj)	ʿayān	عيّان

enorme (adj)	ḍaχm	ضخم
entero (adj)	koll el nās	كلّ
especial (adj)	χāṣṣ	خاصّ
espeso (niebla ~a)	kasīf	كثيف
estrecho (calle, etc.)	ḍaye'	ضيّق
exacto (adj)	maẓbūṭ	مظبوط
excelente (adj)	momtāz	ممتاز
excesivo (adj)	mofreṭ	مفرط
exterior (adj)	χāregy	خارجي
extranjero (adj)	agnaby	أجنبي
fácil (adj)	sahl	سهل
fatigoso (adj)	mot'eb	متعب
feliz (adj)	sa'īd	سعيد
fértil (la tierra ~)	χeṣb	خصب
frágil (florero, etc.)	qābel lel kasr	قابل للكسر
fresco (está ~ hoy)	mon'eʃ	منعش
fresco (pan, etc.)	ṭāza	طازة
frío (bebida ~a, etc.)	bāred	بارد
fuerte (~ voz)	'āly	عالي
fuerte (adj)	'awy	قويّ
grande (en dimensiones)	kebīr	كبير
graso (alimento ~)	dasem	دسم
gratis (adj)	be balāʃ	ببلاش
grueso (muro, etc.)	teχīn	تخين
hambriento (adj)	ge'ān	جعان
hermoso (~ palacio)	gamīl	جميل
hostil (adj)	meʃ weddy	مش ودّي
húmedo (adj)	roṭob	رطب
igual, idéntico (adj)	momāsel	مماثل
importante (adj)	mohemm	مهمّ
imposible (adj)	mostaḥīl	مستحيل
imprescindible (adj)	ḍarūry	ضروري
indescifrable (adj)	meʃ wāḍeḥ	مش واضح
infantil (adj)	lel aṭfāl	للأطفال
inmóvil (adj)	sābet	ثابت
insignificante (adj)	meʃ mohemm	مش مهمّ
inteligente (adj)	zaky	ذكي
interior (adj)	dāχely	داخلي
izquierdo (adj)	el ʃemāl	الشمال
joven (adj)	ʃāb	شاب

251. Los adjetivos. Unidad 2

largo (camino)	ṭawīl	طويل
legal (adj)	qanūny	قانوني
lejano (adj)	be'īd	بعيد

libre (acceso ~)	ḥorr	حرّ
ligero (un metal ~)	χafīf	خفيف
limitado (adj)	maḥdūd	محدود
limpio (camisa ~)	neḍīf	نظيف
líquido (adj)	sā'el	سائل
liso (piel, pelo, etc.)	amlas	أملس
lleno (adj)	malyān	مليان
maduro (fruto, etc.)	mestewy	مستوّي
malo (adj)	weḥeʃ	وحش
mas próximo	'arīb	قريب
mate (sin brillo)	maṭfy	مطفي
meticuloso (adj)	motqan	متقن
miope (adj)	'aṣīr el naẓar	قصير النظر
misterioso (adj)	ɣāmeḍ	غامض
mojado (adj)	mablūl	مبلول
moreno (adj)	asmar	أسمر
muerto (adj)	mayet	ميّت
natal (país ~)	aṣly	أصلي
necesario (adj)	lāzem	لازم
negativo (adj)	salby	سلبي
negligente (adj)	mohmel	مهمل
nervioso (adj)	'aṣaby	عصبي
no difícil (adj)	meʃ ṣa'b	مش صعب
no muy grande (adj)	meʃ kebīr	مش كبير
normal (adj)	'ādy	عادي
nuevo (adj)	gedīd	جديد
obligatorio (adj)	ḍarūry	ضروري
opuesto (adj)	moqābel	مقابل
ordinario (adj)	'ādy	عادي
original (inusual)	aṣly	أصلي
oscuro (cuarto ~)	ḍalma	ظلمة
pasado (tiempo ~)	elly fāt	اللي فات
peligroso (adj)	χaṭīr	خطير
pequeño (adj)	ṣoɣeyyir	صغيّر
perfecto (adj)	momtāz	ممتاز
permanente (adj)	dā'em	دائم
personal (adj)	ʃaχṣy	شخصي
pesado (adj)	te'īl	ثقيل
plano (pantalla ~a)	mosaṭṭaḥ	مسطّح
plano (superficie ~a)	mosaṭṭaḥ	مسطّح
pobre (adj)	fa'īr	فقير
indigente (adj)	mo'dam	معدم
poco claro (adj)	meʃ wāḍeḥ	مش واضح
poco profundo (adj)	ḍaḥl	ضحل
posible (adj)	momken	ممكن
precedente (adj)	elly fāt	اللي فات
presente (momento ~)	ḥāḍer	حاضر

principal (~ idea)	asāsy	أساسي
principal (la entrada ~)	ra'īsy	رئيسي
privado (avión ~)	χāṣṣa	خاصة
probable (adj)	moḥtamal	محتمل
próximo (cercano)	'arīb	قريب
público (adj)	ʿām	عام
puntual (adj)	daqīq	دقيق
rápido (adj)	sareeʿ	سريع
raro (adj)	nāder	نادر
recto (línea ~a)	mostaqīm	مستقيم
sabroso (adj)	ṭaʿmo ḥelw	طعمه حلو
salado (adj)	māleḥ	مالح
satisfecho (cliente)	rāḍy	راضي
seco (adj)	nāʃef	ناشف
seguro (no peligroso)	'āmen	آمن
siguiente (avión, etc.)	elly gayī	اللي جاي
similar (adj)	ʃabīh	شبيه
simpático, amable (adj)	laṭīf	لطيف
simple (adj)	basīṭ	بسيط
sin experiencia (adj)	'alīl el χebra	قليل الخبرة
sin nubes (adj)	ṣāfy	صافي
soleado (un día ~)	moʃmes	مشمس
sólido (~a pared)	matīn	متين
sombrío (adj)	moẓlem	مظلم
sucio (no limpio)	wesex	وسخ
templado (adj)	dāfe'	دافئ
tenue (una ~ luz)	bāhet	باهت
tierno (afectuoso)	ḥanūn	حنون
tonto (adj)	ɣaby	غبي
tranquilo (adj)	hady	هادئ
transparente (adj)	ʃaffāf	شفّاف
triste (adj)	zaʿlān	زعلان
triste (mirada ~)	zaʿlān	زعلان
último (~a oportunidad)	'āχer	آخر
último (~a vez)	māḍy	ماضي
único (excepcional)	farīd	فريد
vacío (vaso medio ~)	χāly	خالي
vario (adj)	moχtalef	مختلف
vecino (casa ~a)	mogāwer	مجاور
viejo (casa ~a)	'adīm	قديم

LOS 500 VERBOS PRINCIPALES

252. Los verbos A-C

abandonar (vt)	sāb	ساب
abrazar (vt)	ḥaḍar	حضن
abrir (vt)	fataḥ	فتح
aburrirse (vr)	zeheʾ	زهق
acariciar (~ el cabello)	masaḥ ʿala	مسح على
acercarse (vr)	ʾarrab	قرّب
acompañar (vt)	rāfaq	رافق
aconsejar (vt)	naṣaḥ	نصح
actuar (vi)	ʿamal	عمل
acusar (vt)	ettaham	إتّهم
adiestrar (~ animales)	darrab	درّب
adivinar (vt)	χammen	خمّن
admirar (vt)	oʿgab be	أعجب بـ
adular (vt)	gāmal	جامل
advertir (avisar)	ḥazzar	حذّر
afeitarse (vr)	ḥalaʾ	حلق
afirmar (vt)	aṣarr	أصرّ
agitar la mano	ʃāwer	شاور
agradecer (vt)	ʃakar	شكر
ahogarse (vr)	ɣereʾ	غرق
aislar (al enfermo, etc.)	ʿazal	عزل
alabarse (vr)	tabāha	تباهى
alimentar (vt)	akkel	أكّل
almorzar (vi)	etɣadda	إتغدّى
alquilar (~ una casa)	estʾgar	إستأجر
alquilar (barco, etc.)	aggar	أجّر
aludir (vi)	lammaḥ	لمّح
alumbrar (vt)	nawwar	نوّر
amarrar (vt)	rasa	رسا
amenazar (vt)	hadded	هدّد
amputar (vt)	batr	بتر
añadir (vt)	aḍāf	أضاف
anotar (vt)	katab molaḥẓa	كتب ملاحظة
anular (vt)	alɣa	ألغى
apagar (~ la luz)	ṭaffa	طفّى
aparecer (vi)	ẓahar	ظهر
aplastar (insecto, etc.)	faʿʿaṣ	فعّص
aplaudir (vi, vt)	ṣaffaʾ	صفّق

apoyar (la decisión)	ayed	أيّد
apresurar (vt)	esta'gel	إستعجل
apuntar a ...	ṣawwab 'ala ...	صوّب على ...
arañar (vt)	χarbeʃ	خربش
arrancar (vt)	'aṭa'	قطع
arrepentirse (vr)	nedem	ندم
arriesgar (vt)	χāṭar	خاطر
asistir (vt)	sā'ed	ساعد
aspirar (~ a algo)	sa'a	سعى
atacar (mil.)	hagam	هجم
atar (cautivo)	rabaṭ	ربط
atar a ...	rabaṭ be ...	ربط بـ....
aumentar (vt)	zawwed	زوّد
aumentarse (vr)	ezdād	إزداد
autorizar (vt)	samaḥ	سمح
avanzarse (vr)	ta'addam	تقدّم
avistar (vt)	lamaḥ	لمح
ayudar (vt)	sā'ed	ساعد
bajar (vt)	nazzel	نزّل
bañar (~ al bebé)	ḥammem	حمّم
bañarse (vr)	sebeḥ	سبح
beber (vi, vt)	ʃereb	شرب
borrar (vt)	masaḥ	مسح
brillar (vi)	lem'	لمع
bromear (vi)	hazzar	هزّر
bucear (vi)	ɣāṣ	غاص
burlarse (vr)	saχar	سخر
buscar (vt)	dawwar 'ala	دوّر على
calentar (vt)	sakχan	سخّن
callarse (no decir nada)	seket	سكت
calmar (vt)	ṭam'an	طمأن
cambiar (de opinión)	ɣayar	غيّر
cambiar (vt)	ṣarraff	صرّف
cansar (vt)	ta'ab	تعّب
cargar (camión, etc.)	ʃaḥn	شحن
cargar (pistola)	'ammar	عمّر
casarse (con una mujer)	ettgawwez	إتّجوّز
castigar (vt)	'āqab	عاقب
cavar (fosa, etc.)	ḥafar	حفر
cazar (vi, vt)	eṣṭād	إصطاد
ceder (vi, vt)	estaslam	إستسلم
cegar (deslumbrar)	'ama	عمي
cenar (vi)	et'asʃa	إتعشّى
cerrar (vt)	'afal	قفل
cesar (vt)	baṭṭal	بطّل
citar (vt)	estaʃ-hed	إستشهد
coger (flores, etc.)	'aṭaf	قطف

coger (pelota, etc.)	mesek	مسك
colaborar (vi)	taʿāwan	تعاون
colgar (vt)	ʿallaʾ	علّق
colocar (poner)	ḥaṭṭ	حطّ
combatir (vi)	qātal	قاتل
comenzar (vt)	badaʾ	بدأ
comer (vi, vt)	akal	أكل
comparar (vt)	qāran	قارن
compensar (vt)	ʿawwaḍ	عوّض
competir (vi)	nāfes	نافس
compilar (~ una lista)	gammaʿ	جمّع
complicar (vt)	ʿaʾʾad	عقّد
componer (música)	laḥḥan	لحّن
comportarse (vr)	taṣarraf	تصرّف
comprar (vt)	eʃtara	إشترى
comprender (vt)	fehem	فهم
comprometer (vt)	sawwaʾ somʿetoh	سوّء سمعته
informar (~ a la policía)	ʾāl le	قال لـ
concentrarse (vr)	rakkez	ركّز
condecorar (vt)	manaḥ	منح
conducir el coche	sāʾ ʿarabiya	ساق عربية
confesar (un crimen)	eʿtaraf	إعترف
confiar (vt)	wasaq	وثق
confundir (vt)	etlaχbaṭ	إتلخبط
conocer (~ a alguien)	ʿeref	عرف
consultar (a un médico)	estaʃār …	إستشار...
contagiar (vt)	ʿada	عدى
contagiarse (de …)	etʿada	إتعدى
contar (dinero, etc.)	ʿadd	عدّ
contar (una historia)	ḥaka	حكى
contar con …	eʿtamad ʿala …	إعتمد على...
continuar (vt)	estamar	إستمر
contratar (~ a un abogado)	waẓẓaf	وظّف
controlar (vt)	et-ḥakkem	إتحكّم
convencer (vt)	aqnaʿ	أقنع
convencerse (vr)	eqtanaʿ	إقتنع
coordinar (vt)	nassaq	نسّق
corregir (un error)	ṣaḥḥaḥ	صحّح
correr (vi)	gery	جري
cortar (un dedo, etc.)	ʾaṭṭaʿ	قطّع
costar (vt)	kallef	كلّف
crear (vt)	ʿamal	عمل
creer (vt)	eʿtaqad	إعتقد
cultivar (plantas)	anbat	أنبت
curar (vt)	ʿālag	عالج

253. Los verbos D-E

dar (algo a alguien)	edda	أدّى
darse prisa	esta'gel	إستعجل
darse un baño	estaḥamma	إستحمّى
datar de ...	tarīχo	تاريخه
deber (v aux)	kān lāzem	كان لازم
decidir (vt)	'arrar	قرّر
decir (vt)	'āl	قال
decorar (para la fiesta)	zayen	زيّن
dedicar (vt)	karras	كرّس
defender (vt)	dāfa'	دافع
defenderse (vr)	dāfa' 'an nafsoh	دافع عن نفسه
dejar caer	wa''a'	وقّع
dejar de hablar	seket	سكت
denunciar (vt)	estankar	إستنكر
depender de ...	e'tamad 'ala ...	إعتمد على...
derramar (líquido)	dala'	دلق
desamarrar (vt)	aqla'	أقلع
desaparecer (vi)	eχtafa	إختفى
desatar (vt)	fakk	فكّ
desayunar (vi)	feṭer	فطر
descansar (vi)	ertāḥ	إرتاح
descender (vi)	nezel	نزل
descubrir (tierras nuevas)	ektaʃaf	إكتشف
desear (vt)	kān 'āyez	كان عايز
desparramarse (azúcar)	sa'aṭ	سقط
emitir (~ un olor)	fāḥ	فاح
despegar (el avión)	aqla'	أقلع
despertar (vt)	ṣaḥḥa	صحّى
despreciar (vt)	eḥtaqar	إحتقر
destruir (~ las pruebas)	atlaf	أتلف
devolver (paquete, etc.)	a'ād	أعاد
diferenciarse (vr)	eχtalaf	إختلف
distribuir (~ folletos)	wazza'	وزّع
dirigir (administrar)	adār	أدار
dirigirse (~ al jurado)	χāṭab	خاطب
disculpar (vt)	'azar	عذر
disculparse (vr)	e'tazar	إعتذر
discutir (vt)	nā'eʃ	ناقش
disminuir (vt)	'allel	قلّل
distribuir (comida, agua)	wazza' 'ala	وزّع على
divertirse (vr)	estamta'	إستمتع
dividir (~ 7 entre 5)	'asam	قسم
doblar (p.ej. capital)	ḍā'af	ضاعف

dudar (vt)	ʃakk fe	شكّ في
elevarse (alzarse)	ertafaʿ	إرتفع
eliminar (obstáculo)	ʃāl, azāl	شال, أزال
emerger (submarino)	ertafaʿ le saṭ-ḥ el maya	إرتفع لسطح الميّة
empaquetar (vt)	laff	لفّ
emplear (utilizar)	estaχdam	إستخدم
emprender (~ acciones)	ʾām be	قام بـ
empujar (vt)	zaʾʾ	زقّ
enamorarse (de ...)	ḥabb	حبّ
encabezar (vt)	raʾs	رأس
encaminar (vt)	waggeh	وجّه
encender (hoguera)	wallaʿ	ولّع
encender (radio, etc.)	fataḥ, ʃagɣal	فتح, شغّل
encontrar (hallar)	laʾa	لقى
enfadar (vt)	narfez	نرفز
enfadarse (con ...)	ettḍāyəʾ	إتّضايق
engañar (vi, vt)	χadaʿ	خدع
enrojecer (vi)	eḥmarr	إحمرّ
enseñar (vi, vt)	darres	درّس
ensuciarse (vr)	ettwassaχ	إتّوسّخ
entrar (vi)	daχal	دخل
entrenar (vt)	darrab	درّب
entrenarse (vr)	etdarrab	إتدرّب
entretener (vt)	salla	سلّى
enviar (carta, etc.)	arsal	أرسل
envidiar (vt)	ḥasad	حسد
equipar (vt)	gahhez	جهّز
equivocarse (vr)	ɣeleṭ	غلط
escoger (vt)	eχtār	إختار
esconder (vt)	χabba	خبّأ
escribir (vt)	katab	كتب
escuchar (vt)	semeʿ	سمع
escuchar a hurtadillas	tanaṣṣat	تنصّت
escupir (vi)	taff	تفّ
esperar (aguardar)	estanna	إستنّى
esperar (anticipar)	tawaqqaʿ	توقّع
esperar (tener esperanza)	tamanna	تمنّى
estar (~ sobre la mesa)	kān mawgūd	كان موّجود
estar acostado	raʾad	رقد
estar basado (en ...)	estanad ʿala	إستند على
estar cansado	teʿeb	تعب
estar conservado	ḥafaẓ	حفظ
estar de acuerdo	ettafaʾ	إتّفق
estar en guerra	ḥārab	حارب
estar perplejo	eḥtār	إحتار

estar sentado	ʾaʿad	قعد
estremecerse (vr)	ertaʿaʃ	ارتعش
estudiar (vt)	daras	درس
evitar (peligro, etc.)	tagannab	تجنّب
examinar (propuesta)	baḥs fi	بحث في
excluir (vt)	faṣal	فصل
exigir (vt)	ṭāleb	طالب
existir (vi)	kān mawgūd	كان موّجود
explicar (vt)	ʃaraḥ	شرح
expresar (vt)	ʿabbar	عبّر
expulsar (ahuyentar)	χawwef	خوّف

254. Los verbos F-M

facilitar (vt)	sahhal	سهّل
faltar (a las clases)	ɣāb	غاب
fascinar (vt)	fatan	فتن
felicitar (vt)	hanna	هنّأ
firmar (~ el contrato)	waqqaʿ	وقّع
formar (vt)	ʃakkal	شكّل
fortalecer (vt)	ʿazzez	عزّز
forzar (obligar)	agbar	أجبر
fotografiar (vt)	ṣawwar	صوّر
garantizar (vt)	ḍaman	ضمن
girar (~ a la izquierda)	ḥād	حاد
golpear (la puerta)	daʾʾ	دقّ
gritar (vi)	ṣarraχ	صرّخ
guardar (cartas, etc.)	eḥtafaẓ	إحتفظ
gustar (el tenis, etc.)	ḥabb	حبّ
gustar (vi)	ʿagab	عجب
habitar (vi, vt)	seken	سكن
hablar con ...	kallem ...	كلّم...
hacer (vt)	ʿamal	عمل
hacer conocimiento	taʿarraf	تعرّف
hacer copias	ṣawwar	صوّر
hacer la limpieza	ratteb	رتّب
hacer una conclusión	estantag	إستنتج
hacerse (vr)	baʾa	بقي
hachear (vt)	ʾaṭṭaʿ	قطّع
heredar (vt)	waras	ورث
imaginarse (vr)	taṣawwar	تصوّر
imitar (vt)	ʾalled	قلّد
importar (vt)	estawrad	إستورّد
indignarse (vr)	estāʾ	إستاء
influir (vt)	assar fi	أثّر في
informar (vt)	ʾāl ly	قال لي

informarse (vr)	estafsar	إستفسر
inquietar (vt)	a'la'	أقلق
inquietarse (vr)	'ele'	قلق
inscribir (en la lista)	saggel	سجّل
insertar (~ la llave)	dakχal	دخّل
insistir (vi)	aṣarr	أصرّ
inspirar (vt)	alham	ألهم
instruir (enseñar)	ʿallem	علّم
insultar (vt)	ahān	أهان
intentar (vt)	ḥāwel	حاول
intercambiar (vt)	tabādal	تبادل
interesar (vt)	hamm	همّ
interesarse (vr)	ehtamm be	إهتمّ بـ
interpretar (actuar)	massel	مثّل
intervenir (vi)	etdakχal	إتدّخل
inventar (máquina, etc.)	eχtaraʿ	إخترع
invitar (vt)	ʿazam	عزم
ir (~ en taxi)	rāḥ	راح
ir (a pie)	meʃy	مشى
irritar (vt)	estafazz	إستفزّ
irritarse (vr)	enzaʿag	إنزعج
irse a la cama	nām	نام
jugar (divertirse)	leʿeb	لعب
lanzar (comenzar)	aṭlaq	أطلق
lavar (vt)	ɣasal	غسل
lavar la ropa	ɣasal el malābes	غسل الملابس
leer (vi, vt)	'ara	قرأ
levantarse (de la cama)	'ām	قام
liberar (ciudad, etc.)	ḥarrar	حرر
librarse de ...	ettχallaṣ min ...	إتّخلّص من...
limitar (vt)	ḥadded	حدّد
limpiar (~ el horno)	naḍḍaf	نظّف
limpiar (zapatos, etc.)	naḍḍaf	نظّف
llamar (le llamamos ...)	samma	سمّى
llamar (por ayuda)	estaɣās	إستغاث
llamar (vt)	nāda	نادى
llegar (~ al Polo Norte)	weṣel	وصل
llegar (tren)	weṣel	وصل
llenar (p.ej. botella)	mala	ملأ
retirar (~ los platos)	rāḥ be	راح بـ
llorar (vi)	baka	بكى
lograr (un objetivo)	balaɣ	بلغ
luchar (combatir)	qātal	قاتل
luchar (sport)	ṣāraʿ	صارع
mantener (la paz)	ḥafaẓ	حفظ
marcar (en el mapa, etc.)	ʿallem	علّم

matar (vt)	'atal	قتل
memorizar (vt)	ḥafaẓ	حفظ
mencionar (vt)	zakar	ذكر
mentir (vi)	kedeb	كذب
merecer (vt)	estaḥaqq	إستحقّ
mezclar (vt)	χalaṭ	خلط
mirar (vi, vt)	baṣṣ	بصّ
mirar a hurtadillas	etgasses 'ala	إتجسس على
molestar (vt)	az'ag	أزعج
mostrar (~ el camino)	ʃāwer	شاور
mostrar (demostrar)	'araḍ	عرض
mover (el sofá, etc.)	ḥarrak	حرّك
multiplicar (mat)	ḍarab	ضرب

255. Los verbos N-R

nadar (vi)	'ām, sabaḥ	عام, سبح
negar (rechazar)	rafaḍ	رفض
negar (vt)	ankar	أنكر
negociar (vi)	tafāwaḍ	تفاوض
nombrar (designar)	'ayen	عيّن
notar (divisar)	lāḥaẓ	لاحظ
obedecer (vi, vt)	ṭā'	طاع
objetar (vt)	e'taraḍ	إعترض
observar (vt)	rāqab	راقب
ofender (vt)	ahān	أهان
oír (vt)	seme'	سمع
oler (despedir olores)	fāḥ	فاح
oler (percibir olores)	ʃamm	شمّ
olvidar (dejar)	sāb	ساب
olvidar (vt)	nesy	نسي
omitir (vt)	ḥazaf	حذف
orar (vi)	ṣalla	صلّى
ordenar (mil.)	amar	أمر
organizar (concierto, etc.)	nazzam	نظّم
osar (vi)	etthadda	إتّحدّى
pagar (vi, vt)	dafa'	دفع
pararse (vr)	wa''af	وقّف
parecerse (vr)	kān yeʃbeh	كان يشبه
participar (vi)	ʃārek	شارك
partir (~ a Londres)	sāb	ساب
pasar (~ el pueblo)	marr be	مرّ بـ
pecar (vi)	aznab	أذنب
pedir (ayuda, etc.)	ṭalab	طلب
pedir (restaurante)	ṭalab	طلب
pegar (golpear)	ḍarab	ضرب

peinarse (vr)	masʃaṭ	مشّط
pelear (vi)	etχāneʾ	إتخانق
penetrar (vt)	dakχal	دخّل
pensar (creer)	eʿtaqad	إعتقد
pensar (vi, vt)	fakkar	فكّر
perder (paraguas, etc.)	ḍayaʿ	ضيّع
perdonar (vt)	ʿafa	عفا
permitir (vt)	samaḥ	سمح
pertenecer a ...	χaṣṣ	خصّ
pesar (tener peso)	wazan	وزن
pescar (vi)	eṣṭād samak	إصطاد سمك
planchar (vi, vt)	kawa	كوى
planear (vt)	χaṭṭeṭ	خطّط
poder (v aux)	ʾeder	قدر
poner (colocar)	ḥaṭṭ	حطّ
poner en orden	nazzam	نظّم
poseer (vt)	malak	ملك
preferir (vt)	faḍḍal	فضّل
preocuparse (vr)	ʾalaʾ	قلق
preparar (la cena)	ḥaḍḍar	حضّر
preparar (vt)	ḥaḍḍar	حضّر
presentar (~ a sus padres)	ʿarraf	عرّف
presentar (vt) (persona)	ʾaddem	قدّم
presentar un informe	ʾaddem taqrīr	قدّم تقرير
prestar (vt)	estalaf	إستلف
prever (vt)	tanabbaʾ	تنبّأ
privar (vt)	ḥaram men	حرم من
probar (una teoría, etc.)	asbat	أثبت
prohibir (vt)	manaʿ	منع
prometer (vt)	waʿad	وعد
pronunciar (vt)	naṭaʾ	نطق
proponer (vt)	ʿaraḍ	عرض
proteger (la naturaleza)	ḥama	حمي
protestar (vi, vt)	eḥtagg	إحتجّ
provocar (vt)	estafazz	إستفزّ
proyectar (~ un edificio)	ṣammam	صمّم
publicitar (vt)	aʿlan	أعلن
quedar (una ropa, etc.)	nāseb	ناسب
quejarse (vr)	ʃaka	شكا
quemar (vt)	ḥaraʾ	حرق
querer (amar)	ḥabb	حبّ
querer (desear)	ʿāyez	عايز
quitar (~ una mancha)	ʃāl	شال
quitar (cuadro de la pared)	ʃāl	شال
guardar (~ en su sitio)	ʃāl	شال
rajarse (vr)	etʃaʾʾeʾ	إتشقّق

realizar (vt)	ḥa’’a’	حقّق
recomendar (vt)	naṣaḥ	نصح
reconocer (admitir)	e‘taraf	إعترف
reconocer (una voz, etc.)	mayez	ميّز
recordar (tener en mente)	eftakar	إفتكر
recordar algo a algn	fakkar be ...	فكّر بـ...
recordarse (vr)	eftakar	إفتكر
recuperarse (vr)	ʃefy	شفي
reflexionar (vi)	saraḥ	سرح
regañar (vt)	wabbeχ	وبّخ
regar (plantas)	sa’a	سقى
regresar (~ a la ciudad)	rege‘	رجع
rehacer (vt)	‘ād	عاد
reírse (vr)	ḍeḥek	ضحك
reparar (arreglar)	ṣallaḥ	صلّح
repetir (vt)	karrar	كرّر
reprochar (vt)	lām	لام
reservar (~ una mesa)	ḥagaz	حجز
resolver (~ el problema)	ḥall	حلّ
resolver (~ la discusión)	sawwa	سوّى
respirar (vi)	ettnaffes	إتّنفّس
responder (vi, vt)	gāwab	جاوب
retener (impedir)	mana‘ nafso	منع نفسه
robar (vt)	sara’	سرق
romper (mueble, etc.)	kasar	كسر
romperse (la cuerda)	et’aṭa‘	إتقطع

256. Los verbos S-V

saber (~ algo mas)	‘eref	عرف
sacudir (agitar)	ragg	رجّ
salir (libro)	ṣadar	صدر
salir (vi)	χarag	خرج
saludar (vt)	sallem ‘ala	سلّم على
salvar (vt)	anqaz	أنقذ
satisfacer (vt)	rāḍa	راضى
secar (ropa, pelo)	gaffaf	جفّف
seguir ...	tatabba‘	تتبّع
seleccionar (vt)	eχtār	إختار
sembrar (semillas)	bezr	بذر
sentarse (vr)	’a‘ad	قعد
sentenciar (vt)	ḥakam	حكم
sentir (peligro, etc.)	ḥass be	حسّ بـ
ser causa de ...	sabbeb	سبّب
ser indispensable	maṭlūb	مطلوب
ser necesario	maṭlūb	مطلوب

ser suficiente	kaffa	كفّى
ser, estar (vi)	kān	كان
servir (~ a los clientes)	χaddem	خدّم
significar (querer decir)	dallel	دلّل
significar (vt)	ʾaṣad	قصد
simplificar (vt)	bassaṭ	بسّط
sobreestimar (vt)	bāleɣ fel taʾdīr	بالغ في التقدير
sofocar (un incendio)	ṭaffa	طفّى
soñar (durmiendo)	ḥelem	حلم
soñar (fantasear)	ḥelem	حلم
sonreír (vi)	ebtasam	إبتسم
soplar (viento)	habb	هبّ
soportar (~ el dolor)	etḥammel	إتّحمّل
sorprender (vt)	fāgaʾ	فاجئ
sorprenderse (vr)	etfāgeʾ	إتفاجئ
sospechar (vt)	eʃtabah fi	إشتبه في
subestimar (vt)	estaχaff	إستخفّ
subrayar (vt)	ḥaṭṭ χaṭṭ taḥt	حطّ خطّ تحت
sufrir (dolores, etc.)	ʿāna	عاني
suplicar (vt)	etwassel	إتوسّل
suponer (vt)	eftaraḍ	إفترض
suspirar (vi)	tanahhad	تنهّد
temblar (de frío)	ertaʿaʃ	إرتعش
tener (vt)	malak	ملك
tener miedo	χāf	خاف
terminar (vt)	χallaṣ	خلّص
tirar (cuerda)	ʃadd	شدّ
tirar (disparar)	ḍarab bel nār	ضرب بالنار
tirar (piedras, etc.)	rama	رمى
tocar (con la mano)	lamas	لمس
tomar (vt)	aχad	أخذ
tomar nota	katab	كتب
trabajar (vi)	eʃtaɣal	إشتغل
traducir (vt)	targem	ترجم
traer (un recuerdo, etc.)	gāb	جاب
transformar (vt)	ḥawwel	حوّل
tratar (de hacer algo)	ḥāwel	حاول
unir (vt)	waḥḥed	وحّد
unirse (~ al grupo)	endamm le	إنضمّ لـ
usar (la cuchara, etc.)	estanfaʿ	إستنفع
vacunar (vt)	laqqaḥ	لقّح
vender (vt)	bāʿ	باع
vengar (vt)	entaqam	إنتقم
verter (agua, vino)	ṣabb	صبّ
vivir (vi)	ʿāʃ	عاش

volar (pájaro, avión)	ṭār	طار
volver (~ fondo arriba)	ʾalab	قلب
volverse de espaldas	aʿraḍ ʿan	أعرِض عن
votar (vi)	ṣawwat	صوّت

www.ingramcontent.com/pod-product-compliance
Lightning Source LLC
Chambersburg PA
CBHW071327090426
42738CB00012B/2814
* 9 7 8 1 7 8 7 1 6 7 3 2 2 *